Ullstein

ÜBER DAS BUCH:

»Unsere Lebensweise ist die unbrauchbarste, unsinnigste Art zu leben. Die Energie, die durch Konflikt, Anstrengung und Kampf entsteht, produziert Gewalt, Hysterie, neurotisches Handeln usw. Wie soll die Flamme der Liebe oder des Mitleids, der Zartheit, der Güte auf dem Schlachtfeld entstehen?« Angesichts dieses deprimierenden Zustands unserer Welt appelliert Krishnamurti an die uns allen innewohnende Kraft der kreativen Intelligenz, die allein in der Lage ist, dem Illusorischen, Falschen und Destruktiven auf natürliche zwanglose Weise auf die Spur zu kommen. Er spricht davon, daß reine Achtsamkeit die Essenz des Menschen ist, daß sie nicht in den verschiedenen Zuständen, Empfindungen, Gefühlen, Impulsen und Launen liegt, die aufeinanderfolgen. Der Grund für die ungebrochene Faszination, die Krishnamurti auf Menschen in aller Welt ausübt, liegt sicherlich darin, daß man spürt, wenn man ihn liest, daß er nur das sagte, was er selbst gelebt hatte. Gegen das verkrustete Establishment hat der bedeutendste Denker Indiens des 20. Jahrhunderts eine ganz andere Art zu leben verkündet und persönlich mitgestaltet.

DER AUTOR:

Jiddu Krishnamurti, geboren 1895 in Indien, gestorben 1986 in Kalifornien, war ein weltbekannter Redner und Autor, dessen Wirkung auch nach seinem Tod in zahlreichen Büchern und Anhängern fortlebt.
Weitere Veröffentlichungen im Ullstein Taschenbuch: *Einbruch in die Freiheit* (UB 34103); *Aus dem Schatten in den Frieden* (UB 35599); *Der unhörbare Ton* (UB 35796); *Jenseits der Gewalt* (UB 35800).

Jiddu Krishnamurti

# Anders leben

Ullstein

Ullstein Buchverlage GmbH & Co. KG,
Berlin
Taschenbuchnummer: 35868
Das englische Original
»Krishnamurti in dialogue with Professor
Allan W. Anderson. A Wholly Different Way of Living«
ist erschienen bei Victor Gollancz Ltd., London 1991
Aus dem Englischen von Stephanie Lukschy

Ungekürzte Ausgabe
Mai 1999

Umschlaggestaltung:
Vera Bauer
Unter Verwendung einer Abbildung von
Tony Stone Images


Printed in Germany 1999
Gesamtherstellung:
Ebner Ulm
ISBN 3 548 35868 3

Die Deutsche Bibliothek –
CIP-Einheitsaufnahme

Anders leben / Jiddu Krishnamurti.
[Allan W. Anderson. Aus dem Engl. von Stephanie Lukschy].
– Ungekürzte Ausg. –
Berlin : Ullstein, 1999
(Ullstein-Buch ; 35868)
Einheitssacht.: Krishnamurti in dialogue with
Professor Allan W. Anderson <dt.>
ISBN 3-548-35868-3

# Inhalt

# Krishnamurtis Appell an die kreative Intelligenz im Menschen

Es war Jiddu Krishnamurti, der auf eine dem analytisch geschulten westlichen Verstand überzeugende und nachvollziehbare Weise aufgezeigt hat, daß das Ich, dieser letzte aller festen Bezugspunkte, die sich der Mensch erdacht hat, eine Illusion ist und von jedem einzelnen tatsächlich als Illusion gesehen werden kann. Er fragt: Kann der menschliche Geist ungetrübt von dem Bezug auf die Vergangenheit, aus der sich das Ich zusammensetzt, schauen? Kann der menschliche Geist das Leben in seiner Ganzheit, in all seiner Komplexität sehen? Das ist die erste und eigentlich einzige Frage, und der Verstand stellt sich diese Frage nicht. Man muß seine ganze Energie und Leidenschaft dabei einsetzen, denn das ist der einzige Weg, der aus der furchtbaren Brutalität, aus dem Elend herausführt. Wenn das Leben von innen her als Ganzes gesehen wird, existieren nur Tatsachen. Alle Probleme verschwinden, wenn der Geist fähig ist, die Welt als eine einzige totale Bewegung zu sehen. Jetzt erst ist in der Tat unsere Welt ohne Trennung von Innen und Außen und ohne ausgezeichnete Orte, Zeiten oder Wesen und auch der Mensch ist nichts Besonderes und nichts Ausgesondertes mehr. Krishnamurti appelliert an die uns innewohnende kreative Intelligenz. Nicht mehr und nicht weniger. In dieser Hinsicht sind die Gespräche zwischen dem Religionswissenschaftler Allan W. Anderson, der an der San Diego State University lehrte, und Krishnamurti von Bedeutung. Durch Andersons Achtsamkeit, seine meist stille Aufmerksamkeit entwickelt sich eine Zwiesprache von seltener Tiefe, die deutlich auch eine innerliche Verständigung ist, und Anderson erfährt eine ihn selbst überraschende Einsicht in die dem Menschen innewohnende Kraft zur Regeneration und Wandlung.

Erst mit Krishnamurti vermögen wir alles in einem umfassenden stimmigen Zusammenhang zu sehen, da seine Untersuchungen und Beobachtungen auf keinem Bild des Menschen mehr basieren, sondern auf der illusionslosen Realität, zu der er Zugang hatte (wenn wir das anzunehmen geneigt sind).

Jiddu Krishnamurti hat nach sorgfältiger Untersuchung der Bedingungen, die einen Übergang zum Leben in der Gegenwart verhindern, selbst eine bleibende Wandlung durchgemacht. Er spricht in seinen Reden und Schriften davon, wie ein solcher Übergang möglich ist. Obwohl keine Methode angegeben werden kann, weil jeder Übergang individuell ist, gibt es doch Voraussetzungen, sozusagen ein Fundament, nämlich große Sensibilität, hohe Intensität und nichtselektive Präsenz. Diese zu entwickeln, erfordert Arbeit an sich selbst. Dieser momentane Durchbruch erfolgte bei ihm nicht durch Opfer, ohne Tragik, ohne Leiden, ohne Isolation. Traditionell wurde alles nur Mögliche versucht, um sich von Illusionen zu befreien, um zu erreichen, was man für Wahrheit hielt. Die Selbst-Experimente reichen vom Lächerlichsten bis zum Entsetzlichsten. Der verzweifelte Ernst ist nicht zu verkennen. Warum aber glaubt man, der Zugang zur Wahrheit müsse mit physischer oder psychischer Qual, ja mit Vernichtung erkauft werden? Weil Wahrheit als etwas ganz anderes als die alltägliche Realität aufgefaßt wurde. Weil das dual arbeitende Denken auch in die das Denken übersteigende Realität eine Teilung hineinprojiziert. Es sieht in dem Alltag, dem Physischen das eine und in dem Wahren, Wirklichen das andere. Krishnamurti mußte erst mit den traditionellen Methoden brechen, um für sich zu entdecken, daß gerade Methode, Kontrolle, Opfer und selbstauferlegtes Leiden ein Hindernis sind, um zu einem Leben zu finden, das von Konflikten frei ist.

Jiddu Krishnamurti wurde vor genau 100 Jahren 1895 in Indien geboren. Der junge, nach England verbrachte Krishnamurti verstand erst allmählich, wozu er von seinen Gönnern in der Theosophischen Gesellschaft gemacht wurde, einer Organisation, die das Kommen des großen Meisters, des Menschheitslehrers vom Format eines Buddha oder Jesus, der diese verdorbene Welt endgültig retten sollte, ungeduldig erwartete. Als Oberhaupt des »Order of the Star«, der sich auf dieses Kommen besonders intensiv vorbereitete, war er von einer verblüffenden Einfachheit des Geistes. Denn er erwartete diesen Weltlehrer immer noch, als alle Anhänger diesen längst in ihm sahen. Man fühlt sich an die Unschuld im Märchen erinnert. (Und finden wir in den Märchen nicht Reste eines hellwachen »von Herzen kommenden« Verstehens, das uns verlorenging? Warum sind es auch dort einfache, unschuldige Menschen, die eine Bedeutung für die angsterfüllte Welt haben? Und hatte der Theosoph Leadbeater nicht in Indien nach einem unbeschriebenen Blatt gesucht?) Krishnamurti fungierte als ein Guru par excellence, vielleicht als der erfolgreichste und überzeugendste in diesem Jahrhundert, und wenn er später immer wieder eindringlich vor den Gurus warnte, so wußte er sehr genau, wovon er sprach. Aus guten Gründen gab sein Freund Sidney Field den Erinnerungen an eine gemeinsame Zeit den Titel: »The Reluctant Messiah«. Nach wachsenden Zweifeln und einer dramatischen Wandlung seines Selbstverständnisses begriff Krishnamurti das Verkehrte und Verderbliche an der ihm aufgetragenen Rolle, streifte sie ab, trennte sich von den Gläubigen, die ihn zu einer Autorität machen wollten, und ging, auf erstaunliche Weise einfach geblieben, psychisch unbeschadet daraus hervor. Es war, als hätte er diese Rolle nie eingenommen. Denn wirkliches Verstehen macht es möglich, daß keine Spur zurückbleibt und keine Verletzung durch Ruhm oder Lächerlichkeit die Gegenwart trübt. Er identifizierte sich mit nichts. Er hatte keinen Ehrgeiz, kein Geltungsbedürfnis, keinen Sinn für Besitz und kein Bedürfnis nach Sicherheit. Wenig scheint ihn in seinem Leben geprägt zu haben.

Das mag mit seiner völligen Widerstandslosigkeit zusammenhängen, und gewiß auch mit seinem völligen Mangel an Angst. Aber da war eine immer wache Intelligenz, die sich durch fortwährendes Beobachten, Beobachten, Beobachten – und diese Tätigkeit war nie eine Wiederholung – zunehmend schärfte und sensibilisierte. Diese lebendige Intelligenz ist bezeichnend für ihn, war er doch fast unfähig, Wissensprüfungen abzulegen. Nicht daß er Wissen für unwesentlich hielt, im Gegenteil sah er in ihm ganz pragmatisch etwas Notwendiges, aber auch nicht mehr. Das Verstehen durch Beobachten ging ihm im Vergleich dazu nie weit genug. Er erlebte daher eine konsequente, zunehmende Sensibilisierung, ein Vertiefen der inneren Wachsamkeit, die innere Stille mit sich brachte. Stille kann nicht erzeugt werden, sie ist fundamental, sie kann nur gestört werden. In der nicht raumzeitlichen Realität, die nicht mehr durch den Ich-Bezug zentriert und begrenzt war, scheint er seine Beobachtungen unablässig fortgesetzt zu haben, scheint sich sein Verstehen auf eine uns unbegreifliche Weise vertieft und intensiviert zu haben (was immer das heißt). Denn erst fast 20 Jahre nach seinem Durchbruch zu einem Leben in Freiheit, das nicht mehr von der Spaltung in Beobachter-Ich und Beobachtetes bestimmt war, erst 1947 »verstand« er, wie er sagte.

Wie können wir wissen, ob ein Mensch wirklich tiefe Einsichten hat oder ob er halluziniert? Wir können es nie wissen. Menschenkenntnis hilft hier zwar beträchtlich weiter, aber auch bei den wenigen, die glaubhaft ehrlich sind, kann immer noch alles auf Selbsttäuschung beruhen. Krishnamurti führt in seinen Gesprächen mit Anderson mehrere traurige Beispiele an. Im Grunde ist dies aber eine zweitrangige Frage und für mich nur von Interesse, wenn ich mehr am Übernehmen von Wahrheiten interessiert bin (die dann keine mehr sind), als an ihrem Erkennen. Freiheit läßt sich nicht übertragen oder holen. Freiheit ergibt sich aus dem eigenständigen Zerstören aller Illusionen. Ein anderer kann dies nicht für mich richten, auch kein Jiddu Krishnamurti. Zerstörung im hier gebrauchten Sinn hat keinen Zweck, kein Ziel. Es ist die kreative Intelligenz, die dem Illusorischen und Falschen auf natürliche zwanglose Weise auf die Spur kommt, weil sie sich nur in geistiger Autonomie voll entfalten kann. Das Zerstören der psychischen Kunstgriffe und Abwehrmechanismen, der Neigung zum Glauben, des Wunsches sich zu überantworten, des Strebens nach Geltung, der

Abhängigkeit von Erfahrung und Wissen ist unerläßlich. Ohne dies alles zu zerstören, kann es keine Freiheit geben.

Die totale Verneinung des Neids besteht darin, die gesamte Struktur des Neids zu sehen. Dieses Sehen geschieht nicht in Raum-Zeit, also von außen, sondern unmittelbar durch das Erleben: ich selbst bin Neid. Erst durch solches Innehalten und Aushalten können wir die Mechanismen des Denkens durchschauen und beobachten, wie Neid und Angst entsteht oder Lust auf mehr Vergnügen aufkommt. Dies erfordert ein intensives inneres Miterleben, das sich ganz von einem Betrachten von außen unterscheidet. Eine totale Ehrlichkeit bewirkt das Verneinen aller Illusionen, das Verneinen zahlloser Dinge, welche die Gesellschaft zwar als wesentlich ansieht, die sich aber als unerträgliche Maskerade herausstellen. Was früher als Wert angesehen wurde, erweist sich nun als nichtig. Das Leben ist weiterhin wunderbar komplex, aber einfach und ehrlich. Der Akt intensivster Aufmerksamkeit löst aber nicht nur bereits vorhandene Konditionierungen auf, sondern verhindert auch das Entstehen neuer Probleme und läßt Angst nicht neu aufkommen. Wenn ich auf das Unangenehme, dem ich jetzt begegne, nicht sofort reagiere, gibt es ein Intervall, in dem ich es völlig wahrnehme, sich entfalten lasse, es selbst kennenlerne, bevor das Gedächtnis durch das Vergleichen mit abgelegten Kenntnissen zu Angst, Rechtfertigung oder Selbstbestätigung gelangen kann.

Beim Lesen der Schriften Krishnamurtis, der Aufzeichnungen seiner Reden und Gespräche wird klar, daß er nur das sagte, was er selbst gelebt hatte. Auch die in der Öffentlichkeit gehaltenen Reden sind im lebendigen Augenblick durchgeführte Beobachtungen, spontan und unvorbereitet, nicht aus einem Wissen oder einer Erfahrung heraus formuliert. Er macht keine Ausflüchte, spiegelt nichts vor. Ob er sich irrte, können wir nur durch eigenes Beobachten entscheiden. Die einfache Sprache soll jede Mehrdeutigkeit vermeiden. Es ist diese vorbehaltlose Ehrlichkeit, die die Texte Krishnamurtis lesenswert macht, denn sie sind ein Protokoll seines eigenen Vorgehens, das sich vom Nichtwissen ausgehend, fragend immer weiter vortastet. Dies konnte zu Krishnamurtis Lebzeiten beim Hören lebendig mitvollzogen werden und läßt sich heute noch nachvollziehen. Dadurch sind auch heute noch die Texte der Gespräche eine Orientierung, wenn auch keine Stütze. Er hielt seine Dialoge nur insofern für wesentlich, als die Teilnehmer während des Dialogs miterleben konnten, was tatsächlich in ihrem Innern ablief, während sie gemeinsam von Frage zu Frage weitergingen. Er sah keinen Sinn in Gesprächen auf nur verbaler Ebene ohne intensive innere Beteiligung. Indem diejenigen, die über Angst sprechen, sich ihrer bewußt werden, können sie über die Angst hinausgehen. Es ist in diesem Zusammenhang sinnlos, nach Gründen für die Angst in der Vergangenheit zu suchen oder Schlußfolgerungen für die Zukunft zu ziehen. Allein entscheidend für die Untersuchung in einem Gespräch ist der momentane Zustand, etwa die eigene Angst, der man sich gerade zu öffnen wagt. Krishnamurtis Dialoge haben eine logische Folge. Er geht konsequent von Frage zu Frage vor. Dabei dringt er tiefer und tiefer in die grundlegenden Fragen des menschlichen Lebens ein. Er fordert seine Hörer auf mitzugehen, doch das gelingt nur teilweise, nie weiter als bis zu einer gewissen Tiefe, so daß er sich häufig die Fragen erneut allein stellt und sie allein weiteruntersucht, während ihm die Hörer verbal folgen. Krishnamurti hatte keine Illusionen darüber, daß er nur selten verstanden wurde. »Nein, Sie haben es wirklich nicht verstanden. – Lernen Sie jetzt, um Gottes Willen, denn das ist Ihre Berufung. – Ich habe geredet, aber Sie lernten nicht. – Was wird sein, wenn der Redner nicht mehr kommt, wenn er stirbt? Werden Sie dann von einem Yogi lernen?« Psychisches Leiden, Selbstisolation und Verlassenheit, Festhalten an Illusionen, geistige Trägheit, Impulse der Gewohnheiten und tradierte Scheingewißheiten sind so enorm, daß sich nur sehr wenige wirklich bewegten. Warum hat Krishnamurti trotzdem immer wieder über Jahrzehnte hin zu Tausenden gesprochen? Weil es unerheblich ist, wie groß die Anzahl derjenigen ist, die selbstlos leben, wesentlich ist, daß es sie gibt.

Krishnamurti sagt: »Das Leben ist ein Versuch, die kreative Intelligenz im Menschen freizusetzen. Das Wecken der kreativen Intelligenz ist die einzige positive Hilfe, die ich geben kann. Wenn der menschliche Geist sich seiner Begrenzheit bewußt wird und sich durch sein eigenes Handeln daraus befreit, dann weckt das die kreative Intelligenz. Nur dies wird Menschlichkeit, Gleichgewicht und tiefe Erfüllung bringen.«

Die Kunst des Lernens ist regellos. Doch findet sich in Krishnamurtis Gesprächen, in denen er zum Lernen und Mitvollziehen einer gemeinsamen Untersuchung der Denkmechanismen auffordert, eine gewisse Folge von Fragen: Haben wir aus unseren Erfahrungen, aus unserem Wissen zu leben gelernt? Nein. Wie sind die Erfahrungen, abgesehen vom Inhalt, beschaffen? Der Verstand, das Denken macht aus Erfahrungen regelmäßige Abläufe und Muster. Was ist das Ziel des Denkens? Sicherung durch den möglichen Rückgriff auf Muster. Wie ist das Leben beschaffen? Gehorcht es Strukturen, Mustern? Nein, deshalb können wir auch kaum aus vergangenen Erfahrungen lernen. Aber wie können wir dann dem Leben angemessen begegnen, wenn unsere erdachten Strukturen nicht anwendbar sind, es sich diesen entzieht? Offensichtlich müssen wir spontan und nur aus der gegenwärtigen Situation heraus dem Leben begegnen. Kann der Verstand ohne jegliche Selbstkontrolle Gewohnheiten beenden, die das Leben nach Mustern ordnet? Indem er die Gewohnheiten in ihrer Gesamtheit beobachtet, nicht einzeln, sondern den gesamten Mechanismus, der hinter allen Gewohnheiten steckt. Unser ganzes Leben ist ein Gewebe aus Gewohnheiten. Wie kann sich der Verstand des hinter all diesen Gewohnheiten steckenden Mechanismus bewußt sein? Ich bin mir dessen bewußt, was bereits geschah. Jede Störung des Lebens macht uns bewußt, und unser ganzes Leben ist eine Störung. Was ist Bewußtsein? Bewußtheit gibt es nur, wenn »jemand« mit im Spiel ist, der etwas sein oder werden will. Was existiert ohne das Streben nach Werden oder Sein-Wollen? Werden oder sein wollen verursacht eine Spaltung in uns. Alles Bewußtsein beinhaltet solches Streben. Bevor gesehen werden kann, was ohne dies existiert, muß alles im Moment abgeschlossen werden und nichts ins Bewußtsein übernommen werden. Was geschieht mit dem Gehirn, das sich Tag und Nacht mit seinen Konflikten weiterbeschäftigt? Da es sie nie ganz lösen kann, auch durch Träumen nicht, erschöpft es sich, aber regeneriert sich nicht. Was kann der Verstand tun, wenn er erkennt, daß alle Aktivitäten, denen er frönt oder in die er hineingezwungen wurde, immer eine Bewegung innerhalb des Bewußtseins mit seinen Inhalten ist? Der Raum des Bewußtseins bleibt immer durch seine Zentrierung, das Ich, begrenzt. Alle bewußten Bewegungen gehen davon aus und gehen dahin zurück. Dieses Zentrum kann eine Angst, ein Motiv, eine Identifikation sein, es ist nichts Einheitliches, es ist Stückwerk. Kann das Zentrum völlig inaktiv, still werden, um die eigene Begrenztheit zu sehen? Kann der Geist je über das stets begrenzte Bewußtsein hinausgelangen? Das wäre Raum ohne Zentrum. Was ist Raum ohne Zentrum? Dort könnte die Aufmerksamkeit völlig losgelöst vom Zentrum des Bewußtseins fließen. Das Ich ist nicht vernichtet, es bleibt. Aber es ist sich nun der Konsequenzen seiner Aktivität bewußt. Wenn es aktiv werden will, dies aber nicht erforderlich ist, läßt die nun erweiterte Sensibilität es wieder still werden. Was ist mit dem Geist geschehen, wenn die Achtsamkeit ihren Höhepunkt erreicht hat und keine Energie mehr verschwendet wird? Das Gehirn, das gearbeitet und das Ich erfunden hat, wird außerordentlich sensitiv. Was geschieht mit dem Gehirn, dem Körper, dem ganzen Organismus, wenn ihm solch ungeheure, unverdorbene Energie zur Verfügung steht? Wenn totale Aufmerksamkeit besteht, in der kein Zentrum existiert, was ist dann mit dem so intensiv achtsamen Geist geschehen?

Der Geist sucht nicht mehr, wandert nicht mehr ab, deshalb ist er leer. Das Bewußtsein hat keinen Inhalt, hat mit allem abgeschlossen. Daher ist jede Vorstellung von erforderlicher Sicherheit fallen gelassen. Was geschieht mit dem Geist, der völlig abgeschlossen hat, der alles hinter sich gelassen hat? Der Geist erkennt, daß es nichts Dauerhaftes geben kann. Niemals wieder wird der Verstand nach Dauerhaftem suchen, wenn er erkannt – und nicht nur verbal gehört – hat, daß es dies nicht geben kann. Was findet ein solch höchst sensibler und flexibler Geist? Er sucht nicht. Er sieht etwas, das nie zuvor entdeckt wurde, etwas außerhalb von Raum und Zeit. Es ist das Wunderbarste. Der Geist wird Unglaubliches entdecken, was real ist. Das versetzt ihn in eine außerordentliche geistige Stabilität und Flexibilität. Leben und Tod gewinnen eine völlig andere Bedeutung.

Reine Achtsamkeit ist die Essenz des Menschen, sie liegt nicht in den verschiedenen Zuständen, Empfindungen, Gefühlen, Impulsen, Launen, die aufeinanderfolgen. Die kommen und gehen wie Wolken, ohne eine Spur oder Verletzung zu hinterlassen, wenn das Denken sich nicht mit ihnen identifiziert. Können wir diese stets wechselnden Zustände beobachten, ohne uns als ihre Eigentümer zu sehen? Wir sind zutiefst darauf programmiert, uns selbst als Opfer oder Täter dieser Zustände vorzustellen. Wir kennen es nicht anders. Aber Achtsamkeit ist da. Sie ist nicht dies oder das. Dieses unmittelbare Gegenwärtigsein ist nicht benennbar und nicht erklärbar, es ist ohne Angst, denn ohne Inhalt gibt es nichts, das befürchten muß, nicht zu sein.

Aus Sorge um eine Verfälschung der Wahrheit spricht Krishnamurti selten von dem, was er als wirklich wahr erkannt hat. Denn: Es ist nicht zeitlich zu verstehen und nur wenige Spuren finden sich im Gedächtnis. Es steht kein Fundus an vergleichbaren Vorstellungen im Gedächtnis zur Verfügung. Es gibt keine angemessenen sprachlichen Ausdrücke und deshalb haben Wörter wie Liebe, Religion, Mitgefühl, Verstehen, Stille etc. eine andere als die uns gewohnte Bedeutung. Daher wird alles mißverständlich und die Wahrheit wird korrumpiert.

So sagt er:

»Der *geistige Zustand* ist kein Zustand, sondern ist ungeheuer aktiv und deshalb still. Still ist es, weil keine Widerstände da sind, keine Spaltungen, Gegensätze, Reibungen oder Turbulenzen, die laut sind. Zwischen dem Gehirn und dem Geist besteht in dieser Stille keine Trennung. Wenn das Gehirn gereinigt ist von der Raum-Zeit-Vorstellung, hat es Zugang zur Weite des Geistes. Der Geist lebt. Diese Freiheit des Geistes kann dauerhaft sein, wenn der Geist in vollkommener Stille lebt. Aus ihr heraus kann das Leben in seiner Gesamtheit gesehen werden. Diese Stille ist unermeßlich und von daher kann auch technisches Wissen eingesetzt werden, um die alltäglichen Dinge zu regeln.« »Mühelose Intensität, also intensive Achtsamkeit, ist eine entscheidende Voraussetzung für die Erforschung der *Realität.* Sie erfordert Leidenschaft für die Realität denn diese kann nur gelebt werden.«

»Wenn man sehr tief in diese Dinge eindringt, wird man feststellen, daß überhaupt nichts geschieht, jegliches Ereignis ist ein Teil des *Lebens.«*

*»Meditation* ist das Leerwerden des Bewußtseins von den Erfahrungen, den Inhalten, denn Wahrheit ist nur durch Meditation erkennbar. Sie ist etwas immer wieder absolut Neues. Dieses Neue ist so unglaublich neu, daß es nicht wahrnehmbar ist, solange eine Spur von vergangener Erfahrung aktiviert ist.«

»An alledem ist eine unbekannte Energie beteiligt, nicht die Kraft, welche durch Wollen und Verlangen aufgebaut ist, sondern die Kraft, die in einem Fluß, in einem Berg, in einem Baum vorhanden ist. Sie ist auch im Menschen, wenn jede Form von Verlangen und Wollen vollkommen aufgehört hat. Sie hat keinen Vorteil für einen Menschen, doch ohne sie existiert der Mensch nicht, auch nicht der Baum. Das Handeln dieser Kraft hat keine Ursache und daher ist sie grenzenlos und *das Wesen aller Dinge.«*

»Die Systeme, Dogmen, Bilder, Symbole die das Denken erzeugt, sind nicht heiliger als Konstruktionspläne. Denken ist materiell und es läßt sich alles daraus machen, Häßliches wie Schönes.

Doch es gibt eine *Heiligkeit,* die nicht vom Denken, noch vom Gefühl kommt. Sie ist nicht mitteilbar, aber wahrnehmbare Tatsache. Diese Wahrnehmung ist außerhalb von Raum-Zeit. Diese Heiligkeit hat keinen Anbeter, keinen meditierenden Beobachter.«

»Es ist *etwas, das niemals nicht sein konnte.* Es ist grenzenlos, unberührbar, undurchdringlich. Es ist ein Leben, in dem nichts verderben kann. Es ist die Kraft, die existierte, bevor alle Dinge entstanden. Nichts existiert, nur dieses eine. Es ist jenseits und außerhalb aller menschlichen Fähigkeiten, dieser Kraft kann man sich nicht nähern.«

*Walter Bernotat*

# Wissen und Transformation

*Mr. Krishnamurti, ich war sehr beeindruckt von Ihrer Aussage, es liege in der Verantwortung eines jeden einzelnen, seine Wandlung herbeizuführen, und diese sei von Wissen oder Zeit unabhängig. Ich fände es großartig, wenn wir zusammen das gesamte Gebiet der Transformation untersuchen würden. Vielleicht fügen sich dann die anderen dazugehörigen Bereiche von selbst ein.*

Glauben Sie nicht, Sir – wenn wir das Geschehen in der Welt, in Indien, Europa und Amerika, den allgemeinen Niedergang in der Literatur, der Kunst und besonders der Religion, der kulturellen Basis berücksichtigen –, daß es einen traditionellen Weg gibt, der ein bloßes Akzeptieren von Autorität und Glauben ist und der nicht wirklich von religiösem Geist erfüllt ist?

Jeder ernsthafte Mensch, der dieses alles betrachtet, die Verwirrung, das große Elend, das unendliche Leid, würde sagen, daß sich diese Gesellschaft wahrscheinlich nur dann ändern kann, wenn sich der Mensch radikal selbst ändert, sich von Grund auf erneuert.

Und die Verantwortung dafür hängt vom einzelnen selbst ab, nicht von der Masse. Auch nicht von den Priestern, der Kirche, den Tempeln oder Moscheen, sondern von dem einzelnen Menschen, der sich der großen politischen, religiösen, wirtschaftlichen Verwirrung bewußt ist. In all diesen Bereichen gibt es soviel Elend, soviel Unglücklichsein. Und wenn Sie dieses alles sehen, sollten Sie sich ernsthaft fragen, ob ein Mensch wie Sie selbst oder ein anderer sich tatsächlich einer grundlegenden radikalen Transformation unterziehen kann. Und wenn diese Frage gestellt ist, und wir unsere Verantwortung für das Ganze sehen, erst dann können wir uns vielleicht darüber unterhalten, welche Beziehung Wissen und Zeit zur Veränderung des Menschen haben.

Die meisten Menschen befassen sich nicht ernsthaft mit den Vorgängen – mit dem Chaos, mit dem Schlamassel – in der gegenwärtigen Welt. Sie befassen sich nur mit den Problemen der Energieversorgung, der Umweltverschmutzung usw. – das alles sind oberflächliche Dinge. Sie machen sich nicht wirklich ernsthafte Sorgen um den menschlichen Geist, den Geist, der die Welt zerstört.

Sehen Sie, das Wort »Individuum« ist nicht wirklich korrekt, weil es, wie Sie wissen, »ungeteilt, unteilbar in sich selbst« bedeutet. Da aber die Menschen in sich völlig gespalten sind, sind sie keine Individuen. Sie mögen ein Bankkonto, einen Namen, ein Haus haben; aber sie sind keine wirklichen Individuen im Sinne eines kompletten, harmonischen und ungeteilten Ganzen. Denn nur das bedeutet, wirklich ein Individuum zu sein.

*Würden Sie sagen, daß die Bewegung, der Übergang oder besser die Veränderung – da wir ja nicht von Zeit sprechen – von diesem fragmentarischen Zustand hin zur Ganzheit einer Person als ein Wandel auf der Ebene des Seins betrachtet werden kann? Könnte man das so sagen?*

Ja, aber das Wort »ganz, heil« bedeutet nicht nur gesunden Menschenverstand und Gesundheit, sondern auch heilig. Alles das ist in dem einen Wort heil enthalten. Und die Menschen sind niemals ganz. Sie sind bruchstückhaft und widersprüchlich, sie sind von unterschiedlichsten Wünschen hin- und hergerissen. Wenn wir also von einem Individuum sprechen, so ist dieses wirklich ein Mensch, der vollständig, völlig heil, gesund und darum heilig ist. Einen solchen Menschen hervorzubringen, liegt in unserer Verantwortung, in erzieherischer, politischer, religiöser, ja jeder Hinsicht. Und darum ist es die Verantwortung nicht nur des Erziehers, sondern eines jeden, auch meine. Es ist Ihre Verantwortung genauso wie meine oder seine.

*Jeder ist dafür verantwortlich.*

Vollkommen richtig – weil *wir* dieses schreckliche Durcheinander in der Welt angerichtet haben. Es geht jeden einzelnen Menschen an, ganz gleich, ob er Politiker oder Geschäftsmann ist, oder irgendein Mensch auf der Straße so wie ich. Es ist unsere Aufgabe als Mensch, das enorme Leid und Elend und den Wirrwarr in dieser Welt zu erkennen. Und es ist unsere Verantwortung, all dieses zu ändern. Daraus ergibt sich die Frage, ob sich der Mensch in aller Ernsthaftigkeit seiner Verantwortung nicht nur sich selbst, sondern der ganzen Menschheit gegenüber bewußt ist. Offensichtlich nicht, jeder ist nur mit seinen eigenen geringfügigen, kleinen selbstsüchtigen Wünschen beschäftigt. Verantwortung beinhaltet außerordentliche Achtsamkeit, Sorgfalt, Fleiß – und nicht Nachlässigkeit, so wie es jetzt üblich ist.

Wie Sie wissen, bin ich in der ganzen Welt herumgereist, außer hinter dem Eisernen Vorhang und hinter dem Bambusvorhang in China. Ich habe Abertausende von Menschen gesehen und habe zu ihnen gesprochen. Ich tue das seit mehr als 50 Jahren. Die Menschen, wo immer sie auch leben, sind mehr oder weniger dieselben. Sie haben Probleme, die ihnen Kummer machen, Probleme, die ihnen Angst machen, Probleme mit dem Lebensunterhalt, Probleme mit persönlichen Beziehungen, Probleme mit dem Überleben, mit der Überbevölkerung und das enorme Problem mit dem Tod – was ein uns allen gemeinsames Problem ist. Es gibt kein östliches oder westliches Problem. Der Westen hat seine eigene Zivilisation und der Osten hat seine. Aber alle Menschen sind in dieser Falle gefangen. Sie scheinen unfähig zu sein, sich daraus zu befreien. Sie machen immer so weiter, schon seit Jahrtausenden.

*Daraus ergibt sich die Frage, wie man dieses erreichen kann. Das Wort »Individuum«, wie Sie es gerade beschrieben haben, scheint mir selbst eine Beziehung zu dem Wort »Transformation« zu haben. Es scheint, daß viele unter Transformation ver-*

*stehen, etwas so total zu verändern, daß zu dem, was es ist, keinerlei Beziehung mehr besteht. Das ließe aber außer acht, daß wir hier über eine Form sprechen, die eine Veränderung durchläuft, während auch noch Form bestehen bleibt. Sonst würde die Veränderung einen Verlust bedeuten, einen totalen Verlust.*

Stellen wir also diese Frage: Welchen Platz hat das Wissen bei der Erneuerung, bei der Transformation, bei einer grundlegenden, radikalen Wandlung des Menschen? Welchen Platz hat das Wissen und daher die Zeit? Ist das Ihre Frage? Lassen Sie uns für eine Minute das Wort »Revolution« anschauen. Im üblichen Sinne des Wortes hat es nicht die Bedeutung einer »stufenweisen Entwicklung«. Revolution ist entweder blutig, hat etwas mit einem Regierungssturz zu tun, oder sie findet in der Psyche statt, äußerlich oder innerlich. Das Äußere *ist* das Innere. Das Innere *ist* das Äußere. Es gibt keinen Unterschied zwischen dem Äußeren und dem Inneren; sie stehen miteinander in direktem Zusammenhang. Wenn wir also über Wandlung sprechen, meinen wir nicht die nur blutige, die physische Revolution, sondern vielmehr eine Revolution in der Arbeitsweise des menschlichen Geistes, in der Weise wie er denkt, wie er sich benimmt, wie er handelt, wie er funktioniert und zwar umfassend. Welchen Platz hat also das Wissen in dieser psychischen Revolution, wobei nicht Entwicklung im Sinne eines allmählichen Übergangs gemeint ist, sondern die Erneuerung des Menschen, die eine innere Revolution ist und eine Wirkung auf das Äußere haben wird. Allmählicher Fortschritt ist endlos.

Wenn Sie das Wort »sofort« benutzen, scheint es, als ob es plötzlich zu geschehen hat. Daher zögere ich, es zu verwenden. Seien wir uns zunächst darüber im klaren, worüber Sie und ich sprechen. Wir sehen ganz objektiv, in welchem entsetzlichen Durcheinander die Welt sich befindet. Wir sehen das Elend, die Verwirrung, das tiefe Leid der Menschen.

Ich kann Ihnen nicht beschreiben, was ich fühle, wenn ich

durch die Welt reise. Die Trivialität, die Oberflächlichkeit und die Hohlheit der sogenannten westlichen Zivilisation, wenn ich diese Ausdrücke gebrauchen darf, in welche auch die östliche Zivilisation hineingezogen wird. Und immer kratzen wir nur an der Oberfläche und denken, daß die bloße Veränderung der Oberfläche, eine Veränderung der Struktur, allen Menschen enorm viel bringt. Im Gegenteil, es hat nichts gebracht. Es wird hier und dort ein wenig poliert, aber tief im Inneren verändert es den Menschen nicht. Wenn wir uns also über den Wandel unterhalten, müssen wir uns darüber klar sein, daß wir den Wandel in der Psyche meinen, im eigentlichen Sein des Menschen, und das bedeutet, in der Struktur und Natur des Denkens selbst, an der Wurzel. Und wenn dort diese Wandlung stattfindet, wird der Mensch natürlich auch eine Veränderung in der Gesellschaft herbeiführen. Nicht die Gesellschaft zuerst oder das Individuum zuerst, es ist die Veränderung des Menschen, die die Gesellschaft transformiert. Sie sind nicht voneinander zu trennen. Schließlich haben Menschen diese Gesellschaft geschaffen. Durch ihre Gier, ihren Zorn, ihre Gewalttätigkeit, ihre Brutalität, ihre Engstirnigkeit, haben sie diese Gesellschaft geschaffen.

Und sie denken, indem sie deren Struktur verändern, werden sie auch den Menschen verändern. Das war das Problem der Kommunisten, das ewige Problem: wenn wir die Umgebung verändern, glauben wir, auch den Menschen zu verändern. Sie haben auf alle mögliche Weise erfolglos versucht, die Menschen zu verändern. Im Gegenteil, der Mensch bezwingt seine Umwelt. Wir haben also verstanden, daß das Äußere auch das Innere ist und das Innere das Äußere. Uns ist klar, daß es keine Teilung gibt in Gesellschaft und Individuum, das Kollektiv und den einzelnen Menschen, sondern daß der Mensch das Ganze ist; er ist die Gesellschaft, er ist das abgetrennte menschliche Individuum, er ist der Faktor, der dieses Chaos herbeiführt. Darum ist er die Welt, und die Welt ist er. Ich glaube, das ist sehr wichtig, weil wir diesen grundlegenden Faktor nicht erkennen, daß wir die Welt sind und die Welt wir ist, daß die Welt nichts von mir Getrenntes ist, und ich nicht von der Welt getrennt bin. In welche Kultur auch immer Sie hineingeboren wurden, Sie sind das Ergebnis dieser Kultur. Und diese Kultur hat diese Welt geschaffen. Die materialistische Welt des Westens, wenn man sie so nennen kann, die sich über den ganzen Globus ausbreitet – alles wurde im Gefolge der westlichen Kultur beiseite gefegt –, diese Kultur hat diesen Menschen geschaffen, und der Mensch hat diese Kultur geschaffen.

Er hat Gemälde, wunderbare Kathedralen und großartige technische Dinge geschaffen, er ist auf dem Mond gelandet usw. Das alles haben die Menschen zustande gebracht. Und es sind die Menschen, die diese verrottete Gesellschaft, in der wir leben, geschaffen haben. Diese unmoralische Gesellschaft, in der wir leben, ist von Menschen geschaffen worden. Und darum ist die Welt Sie – und Sie sind die Welt, es gibt keine andere. Wenn Sie das akzeptieren, wenn Sie es erkennen, nicht intellektuell, sondern wenn Sie es in Ihrem Herzen fühlen, in Ihrem Geist, in Ihrem Blut, dann stellt sich die Frage: Ist es einem Menschen möglich, sich selbst innerlich und daher auch äußerlich zu ändern?

Dies ist kein statischer Zustand. Es ist nicht etwas, das man intellektuell akzeptiert und auf sich beruhen läßt, denn dann ist es der Tod. Es beinhaltet dann nichts mehr.

Darum haben wir uns in unterschiedliche religiöse Gemeinschaften unterteilt, und wir haben die Welt in Nationalitäten aufgeteilt, in Kapitalisten, Sozialisten, Kommunisten und andere. Wir haben uns selbst in Bruchstücke aufgespalten, die zueinander in Opposition stehen, und wo Teilung ist, gibt es Konflikt. Ich denke, das ist ein grundlegendes Gesetz.

Darum sage ich, daß es so wichtig ist, daß wir vom Beginn unseres Gespräches an verstehen, daß die Welt nicht von mir getrennt ist und daß ich die Welt bin. Das mag ziemlich simpel klingen, aber es hat eine tiefe, fundamentale Bedeutung, wenn Sie nicht intellektuell erkennen, was das bedeutet, sondern es innerlich verstehen, und es daher keine Teilung mehr gibt. In dem Moment, in dem ich begreife, daß ich die Welt bin und die Welt ich ist, bin ich weder Christ, noch Hindu, noch Buddhist – nichts davon, ich bin ein Mensch.

So ist also klar, daß der menschliche Verstand die Welt geteilt hat, um seine eigene Sicherheit zu finden, was ihm aber zusätzliche Unsicherheit bringt. Wenn der Mensch das erkannt hat, muß er innerlich und äußerlich diese Teilung in Ich und Du, in Wir und Sie, in Inder und Europäer, in Kapitalisten und Kommunisten verneinen. Man muß diese Teilung bereits an der Wurzel abschneiden. Hieraus ergibt sich die Frage, ob der menschliche Geist, der seit Jahrtausenden konditioniert ist, der auf so vielen Gebieten so viel Wissen erworben hat, ob dieser menschliche Geist sich verändern, eine Erneuerung in sich selbst herbeiführen und frei sein kann, um jetzt zu reinkarnieren.

*Das ist die Frage – genau – reinkarniere jetzt. Aus dem, was Sie gesagt haben, könnte man schließen, daß die in Jahrhunderten angesammelte Unmenge an Wissen, unabhängig von welchem Kulturkreis wir sprechen, ein Kommentar zu dieser Teilung ist, eine Diskussion, die wir mit uns selbst darüber führen. Ohne die Teilung selbst wirklich zu begreifen.*

*Und weil Teilung sich natürlich unbegrenzt fortsetzen läßt, haben wir Bände über Bände, Bibliotheken über Bibliotheken, Mausoleen voller Bücher ohne Ende.*

Sehen Sie, daher unterscheidet sich Kultur von Zivilisation. Kultur beinhaltet Wachstum im Aufblühen der Güte. Das ist Kultur – wirkliche Kultur –, das Erblühen der Güte, und gerade das gibt es nicht. Wir sind zwar zivilisiert, können in wenigen Stunden von Indien nach Amerika fliegen – man hat dort schönere Bäder und vieles mehr. Alles mögliche ist besser, und das bringt eine Menge Komplikationen mit sich. Das ist die westliche Kultur, die jetzt den Osten schluckt. Die wirkliche Essenz der Kultur aber ist Güte. Religion *ist* die Umwandlung des Menschen, nicht die verschiedenen Glaubensrichtungen, Kirchen und Götzendienste der Christen oder Hindus. Das ist nicht Religion.

So kommen wir zum Ausgangspunkt zurück. Wenn man all dieses sieht, ohne es zu verdammen oder zu rechtfertigen, es nur beobachtet, dann kann man fragen: Der Mensch hat soviel Information und Wissen angesammelt – hat dieses Wissen ihn dazu gebracht, gütig zu sein? Lebt er in einer Kultur, die die Schönheit der Güte in ihm zum Blühen bringen wird? Nein, keineswegs. Darum ist es ohne Bedeutung. Wir können Erklärungen, Definitionen geben, aber sie sind nicht die Wirklichkeit. Das Wort ist nicht die Sache. Die Beschreibung ist nicht das Beschriebene. Also kehren wir wieder an denselben Punkt zurück, denn es kommt mir persönlich außerordentlich auf diese eine Frage an: Wie kann sich der Mensch ändern? Jedes Jahr fahre ich für drei bis fünf Monate nach Indien und sehe, was dort geschieht, und ebenso sehe ich, was in Europa und auch hier in Amerika passiert. Sie können sich kaum vorstellen, was für einen Schock ich jedesmal in diesen Ländern bekomme. Der geistige Verfall, die Oberflächlichkeit, die substanzlosen intellektuellen Vorstellungen in Hülle und Fülle ohne jeglichen Nährboden, auf dem die Schönheit der Güte, der Wirklichkeit wachsen könnte. Damit kommen wir zur Frage, welchen Platz hat dann Wissen in der Erneuerung des Menschen? Das ist die grundsätzliche Frage.

*Von diesem Punkt können wir ausgehen. Und das Wissen, auf das wir in unserer Diskussion hingewiesen haben, ist ein Wissen, das in sich selbst keine Kraft hat, diese Transformation zu bewirken.*

Nein, Sir, aber dennoch hat das Wissen seinen Platz. Ich muß auf das Wort »Wissen« zurückkommen; das Wort Wissen, was bedeutet es zu wissen? Wir werden damit beginnen, weil es allgemein akzeptiert wird – als Erfahrung, die Spuren hinterläßt, welche Wissen sind. Dieses angesammelte Wissen, ob es in der wissenschaftlichen Welt, der Geschäftswelt oder in der

Welt des Geistes, dem Sein, existiert, ist das Bekannte. Das Bekannte ist Vergangenheit. Daher ist das Wissen Vergangenheit. Wissen existiert nicht in der Gegenwart, ich kann es aber in der Gegenwart *benutzen.* Es hat seine Wurzeln in der Vergangenheit. Ich persönlich lese keinerlei Bücher, weder die Bhagavadgita, noch die Upanishaden, noch irgendwelche psychologischen Bücher. Ich bin kein Leser. Ich habe mein ganzes Leben lang *ungeheuer viel* beobachtet. Das Wissen hat seinen Platz.

Wir wollen uns über folgendes im klaren sein. In der praktischen Tätigkeit, im Technologischen muß ich wissen, wo es lang geht, physisch usw. Welchen Platz nehmen nun menschliche Erfahrung und Wissenschaft bei der Veränderung der Qualität des menschlichen Geistes ein, der so brutal, gewalttätig, kleinlich, selbstsüchtig, gierig, ehrgeizig und all das geworden ist? Welchen Platz hat hier Wissen? Wir müssen daher die Grenzen des Wissens herausfinden. Wo liegt die Abgrenzung, das Freisein von dem, was wir wissen? Wo beginnt diese Freiheit?

*Wo beginnt diese Freiheit, die unabhängig von den Ablagerungen der Vergangenheit ist?*

Das ist richtig, der menschliche Geist basiert auf Wissen. Seit Jahrtausenden hat er sich durch diese Ablagerungen, durch Tradition und Wissen entwickelt. Es existiert, und all unsere Handlungen basieren auf diesem Wissen. Gestern habe ich eine Erfahrung gemacht, die ihre Spur hinterlassen hat, und das ist Wissen. Und mit diesem Wissen begegne ich der nächsten Erfahrung. So wird diese neue Erfahrung im Sinne der alten integriert und darum ist sie niemals neu.

Wo gibt es Freiheit in Beziehung zum Wissen? Oder ist Freiheit etwas anderes als die Fortsetzung des Wissens? Wenn man in diese Dinge tief eindringt, bedeutet es das Ende des Wissens. Und was bedeutet es, dem Wissen ein Ende zu setzen, wenn mein Leben doch völlig von Wissen bestimmt war? Sehen Sie, was damit verbunden ist. Gestern traf ich Sie und nun habe ich eine Vorstellung von Ihnen, und diese Vorstellung begegnet Ihnen nächstes Mal. Die Vorstellung begegnet Ihnen. Und es gibt Dutzende oder Hunderte von Bildern. Das Bild ist also das Wissen. Das Bild ist die Tradition. Das Bild ist die Vergangenheit. Kann man davon frei sein?

*Wenn diese Transformation, von der Sie sprechen, geschehen soll, muß das so sein.*

Natürlich, wir können das festlegen. Nur, wie kann der Verstand, der sich aufgrund von Vorstellungen, Wissen, Kenntnissen abmüht, handelt und funktioniert, das beenden? Nehmen Sie ein einfaches Beispiel. Sie haben entweder Kummer, oder Sie loben mich, das bleibt als Wissen zurück, und mit diesem Bild, mit diesem Wissen begegne ich Ihnen. Also begegne ich Ihnen niemals, es ist die Vorstellung, die Ihnen begegnet. Darum gibt es zwischen Ihnen und mir keine Beziehung. Wie kann also dieses Bild enden, ja gar nicht erst aufgezeichnet werden? Was soll ich also tun? Wie soll dieser Verstand, der immerzu registriert – die Funktion des Gehirns ist unaufhörliches Aufzeichnen –, wie soll er sich vom Wissen befreien? Wenn Sie mir persönlich oder als Gruppe oder wie auch immer Schaden zugefügt haben, Sie mich beleidigt oder mir geschmeichelt haben, wie soll das Gehirn so etwas nicht registrieren? Wenn es das aber registriert, dann ist es schon eine Vorstellung, eine Erinnerung, und dann begegnet die Vergangenheit der Gegenwart; und darum gibt es dafür keine Lösung.

Neulich habe ich das Wort »Tradition« in einem sehr guten Wörterbuch nachgeschlagen. Natürlich bedeutet das gewöhnliche Wort »tradere« geben, übergeben, überreichen. Es gibt aber noch eine andere, besondere Bedeutung, die in dem Wort steckt, nämlich Verrat. Und eine Diskussion in Indien ergab: Verrat der Gegenwart. Wenn ich in der Tradition lebe, verrate ich die Gegenwart.

*Was in der Tat ein Selbstbetrug ist.*

Ja, so ist es. Wie soll der Geist, der durch Wissen funktioniert – wie soll das Gehirn, das ständig aufzeichnet, dieses beenden? Wie soll es die Bedeutung des Aufzeichnens erkennen und es nicht in eine irgendeine andere Richtung gehen lassen? Das ist, lassen Sie es mich so erklären, Sir, eigentlich sehr einfach: Sie beleidigen mich, Sie verletzen mich durch Worte, Gesten oder Handlungen. Das hinterläßt in meinem Gehirn eine Spur, welche Erinnerung ist. Diese Erinnerung ist Wissen, und dieses Wissen wird, wenn ich Sie das nächste Mal treffe, störend wirken – das ist offensichtlich. Wie sollen nun Gehirn und Geist aufzeichnen, ohne dabei die Gegenwart zu stören?

*Derjenige muß sich, scheint mir, große Mühe geben, das zu negieren.*

Nein, sehen Sie, was das beinhaltet, wie soll ich es negieren? Wie soll das Gehirn, dessen Aufgabe es ist, wie ein Computer aufzuzeichnen, das negieren?

*Ich wollte damit nicht sagen, daß das Gehirn die Aufzeichnung negieren soll. Aber es ist die Gedankenverbindung, die Übermittlung des Aufgezeichneten in den emotionalen Bereich.*

Wie soll – das ist genau der Punkt – diese emotionale Reaktion beendet werden, wenn ich Sie das nächste Mal treffe, Sie, der Sie mich verletzt haben? Das ist ein Problem. Sehen Sie, Religion basiert auf Tradition. Religion, so wie sie jetzt ist, ist riesengroße Propaganda. Hier oder in Indien, überall sind die Glaubenstheorien, der Götzendienst und die Anbetung im wesentlichen auf der Anerkennung einer Theorie aufgebaut, auf Vorstellungen, die aus dem Denken entstanden sind. Und natürlich ist das keine Religion. Also ist Religion, so wie sie jetzt existiert, das Leugnen der Wahrheit. Und wenn jemand herausfinden möchte, was die Wahrheit ist, muß er erst einmal die ganze Struktur der Religion zurückweisen, ihre Götzenverehrung und ihre Propaganda, die Angst und die Teilung in »du bist ein Christ, ich bin ein Hindu«, all diesen Unsinn – und sich selbst ein Licht sein, aber nicht im eitlen Sinne des Wortes. Ein Licht, weil die Welt in Dunkelheit lebt, und ein Mensch muß sich transformieren, muß sich selbst ein Licht sein, und dieses Licht wird nicht von jemand anderem angezündet.

Wir haben keine Zeit mehr zum Herumspielen – das Haus brennt, jedenfalls empfinde ich das sehr stark –, die Dinge geschehen so schnell, daß jeder von uns etwas tun muß. Nicht in bezug auf besseres Wohnen, mehr Sicherheiten, mehr hiervon und davon – sondern vor allem, um sich selbst zu erneuern.

Darum ist das Wort nicht die Sache. Die Beschreibung ist nicht das Beschriebene, und wenn Sie sich nicht mit der Beschreibung sondern nur mit dem »was ist« befassen, dann müssen wir etwas tun. Wenn Sie mit dem konfrontiert sind »was ist«, dann handeln Sie. Aber wenn Sie sich mit Theorien, Spekulationen und Glauben befassen, handeln Sie niemals.

*Also gibt es keinerlei Hoffnung für diese Erneuerung, wenn ich Sie richtig verstanden habe. Es klingt wunderbar, wenn ich zu mir selbst sage: ich bin die Welt und die Welt ist ich, wenn ich dabei jedoch weiterhin denke, daß die Beschreibung das Beschriebene ist, ist die Sache hoffnungslos. Wir sprechen hier also über eine Krankheit, und wir sprechen aber etwas, das als Tatsache beschrieben wird. Und wenn wir das, was als Tatsache festgelegt wurde, auch als Tatsache anerkennen, dann ist die Beschreibung das Beschriebene.*

Natürlich.

*Und da kommen wir nie wieder heraus.*

Es ist wie mit einem Mann, der hungrig ist. Noch so viele Beschreibungen der richtigen Nahrung werden ihn nicht sattmachen. Er ist hungrig, er will das Essen. Das alles beinhaltet viele Dinge. Zunächst: kann es Freiheit vom Wissen geben – und Wissen hat seinen Platz –, kann man von der Tradition im

Sinne von Wissen frei sein? Kann man von dieser trennenden Sichtweise frei sein – ich und du, wir und sie, von all diesen trennenden Verhaltensweisen oder Aktivitäten in unserem Leben? Dies sind die Fragen mit denen wir uns befassen müssen. Kann der Geist vom Wissen frei sein, tatsächlich und nicht nur verbal? Ich kann darüber Vermutungen anstellen, was Freiheit ist, aber kann ich sehen wie notwendig und wesentlich es ist, daß es Freiheit vom Wissen geben muß? Wenn nicht, wird das Leben zur Wiederholung, ein ständiges Kratzen an der Oberfläche, und das ist ohne jede Bedeutung.

*18. Februar 1974*

# Wissen und Beziehungen

*Es freute mich in unserem vorangegangenen Gespräch, daß wir im Hinblick auf Wissen und Transformation folgenden Unterschied herausgefunden haben: Einerseits besteht eine reale Beziehung zur Welt, da ich die Welt bin und die Welt ich ist, und andererseits besteht die irrige Annahme, daß die Beschreibung das Beschriebene ist. Es scheint also etwas geschehen zu müssen, das eine Wandlung des Individuums herbeiführt. Wir können sagen, hier kommt der Beobachter ins Spiel. Wenn das Individuum also nicht den Fehler machen soll, die Beschreibung für das Beschriebene zu halten, dann muß es als Beobachter eine vollkommen andere Beziehung zum Beobachteten eingehen als in seiner Verwirrung bisher.*

Wir sagten, es muß einen qualitativen Zustand geben, der Freiheit vom Bekannten ist, weil das Bekannte sonst nur die Wiederholung der Vergangenheit, der Tradition, der Vorstellung usw. ist. Die Vergangenheit *ist* der Beobachter. Die Vergangenheit ist das angesammelte Wissen als ich und du, als sie und wir. Der Beobachter ist wie die Vergangenheit erst durch Denken konstruiert worden. Denken ist die Vergangenheit. Denken ist niemals frei. Denken ist niemals neu, weil das Denken die Antwort auf die Vergangenheit ist, als Wissen, als Erfahrung, als Erinnerung. Und der Beobachter beobachtet mit dieser Erinnerung, mit der Erfahrung, dem Wissen, den Verletzungen, der Verzweiflung und der Hoffnung – mit diesem Hintergrund sieht er auf das Beobachtete. Also wird der Beobachter vom Beobachteten getrennt. Ist aber der Beobachter vom Beobachteten getrennt? Wenn wir also über das Freisein vom Wissen sprechen, sprechen wir über das Freisein vom Beobachter. Und der Beobachter ist die Tradition, die Vergangenheit, der konditionierte Verstand, der auf die Dinge schaut, auf sich selbst, auf die Welt, auf mich. Der Beobachter nimmt also immer Trennungen vor. Der Beobachter ist die Vergangenheit und kann darum nicht ganzheitlich beobachten.

»Ich« ist die Vergangenheit. Das »Ich« ist die ganze Struktur dessen, was gewesen ist, die Erinnerungen, die Verletzungen, die verschiedenen Wünsche. All dies ist angesammelt in dem Wort »Ich«, das der Beobachter ist und darum die Teilung in den Beobachter und das Beobachtete, in den Beobachter, der ein Christ zu sein glaubt und einen Nichtchristen oder einen Kommunisten beobachtet. Diese Teilung, diese Haltung des Verstandes mit seinen vorgeprägten Antworten, Erinnerungen usw., das ist das Bekannte.

Wir fragen also, ob der Geist, seine ganze Struktur, vom Wissen frei sein kann? Sonst werden sich Handlungen, Haltungen und Ideologien ständig wiederholen, zwar etwas abgewandelt, verändert, aber die Richtung wird die gleiche bleiben. Was ist also dieses Freisein vom Wissen? Ich glaube, es ist sehr wichtig, das zu verstehen, weil jede schöpferische Handlung – ich benutze das Wort schöpferisch in seinem ursprünglichen Sinn, nicht im Sinne von schöpferischem Schreiben, schöpferischem Backen, schöpferischen Erzählungen oder schöpferischen Bildern, davon spreche ich nicht – im tieferen Sinne etwas bedeutet, das vollkommen neu geboren wird. Das andere ist nicht schöpferisch, es ist nur Wiederholung, Veränderung, Abwandlung – die Vergangenheit. Solange es also keine Freiheit vom Bekannten gibt, gibt es überhaupt keine schöpferische Handlung. Das heißt, daß Freiheit nicht das Verleugnen, sondern das Verstehen des Bekannten bedeutet und eben dieses Verstehen bringt eine Intelligenz hervor, die das Eigentliche der Freiheit ist. Darum sage ich, Freiheit ist eine Sache und Wissen ist eine andere. Wir müssen beides in Beziehung setzen, um zu sehen, ob der Geist vom Wissen frei sein kann. Wir werden jetzt nicht näher auf diesen Punkt eingehen, das ist für mich wirkliche Meditation, verstehen Sie? Zu sehen, ob das Gehirn aufzeichnen kann und auch frei ist, nicht aufzuzeichnen, ob das Gehirn aufzeichnen und dieses Aufgezeichnete, das Gedächtnis, das Wissen benutzen kann, wenn nötig. Und frei zu sein, ohne den Beobachter zu beobachten.

Wissen ist also für das Handeln in einem bestimmten Sinne notwendig, etwa um von hier aus nach Hause gehen zu können; dazu brauche ich Wissen. Ich brauche Wissen, um Englisch zu sprechen, um einen Brief zu schreiben usw. Das Wissen als mechanische Funktion ist notwendig. Wenn ich aber dieses Wissen in meiner Beziehung zu Ihnen, zu einem anderen Menschen benutze, schaffe ich eine Grenze, eine Trennung zwischen Ihnen und mir, nämlich den Beobachter. Drücke ich mich klar aus? Das bedeutet, Wissen innerhalb einer menschlichen Beziehung ist zerstörerisch. Das bedeutet, Wissen, das Tradition, Gedächtnis und das Bild ist, das der Verstand sich von Ihnen gemacht hat, dieses Wissen ist trennend und schafft dadurch Konflikte in unseren Beziehungen. Wie wir schon vorher gesagt haben, muß es Konflikt geben, wo Teilung ist. Diese trennenden Aktivitäten müssen – politisch, religiös, wirtschaftlich, sozial, in jeder Weise – unausweichlich Konflikt und daher Gewalt hervorbringen. Das ist offensichtlich.

Wenn nun Wissen in eine menschliche Beziehung eingeht, muß es Konflikt geben – zwischen Mann und Frau, Junge und Mädchen. Wo immer der Beobachter, der die Vergangenheit und das Wissen ist, in Aktion tritt, gibt es Teilung und darum Konflikt in der Beziehung.

*Die nächste Frage, die sich stellt, lautet: Wie kann man sich davon befreien, diesen Wiederholungen unterworfen zu sein?*

Ja, das ist richtig. Ist das möglich? Das ist eine ungeheure Frage, weil die Menschen miteinander in Beziehungen leben. Es gibt kein Leben ohne Beziehungen. Leben bedeutet, in Beziehungen zu leben. Leute, die sich in ein Kloster zurückziehen, leben immer noch in Beziehungen. Wie sehr sie auch glauben mögen allein zu sein, sie befinden sich doch in einer Beziehung und zwar mit der Vergangenheit, mit ihrem Erlöser, ihrem

Christus, ihrem Buddha usw. Sie haben Beziehungen zur Vergangenheit und zu ihren Regeln, zu allem. Sie leben in der Vergangenheit und sind darum äußerst zerstörerische Leute, weil sie im tieferen Sinne des Wortes nicht schöpferisch sind.

Neuartig wäre es für einen gesprächigen Menschen, in ein Kloster einzutreten, in dem man nicht spricht. Das wäre etwas Neuartiges für ihn, und er würde sagen, das ist ein Wunder.

Unsere Frage ist also, welchen Platz das Wissen in den menschlichen Beziehungen einnimmt. Das ist ein Problem, weil Beziehungen zwischen Menschen offensichtlich von größter Wichtigkeit sind. Aus diesen Beziehungen heraus schaffen wir die Gesellschaft, in der wir leben. Unsere ganze Existenz beruht auf diesen Beziehungen. Alltägliche Handlung ist mein Leben, ist unser Leben. Ob ich ins Büro gehe, in die Fabrik, einen Bus fahre oder sonst etwas, es ist Leben, ich lebe. Also Wissen und Freiheit: sie müssen zusammen existieren, nicht Freiheit getrennt von Wissen. Es kommt auf die Harmonie zwischen beiden an. Die beiden handeln immer in Beziehung zueinander, in Harmonie. Es ist, als ob sie nie getrennt werden können. Wenn ich mit Ihnen in großer Harmonie leben möchte, was Liebe bedeutet, die wir später diskutieren werden, muß es dieses absolute Gefühl der Freiheit von Ihnen geben, keine Abhängigkeit, dieses absolute Gefühl von Freiheit und gleichzeitigem Handeln auf dem Gebiet des Wissens.

*Genau. Dieses Wissen wird in gewisser Weise, wenn es in rechter Beziehung zu dieser Freiheit steht, fortwährend erlöst, wenn ich einen theologischen Ausdruck gebrauchen darf. Es handelt irgendwie nicht länger destruktiv, sondern in Übereinstimmung mit der Freiheit, in der ich leben mag – denn diese Freiheit besitzen wir noch nicht, wir nehmen sie nur als gegeben an.*

Es ist sehr wichtig, weil das Wort »Religion« bedeutet, all seine Energie zu sammeln, um aufmerksam zu sein. Freiheit bedeutet also einen Zustand totaler Einfachheit und der absoluten Verneinung des Beobachters. Die Freiheit führt zu dieser inneren

Einfachheit, Handlungsfreiheit auf dem Gebiet des Wissens und der menschlichen Beziehungen, weil menschliche Beziehung von größter Wichtigkeit ist. Welchen Platz hat also das Wissen in der menschlichen Beziehung? Das Wissen im Sinne von vergangener Erfahrung, Tradition und Vorstellung. All das ist der Beobachter, und welchen Platz nimmt der Beobachter in der menschlichen Beziehung ein? Der Beobachter ist das Wissen. Um es zu vereinfachen, nehmen wir einmal an, ich stehe in Beziehung zu Ihnen. Sie sind mein Bruder, mein Mann oder meine Frau, einerlei wer; welchen Platz hat das Wissen als Beobachter, der die Vergangenheit ist, in unserer Beziehung? Ich stehe in Beziehung zu Ihnen, ich bin mit Ihnen verheiratet, ich bin Ihre Frau oder Ihr Mann. Was ist diese Beziehung tatsächlich? Tatsache ist, daß ich getrennt von Ihnen bin. Ich nenne Sie meinen Mann, meine Frau, aber ich bin an meinem Erfolg interessiert, ich bin an meinem Geld interessiert, ich bin mit meinem Ehrgeiz und meinem Neid beschäftigt. Ich bin voller Ichs. Sehen Sie, was in meinem Verstand passiert. Ich stelle etwa folgende Behauptung auf. Die Welt ist Sie und Sie sind die Welt. Der Verstand macht daraus eine Idee, ein Konzept und versucht, gemäß diesem Konzept zu leben. Er hat sich von der Wirklichkeit entfernt.

*In einem zerstörerischen Sinne.*

Ich würde es nicht als destruktiv oder positiv bezeichnen. Es ist das, was vor sich geht. Welchen Platz hat nun also in meiner Beziehung zu Ihnen das Wissen, die Vergangenheit, die Vorstellung, die der Beobachter ist; welchen Platz hat der Beobachter in unserer Beziehung? Tatsächlich ist der Beobachter der Teilungsfaktor.

Und daraus resultiert der Konflikt zwischen Ihnen und mir. Und das ist es, was in der Welt täglich passiert.

Ich mag mit meiner Frau schlafen usw., aber tatsächlich gibt es keine Beziehung zwischen uns, weil ich meinen eigenen Vorhaben, meinen eigenen Ambitionen und Eigenheiten folge. Sie wiederum hat ihre, so sind wir immer getrennt und haben daher ständige Auseinandersetzungen miteinander. Was bedeutet, daß der Beobachter als Vergangenheit immer der Teilungsfaktor ist. Solange es den Beobachter gibt, muß es in einer Beziehung Konflikte geben. Warten Sie, sehen Sie, was passiert. Ich stelle eine Behauptung auf, jemand macht daraus eine Idee, ein Konzept und sagt: Wie soll ich nach diesem Konzept leben? Tatsache ist, er sieht sich nicht als Beobachter. Hat der Beobachter überhaupt irgendeinen Platz in einer Beziehung? Ich sage, in dem Moment, in dem er eine Beziehung eingeht, gibt es keine Beziehung mehr. Sie existiert nicht, darum müssen wir die Frage stellen, warum die Menschen in ihrer Beziehung zu anderen Menschen so gewalttätig sind, denn Gewalt breitet sich über die ganze Welt aus. In Indien erzählte mir neulich eine Mutter aus einer kultivierten Brahmanenfamilie, daß ihr sechsjähriger Sohn, nur weil sie ihn gebeten hatte, etwas für sie zu tun, einen Stock nahm und sie zu schlagen begann. Ein Ding der Unmöglichkeit. Verstehen Sie? Die Idee, daß man seine Mutter schlagen könnte, ist traditionell etwas Unglaubliches. Und dieser Junge tat es. Und ich sagte, sehen Sie die Tatsache; und als wir näher darauf eingingen, verstand sie. Um Gewalttätigkeit zu verstehen, muß man Teilung verstehen.

*Die Teilung war schon da. Sonst würde er den Stock nicht in die Hand genommen haben.*

Teilung zwischen Nationen, verstehen Sie? Das Wettrüsten ist einer der Faktoren der Gewalt. Angenommen, ich bezeichne mich als Amerikaner und er bezeichnet sich als Russe oder Inder oder sonst etwas. Diese Teilung ist der Grund für Haß und aktuelle Gewalt. Wenn der Geist eines Menschen das erkennt, beseitigt das in ihm jede Teilung. Er ist nicht länger ein Inder, Amerikaner oder Russe. Er ist ein Mensch mit seinen Problemen, die er zu lösen versucht, aber nicht in Zusammenhang mit Indien, Amerika oder Rußland. Wir kommen also zu dem Punkt: kann der Geist in seinen Beziehungen frei sein, das heißt geordnet, nicht chaotisch, sondern geordnet?

Und all diese Ausflüchte, in andere Religionen zu wechseln, alle diese Tricks haben keine Bedeutung. Aber dies erfordert intensive Wahrnehmung, Einsicht in die Tatsachen des eigenen Lebens, wie man sein Leben lebt. Letzten Endes bedeutet Philosophie die Liebe zur Wahrheit, die Liebe zur Weisheit, nicht die Liebe zu etwas Abstraktem.

*Nein, Weisheit ist zutiefst praktisch.*

Praktisch. Daher: Kann ein Mensch in seiner Beziehung frei sein und dennoch auf dem Gebiet des Wissens handeln? Und völlige Ordnung haben? Sonst ist es keine Freiheit. Denn Ordnung bedeutet Tugend. In unserer Zeit existiert in der Welt keine Tugend. Tugend ist etwas Schöpferisches, etwas Lebendiges, etwas Bewegliches. In der menschlichen Beziehung, wie sie heutzutage besteht, gibt es Konflikt, sexuelle Gewalt und und und, jede Art von Gewalttätigkeit. Kann der Mensch in totalem Frieden leben? Sonst ist er nicht schöpferisch in der menschlichen Beziehung, denn das ist die Basis allen Lebens.

*Ich glaube, Mr. Krishnamurti, daß nichts so schwer zu verstehen ist, wie die Aussage, die Sie gerade gemacht haben. Nichts von dem, was man uns von Kindheit an gelehrt hat, läßt die Möglichkeit zu, diese Dinge ernstzunehmen. Ich möchte mich nicht darüber auslassen, wie jeder einzelne von uns erzogen worden ist, von Kindheit an bis zum Schulabschluß, wobei viel Wissen angesammelt wurde. Aber ich denke an mich selbst. Ich erinnere mich an niemanden, der mir gesagt hätte oder mich auf Literatur aufmerksam gemacht hätte, die so kategorisch die Trennung in dem Verhältnis des einen zum anderen aufzeigt, die nicht zu überbrücken ist. In den Jahren Ihrer sehr ernsthaften und hingebungsvollen Kontemplationen und Forschungen, die Sie sicherlich aus großer Leidenschaft unternommen haben, muß Sie vermutlich beim ersten Erkennen dieser Dinge, als Sie in der Position des Beobachters waren, der Gedanke sehr erschreckt haben, daß es keinen Weg zueinander gibt.*

Nein. Ich habe es nie auf diese Weise betrachtet. Ich habe mich von Kindheit an niemals als Hindu gesehen. Und als ich in England erzogen wurde, habe ich mich niemals als Europäer betrachtet. In die Falle bin ich nie gegangen. Ich weiß nicht, wie es geschehen ist, daß ich niemals in diese Falle ging. Ich habe wahrscheinlich den Hinduismus und all den Pomp der brahmanischen Tradition auf mich genommen, aber es ist niemals zu mir durchgedrungen. Es kam bei mir nicht an. Sehen Sie, darum glaube ich, daß Propaganda das Mittel zur Veränderung geworden ist. Aber Propaganda ist nicht Wahrheit, Wiederholung ist nicht Wahrheit. Ein Geist, der einfach nur beobachtet, reagiert nicht gemäß seiner Konditionierung auf das, was er beobachtet. Und das bedeutet, daß es zu keiner Zeit einen Beobachter gibt, und darum gibt es keine Teilung. Das ist mir passiert, ich weiß nicht, wie es passiert ist, aber es ist passiert. Und beim Beobachten all dieser Dinge habe ich in jeder Art menschlicher Beziehung diese Teilung und darum Gewalttätigkeit gesehen. Und für mich ist das Eigentliche einer Nichtbeziehung die Unterscheidung von Ich und Du.

Das führt uns zu dem Punkt, wo man sich fragt, ob der menschliche Geist, der sich bruchstückhaft und getrennt entwickelte, sich transformieren und eine Erneuerung durchmachen kann, die nicht durch Propaganda, Einflüsse, Drohung, Strafe oder Belohnung verursacht wird. Dies ist eine der fundamentalsten Fragen, die man stellen muß, und man kann sie nur durch Handeln, nicht durch Worte beantworten. Der menschliche Verstand hat sich widersprüchlich entwickelt, in Dualität. Das »Ich« und das »Nicht-Ich« haben sich in dieser traditionellen Spaltung, dieser Teilung, dieser Trennung entwickelt. Kann nun dieser Verstand diese Tatsache beobachten, beobachten ohne den Beobachter, denn nur dann gibt es eine Erneuerung. Solange es einen Beobachter gibt, der dieses beobachtet, gibt es Konflikt. Ich weiß nicht, ob ich mich klar genug ausdrücke.

Die Schwierigkeit ist, daß die meisten Leute nicht einmal zuhören. Und wenn sie zuhören, dann mit ihren fertigen Ansichten im Kopf. Wenn ich ein Kommunist bin, dann werde ich Ihnen bis zu einem gewissen Punkt zuhören, danach nicht mehr. Und wenn ich ein bißchen verrückt bin, werde ich Ihnen zwar zuhören, das Gehörte jedoch meiner Verrücktheit entsprechend hören. Man muß also außerordentlich ernsthaft zuhören, ernsthaft in dem Sinne, daß ich meine speziellen Vorurteile und Eigenarten vergesse und dem lausche, was Sie sagen. Denn das Zuhören ist das Wunder – nicht wie ich aufgrund dessen, was Sie sagen, handeln werde, sondern das Zuhören als Handlung. Sie hören mir zu, weil Sie selbst etwas herausfinden wollen. Aber die große Mehrheit sagt: »Worüber reden Sie eigentlich? Ich will mein Leben weiter genießen. Erzählen Sie das doch jemand anders.« Um eine Atmosphäre herzustellen, eine Umgebung zu schaffen, ein Gefühl, daß das Leben etwas überaus Ernsthaftes ist, sagt man: »Mein Freund, Sie müssen zuhören; es ist Ihr Leben, vergeuden Sie es nicht, hören Sie zu.« Es ist von Bedeutung, einen Menschen zu schaffen, der wirklich zuhört, denn wir wollen nicht zuhören, es stört zu sehr.

*Ich verstehe. In habe manchmal versucht, das den Studenten zu verdeutlichen, und vorgeschlagen, daß wir ein Tier, besonders ein wildes Tier, beobachten, denn wenn es nicht lauscht, ist es wahrscheinlich bald tot.*

Ja, tot.

*Beim Tier gibt es diese außerordentliche Wachsamkeit, denn jeder Augenblick seines Lebens ist eine Krise.*

Absolut. Ich mag mich irren, aber meiner Beobachtung nach sind die Menschen heutzutage nicht ernsthaft. Sie spielen mit neuen Dingen, mit etwas Unterhaltsamem, machen mal dieses, mal jenes und halten das für forschen, fragen. Aber sie werden von jeder neuen Sache gefangengenommen, und am Ende bleibt ihnen nichts als Asche. So wird es immer schwieriger und schwieriger für die Menschen, ernsthaft zu sein, zuzuhören und zu sehen, wie sie sind, – nicht, wie sie sein sollten.

In diesem Gespräch hören Sie zu, weil Sie interessiert sind, weil Sie etwas herausfinden wollen. Aber die große Mehrheit der Leute sagt, lassen Sie mich um Gottes Willen in Ruhe, ich habe mein kleines Haus, meine Frau, mein Auto, meine Yacht, oder was immer es sein mag, ändern Sie um Gottes willen nichts, solange ich lebe.

Ich empfinde das als eine Sache von Leben und Tod. Wenn das Haus brennt, muß ich etwas tun. Ich kann mich nicht darum kümmern, wer das Haus angesteckt hat, wie seine Haarfarbe war, ob es schwarz, weiß oder lila war. Ich will das Feuer löschen. Ich empfinde es als so dringend, weil ich es in Indien sehe, in Europa und Amerika. Überall wohin ich auch gehe, sehe ich diese Nachlässigkeit, diese Verzweiflung und sinnlose Aktivität. Sie herrscht überall.

Lassen Sie uns zum Thema zurückkommen, wonach die Beziehungen von größter Wichtigkeit sind. Wenn es in diesen Beziehungen Konflikte gibt, werden wir eine Gesellschaft schaffen, die die Konflikte fördern wird durch Erziehung, durch nationale Herrschaft und anderes. Ein ernsthafter Mensch also, ernsthaft im Sinne von wirklich besorgt und engagiert, muß seine ganze Aufmerksamkeit dieser Frage von Beziehungen, Freiheit und Wissen widmen.

*Ich habe das Gefühl, und ich hoffe, Sie richtig verstanden zu haben, daß es eine Beziehung gibt zwischen der Kraßheit dieser Notwendigkeit und der Tatsache, daß es keinen stufenweisen Fortschritt gibt; allerdings gibt es einen gewissen dämonischen Fortschritt, der innerhalb dieser Unordnung stattfindet, der mehr ein Auswuchs als ein Fortschritt ist. Wollten Sie das damit sagen?*

Ja. Neulich hat man mir erzählt, das Wort Fortschritt bedeute, voll bewaffnet feindliches Land zu betreten. Das ist es, was geschieht.

18. Februar 1974

# Verantwortung

*In unseren Gesprächen haben wir die allgemeine Frage der Transformation des Menschen untersucht, einer Transformation, die, wie Sie sagen, nicht von Wissen und Zeit abhängt. Wir haben einen sehr kritischen Punkt erreicht, der Beziehung und Kommunikation betrifft. Ich erinnere mich an einen Punkt in unserem Gespräch, der für mich außerordentlich lehrreich war. Sie erinnerten uns daran, wie wichtig es ist, beim richtigen Punkt anzusetzen. Wenn es Ihnen recht ist, könnten wir heute mit dem Thema Kommunikation und Beziehung beginnen, näher auf dieses Problem eingehen und versuchen, es zu lösen.*

Ich frage mich, was das Wort Kommunikation tatsächlich bedeutet. Kommunikation erfolgt nicht nur über das Wort, sondern über einen Austausch, nicht indem einfach akzeptiert wird, was Sie oder ich sagen, sondern indem etwas miteinander geteilt, miteinander gedacht, miteinander geschaffen wird; all das beinhaltet das Wort »kommunizieren«. Und ebenso ist in diesem Wort die Kunst des Zuhörens enthalten. Die Kunst des Zuhörens erfordert eine Qualität der Aufmerksamkeit, in der das wirkliche Zuhören stattfindet, erfordert einen Sinn dafür, daß wir während unseres Vorgehens Einsicht haben, in jeder Sekunde, nicht erst am Ende, sondern von Anfang an, so daß wir die ganze Zeit zusammen gehen, auf demselben Weg gehen, mit derselben Aufmerksamkeit, mit derselben Intensität, zur selben Zeit. Sonst gibt es keine Kommunikation. In der Kommunikation gehen wir zusammen, denken wir zusammen, tauschen wir uns auf derselben Ebene aus, zur gleichen Zeit und mit der gleichen Intensität.

Wir fragen: Was ist die Kunst des Zuhörens? Die Kunst des Zuhörens beinhaltet, daß es nicht nur verbale Verständigung zwischen Ihnen und mir gibt – wir sprechen beide Englisch und kennen die Bedeutung jedes Wortes –, sondern zur gleichen Zeit haben wir gemeinsam dasselbe Problem, dasselbe Thema. Wenn wir beide ernsthaft sind, haben wir es gemeinsam. So gibt es also in der Kommunikation nicht nur eine verbale Verständigung, sondern es gibt auch eine nichtverbale Verständigung, die erst dann wirklich zustande kommt, wenn man sich auf die Kunst versteht, jemandem wirklich zuzuhören, wobei es kein Akzeptieren und kein Ablehnen, keinen Vergleich oder kein Urteil gibt, sondern ausschließlich die Handlung des Zuhörens,

Um in Kommunion miteinander zu sein, müssen wir ernsthaft dasselbe Problem zur selben Zeit, mit derselben Leidenschaft behandeln, sonst gibt es keine Kommunikation. Wenn Sie nicht an dem, was gesagt wird, interessiert sind, werden Sie an etwas anderes denken, und die Kommunikation endet. Es gibt also eine verbale und eine nichtverbale Kommunikation. Sie funktionieren gleichzeitig. Jeder, der ernsthaft ist, schenkt dem Problem seine volle Aufmerksamkeit. Nur ein wirklich ernsthafter Mensch lebt, nicht einer, der leichtfertig ist, oder nur unterhalten werden möchte. Der lebt nicht.

*Es herrscht die allgemeine Ansicht, etwas ernst zu meinen, bedeutet entweder Schmerz erdulden zu müssen, oder man meint es ernst, wenn man etwas anderes dafür bekommen möchte. Diese beiden Dinge sind das, was wir uns in der Regel unter Ernsthaftigkeit vorstellen. Oft hören wir den Ausspruch »Schau nicht so ernsthaft drein«. Es ist fast, als fürchten wir das Ernsthafte.*

Wie wir gestern sagten, befindet sich die Welt in einem chaotischen Zustand, und es ist meine Verantwortung, der ich als Mensch in dieser Welt lebe und dieses Chaos geschaffen habe, es ist meine Verantwortung, ernsthaft zu sein bei der Lösung dieses Problems. Ich bin ernsthaft. Das heißt nicht, daß ich ein langes Gesicht mache, daß ich mich elend fühle, unglücklich bin, oder etwas für mich erreichen will. Dies ist ein Problem, das gelöst werden muß. Man nimmt es auch ernst, wenn man Krebs hat, man spielt nicht damit. Ich versuche zu sehen, was es bedeutet, ernsthaft zu sein: die Absicht die Dringlichkeit, das Gefühl totaler Verantwortung, das Gefühl, handeln zu müssen, das Handeln selbst und nicht die Absicht zu handeln. Alles das beinhaltet das Wort Ernsthaftigkeit. Wenigstens möchte ich alle diese Dinge in dieses Wort hineinlegen.

*Können wir das, was Sie unter »Verantwortung, zur Verantwortung fähig sein« verstehen, für einen Moment betrachten?*

Ja, auf jede Herausforderung angemessen antworten. Die jetzige Herausforderung ist, daß sich die Welt in Chaos, Verwirrung, Leid und Gewalt befindet. Ich muß als Mensch, der all diese Dinge geschaffen, angemessen darauf antworten. Die Angemessenheit hängt ab von meiner Ernsthaftigkeit – in dem genannten Sinn –, von meiner Beobachtung des Chaos und davon wie ich mich dem stelle, nicht aufgrund meiner Vorurteile, meiner Neigungen oder Absichten, Freuden oder Ängste, sondern wie ich mich dem Problem stelle, und nicht meiner eigenen Auslegung des Problems. Aber wir antworten nicht auf die Herausforderung. Wir reagieren gemäß unserer Auslegung des Problems. Darum bedeutet das wirklich, wenn wir das ein wenig näher untersuchen können, daß der Beobachter das Beobachtete ist.

*Darum ist die Wandlung, wenn sie kommt, eine totale, keine teilweise. Man ist dann nicht mehr länger außerhalb dessen, woran man arbeitet. Und das, woran man arbeitet, liegt auch nicht außerhalb von uns.*

Natürlich. Wie wir gestern sagten, wäre es sehr interessant, wenn wir dieses recht genau betrachteten: Die Welt ist ich und ich bin die Welt. Das ist nicht intellektuell oder emotional gemeint, das ist eine Tatsache. Wenn ich an das Problem, das

Chaos, das Elend, das Leiden, die Gewalt und all das herangehe, tue ich das mit meinen Lösungen, meinen Ängsten, mit meiner Verzweiflung. Ich betrachte also das eigentliche Problem gar nicht.

*Glauben Sie, man könnte es so ausdrücken: wir geben dem Problem keinen Raum?*

Gut, formulieren Sie es so. Lassen Sie es uns betrachten. Als Mensch hat man all dieses Elend geschaffen, das man die Gesellschaft nennt, in der wir leben, eine vollkommen unmoralische Gesellschaft. Als Mensch habe ich sie geschaffen. Aber der Mensch, der darauf schaut, trennt sich von ihr und sagt: »Ich muß sie verändern.« Das »sie« bin ich.

*Einige Menschen reagieren darauf auf folgende Weise. Sie sagen: »Sehen Sie, nehmen wir an, ich sei wahrhaft ernsthaft, wahrhaft verantwortungsbewußt und ich handle so, und dann kommt über mich und die Welt diese totale, diese einigende Beziehung. Trotzdem hören all die scheußlichen Dinge, die vielleicht 2500 Meilen von mir entfernt passieren, nicht auf. Wie kann ich also sagen, daß die Welt ich ist und ich die Welt bin. Dieser Einspruch wird immer wieder erhoben werden. Wie würden Sie darauf antworten?«*

Wir sind Menschen, unabhängig von unseren Etiketten: Englisch, Französisch, Deutsch und all den anderen. Jeder Mensch, ob er nun in Amerika oder Indien lebt, hat Probleme mit Beziehungen, Leiden, Eifersucht, Neid, Gier, Ehrgeiz, Nachahmung und Anpassung. All das sind unsere Probleme, die wir alle gleichermaßen haben. Und wenn ich sage, die Welt ist ich und ich bin die Welt, dann sehe ich das als Wirklichkeit und nicht als Begriff. Meine Verantwortung muß dieser Herausforderung gegenüber angemessen sein, nicht soweit es mein Denken betrifft, sondern in direkter Beziehung zum Problem. Was nicht möglich ist, wenn der Beobachter etwas anderes ist als das Beobachtete. Was soll ein Mensch tun, der mit dem Problem des Leidens, des Chaos und mit all dem, was um uns herum passiert, konfrontiert wird? Was soll er tun? Üblicherweise geht er an diese Dinge mit einer vorgefaßten Meinung heran – nämlich der, was er tun sollte. Diese vorgefaßte Meinung ist der Trennungsfaktor. Kann er also die Tatsache seiner Verwirrung beobachten ohne vorgefaßte Meinung, ohne einen Plan, ohne einen vorgezeichneten Weg, wie man aus diesem Chaos herauskommt? Weil seine festgelegten Ansichten, Ideen usw. sich alle aus der Vergangenheit herleiten, und die Vergangenheit das Problem zu lösen versucht, deshalb übersetzt und behandelt er es seinen früheren Lösungen entsprechend, während die Tatsache es erfordert sie anzuschauen. Die Tatsache erfordert, daß Sie sie ansehen, daß Sie sie anhören. In der Tatsache selbst wird die Antwort liegen. Sie müssen sie nicht zu ihr bringen. Drücke ich mich klar aus?

*Ja, ich höre sehr, sehr genau zu. Natürlich, wenn es eine Wandlung geben soll, muß es eine radikale sein. Ich muß also beginnen; was soll ich tun?*

Es sind zwei Dinge darin enthalten. Zunächst muß ich vom Problem lernen. Das heißt, daß ich einen demütigen Geist haben muß. Man geht es nicht einfach an und sagt: »Ich weiß alles darüber.« Was man weiß, sind nur rationale oder irrationale Erklärungen. Man geht auf das Problem mit rationalen oder irrationalen Lösungen zu. Darum lernt man nicht von dem Problem. Das Problem wird eine unendliche Anzahl von Dingen enthüllen, wenn ich die Fähigkeit habe, es zu betrachten und von ihm zu lernen. Und darum muß ich demütig sein und sagen: »Ich weiß nicht. Da gibt es ein großes Problem. Ich möchte es anschauen, ich möchte davon lernen.« Wenn ich es schon mit meinen Ansichten angehe, bedeutet dies, daß ich aufgehört habe, von dem Problem zu lernen.

*Wollen Sie damit sagen, diese Handlung gibt dem Problem die Möglichkeit, sich von selbst zu enthüllen?*

Sich selbst zu enthüllen – das ist richtig. Darum muß ich in der Lage sein, es anzuschauen. Ich kann es aber nicht anschauen, wenn ich mich ihm mit Ideen, Vorstellungen, intellektuellen oder sonstigen Lösungen nähere. Ich muß zu dem Problem kommen und sagen: »Sieh, was ist es?« Ich muß von *ihm* lernen, nicht von einem Professor, Psychologen oder Philosophen. Das Lernen ist das Handeln. Es ist wirklich ganz einfach. Es gibt dieses Elend, die Verwirrung, immenses Leid und Gewalttätigkeit in der Welt. Die Menschen haben es geschaffen. Die Menschen haben eine Gesellschaftsstruktur geschaffen, die dieses Chaos unterstützt. Das ist eine Tatsache. Nun komme ich als ein Mensch dazu und versuche, dieses Problem gemäß meinem Plan, gemäß meinen Vorurteilen, meinen Eigenheiten oder meinem Wissen zu lösen, was verlangt, daß ich das Problem schon verstanden habe, obwohl es immer neu ist. Ich muß mich ihm daher unvoreingenommen zuwenden.

*Eines der Dinge, mit dem ich mich viele Jahre hindurch als jemand befaßt habe, zu dessen täglicher Arbeit das Studium Heiliger Schriften gehörte, ist eine sich wiederholende Aussage, auf die man immer wieder stößt, manchmal in sehr dramatischer Form. Nehmen Sie z. B. das prophetische Wirken von Jesus, als er sagte, daß sie hören ohne zu verstehen und daß sie sehen ohne zu erkennen.*

*Aber anscheinend sagt er nicht, »um das zu erreichen, tu dies und tu das«. Nein. Durch die Analogie mit dem Kind, nämlich Vertrauen zu haben wie ein kleines Kind, kommt er dem am nächsten. Ich möchte nicht näher darauf eingehen, was hierbei Vertrauen bedeutet, aber die Analogie mit dem Kind zeigt uns, daß das Kind etwas tut, was uns inzwischen in gewisser Weise verlorengegangen ist. Ich bin sicher, er meinte nicht, es gebe einen völlig kontinuierlichen Übergang zwischen Kind und Erwachsenem. Aber warum haben einzelne*

*Menschen im Verlauf von Jahrhunderten immer und immer wieder dieses eine gesagt: Du hörst nicht und du siehst nicht, – und doch weisen sie auf keine Maßnahme hin, sondern auf eine Analogie. Einige von ihnen weisen noch nicht einmal auf eine Analogie hin. Sie halten nur eine Blume hoch . . .*

Wir leben vom Wort. Die meisten Menschen leben vom Wort. Sie gehen nicht über das Wort hinaus. Worüber wir jedoch sprechen, ist nicht nur das Wort, die Bedeutung des Wortes, die Kommunikation, die im Gebrauch von Worten liegt, sondern die nichtverbale Verständigung, die Einsicht vermittelt. Davon sprechen wir bisher die ganze Zeit über. Das bedeutet, daß nur der Verstand Einsicht haben kann, der fähig ist zu horchen. Und wenn die Krise direkt vor Ihrer Haustür steht, hören Sie zu. Die Krise ist immer gegenwärtig. Wir wissen nur nicht, wie wir ihr begegnen sollen. Entweder meiden wir sie, oder wir sind unsicher, wie wir ihr begegnen sollen, oder aber wir sind gleichgültig. Wir haben uns so verhärtet. Diese drei Dinge sind daran beteiligt, daß man sich der Krise nicht stellt. Weil man Angst hat, sagt man: »O Gott, ich weiß nicht, wie ich damit umgehen soll.« Also geht man zum Analytiker oder zum Priester, oder man schlägt in einem Buch nach, um zu sehen, wie mit ihr umzugehen ist. Man entzieht sich seiner Verantwortung. Vermeidung – es gibt so viele Möglichkeiten, etwas zu vermeiden, kluge, listige, oberflächliche und sehr spitzfindige. All dies gehört zum Vermeiden eines Problems. Alles, was wir zu sagen versuchen, ist, daß der Beobachter die Vergangenheit ist, wie schon erwähnt. Wenn eine Krise auftaucht, versucht der Beobachter sie auszulegen und gemäß der Vergangenheit zu handeln. Die Krise ist immer neu. Sonst ist es keine Krise. Eine Herausforderung muß neu sein und ist auch immer neu, aber er legt sie gemäß der Vergangenheit aus. Können wir also diese Herausforderung, diese Krise ohne Einmischung der Vergangenheit anschauen?

*Darf ich Ihnen einen Satz aus Ihrem Buch »Das Erwachen der*

*Intelligenz« vorlesen? Ich glaube, daß dieser eine sehr direkte Beziehung zu dem hat, worüber wir gerade sprechen. Es ist ein Satz, der mich beim Lesen sehr gefangengenommen hat. »Durch Verneinung tritt das, was allein das Positive ist, in Erscheinung.« Durch Verneinung geschieht offensichtlich etwas. »Durch Verneinung« – für mich ist es ein Wort für dieses Handeln. »Das, was das einzig Positive ist« – das Wort »allein« überfiel mich mit der Kraft von etwas Einmaligem.*

*Etwas, das in keiner Kontinuität zu irgendetwas sonst steht, das, was allein das Positive ist, tritt in Erscheinung. Es gibt dafür keinen zeitlichen Übergang, womit wir wieder da sind, worüber wir schon in unseren früheren Dialogen sprachen, nämlich der Unabhängigkeit von Zeit und Wissen. Können wir für einen Augenblick diese Verneinung anschauen? Ich habe das Gefühl, daß nur dann, wenn Verneinung eine bleibende Handlung ist, die Kommunion, Kommunikation und Beziehung, über die wir gesprochen haben, erreicht werden kann. Ist das richtig?*

Ganz richtig. Darf ich es so ausdrücken? Ich muß die Gesellschaft verneinen, nicht nur intellektuell oder verbal verneinen, ich muß die Gesellschaft, in der ich lebe, wirklich negieren. Die Akzeptanz der Unmoral, die in der Gesellschaft existiert und auf der die Gesellschaft aufgebaut ist, diese Unmoral muß ich total verneinen. Das bedeutet, daß ich moralisch lebe. Indem ich verneine, daß das Positive die Moral ist, verneine ich die Idee des Erfolgs vollständig, nicht nur in der materiellen Welt, nicht nur um Stellung oder Macht in einer Welt des Geldes, des Ansehens, der Autorität zu erlangen, was ich ganz und gar ablehne, sondern ebenso verneine ich den Erfolg in der sogenannten spirituellen Welt. Beides ist gleich. Nur, daß ich die eine spirituell und die andere physisch, moralisch und irdisch nenne. Durch das Verneinen von Erfolg und Aufstieg kommt Energie. Durch Verneinung kommt enorme Energie für ein völlig andersartiges Handeln, das nicht auf der Ebene von Erfolg, Nachahmung, Anpassung und all dem liegt. Durch Verneinung also, ich meine wirkliche Verneinung und nicht nur die Idealvorstellung davon, durch wirkliche Verneinung dessen, was unmoralisch ist, tritt das Moralische in Erscheinung. Versuchen, moralisch zu sein, ist unmoralisch. Wenn wir das Wort Verneinung benutzen, verstehen wir üblicherweise darunter eine gewalttätige Handlung. Und wir benutzen das Wort verneinen nicht im Sinne von Gewalt, sondern in dem Sinne, daß wir verstehen, was Erfolg alles beinhaltet. Das »ich«, das vom »du« getrennt ist, das sich Erfolg wünscht, bringt mir Autorität, Macht und Ansehen. Ich verneine also Erfolg, ich verneine mein Verlangen, mächtig zu sein, was ich aber nur tue, wenn ich den ganzen Prozeß verstanden habe, der im Erlangen von Erfolg steckt. Im Erlangen von Erfolg liegt Unbarmherzigkeit, Mangel an Liebe, enormer Mangel an Rücksicht auf andere, Unterordnung, Nachahmung, die Anerkennung der sozialen Struktur. All das gehört dazu. Und daher gehört auch das Verständnis all dessen dazu, wenn ich Erfolg verneine. Es ist keine gewalttätige Handlung. Im Gegenteil, es ist ein Akt außerordentlicher Aufmerksamkeit. Ich habe mich selbst, habe das »ich« verneint, welches vom »du« getrennt ist. Und damit habe ich Gewalttätigkeit verneint, die aus der Teilung entsteht.

*Würden Sie den Ausdruck »Selbstverleugnung« hier verwenden, nicht, wie er normalerweise verstanden wird, aber könnte man ihn in Ihrem Zusammenhang benutzen?*

Ich fürchte, das wäre nicht klar. Selbstverleugnung heißt Opfer, Schmerz, Mangel an Verstehen. Warum einen anderen Begriff benutzen, wenn Sie dies verstanden haben? Aber wechseln Sie das Wort, damit wir beide die Bedeutung von Selbstverleugnung verstehen. Ich glaube, alle Religionen haben ihr Handeln auf Selbstverleugnung aufgebaut, auf Opfern. Sie haben Wünsche verleugnet, den Wunsch, einer Frau nachzuschauen, haben allem Reichtum entsagt und ein Gelübde der Armut abgelegt. Sie kennen sie alle, die Gelübde der Armut, der Keuschheit usw. Sie alle sind eine Art Strafe, eine Verzerrung der klaren Wahrnehmung. Wenn ich etwas klar erkenne, erfolgt sofortiges Handeln. Verneinen beinhaltet ständiges Bemühen. Bemühen heißt, dem Faktor Erfolg vollkommene Aufmerksamkeit schenken. Widme ich in diesem Fall dem Erfolg meine ganze Aufmerksamkeit, so wird in dieser Aufmerksamkeit die ganze Landschaft des Erfolges enthüllt, mit allem, was dazu gehört; und nur dann ist das Erkennen das Handeln. Dann ist es vorbei. Und der Geist kann niemals auf Erfolg zurückkommen und daher verbittert werden mit allem, was daraus folgt. Es ist abgeschlossen.

Nehmen Sie einen tatsächlichen Vorfall. 1928 war ich der Leiter einer riesigen religiösen Organisation, und ich sah um mich herum verschiedene andere religiöse Organisationen, Sekten, Katholiken, Protestanten, die auch alle versuchten, die Wahrheit zu finden. Also sagte ich: »Keine Organisation kann die Menschen zur Wahrheit führen.« So löste ich die Organisation auf, gab die Besitztümer zurück, eine enorme Angelegenheit. Ich kann niemals dahin zurück. Wenn Sie etwas als Gift erkennen, würden Sie es nicht wieder einnehmen. Es bedeutet nicht, daß man sagt: »Bei Gott, ich habe einen Fehler gemacht. Ich sollte umkehren.« Es ist, als sehe man eine Gefahr. Wenn Sie eine Gefahr sehen, dann gehen Sie ihr aus dem Wege.

Können wir nun zur Frage der Freiheit und Verantwortung in Beziehungen übergehen? Da haben wir gestern aufgehört. Können wir zuerst die Frage untersuchen, was es bedeutet, verantwortlich zu sein? Denn das fehlt uns in der Welt bei dem, was heute geschieht. Wir fühlen uns nicht verantwortlich. Wir empfinden nicht, daß wir verantwortlich sind, weil für uns die politischen und religiösen Autoritäten verantwortlich sind. Wir sind es nicht. So empfinden die Menschen auf der ganzen Welt. Wissenschaftler, Politiker, Erzieher und Geistliche sind alle verantwortlich, nur ich weiß nichts darüber, ich folge ihnen nur. Das ist das allgemeine Verhalten in der ganzen Welt. Auf diese Weise entziehe ich mich der Verantwortung. Indem ich die Verantwortung auf sie übertrage, werde ich verantwortungslos. Wohingegen wir jetzt sagen, niemand außer Ihnen ist verantwortlich, denn Sie sind die Welt und die Welt ist Sie. Sie haben dieses Chaos geschaffen, Sie allein können Klarheit schaffen, und daher sind Sie absolut, total und ohne Abstriche verantwortlich. Und niemand sonst. Das heißt, Sie müssen sich selbst ein Licht sein, nicht das Licht eines Professors benutzen, oder das eines Analytikers oder eines Psychologen, auch nicht das Licht von Jesus oder Buddha. Sie müssen sich selbst ein Licht sein in einer Welt, die äußerst dunkel wird. Das heißt, Sie müssen verantwortlich sein. Und was bedeutet dieses Wort? Es bedeutet tatsächlich, auf jede Herausforderung angemessen und vollständig zu antworten. Sie können unmöglich angemessen antworten, wenn Sie in der Vergangenheit verwurzelt sind, weil die Herausforderung neu ist, sonst ist es keine Herausforderung. Eine Krise ist neu, sonst ist es keine Krise. Wenn Sie auf eine Krise nach einem vorbereiteten Plan antworten – was die Kommunisten oder die Katholiken und die Protestanten tun –, dann antworten Sie nicht vollständig und angemessen auf die Herausforderung.

*Das erinnert mich an eine dramatische Begegnung zwischen dem General und dem Gott Krishna in der Bhagavadgita. Der General der Armee, Arjuna, bittet Krishna: »Sag mir genau, was ich tun soll, und ich werde es tun.« Krishna nun sagt ihm nicht, was er tun soll, und einer der großen Sanskrit-Gelehrten hat das für eine verantwortungslose Handlung gehalten. Wenn ich Sie aber richtig verstehe, hätte er gar nicht anders handeln können?*

Als der General die Frage stellte, geschah das aus Verantwortungslosigkeit. Darum bedeutet Verantwortung totale Verpflichtung der Herausforderung gegenüber, angemessenes und eindeutiges Antworten auf eine Krise. Das Wort Verantwortung bedeutet antworten. Und ich kann nicht vollständig antworten, wenn ich Angst habe. Und ich kann nicht vollständig antworten, wenn ich dem Vergnügen nachjage. Ich kann nicht vollständig antworten, wenn meine Handlung eine Routine, eine

Wiederholung, traditionell und konditioniert ist. Angemessen auf eine Herausforderung zu antworten bedeutet, daß das Ich, das die Vergangenheit ist, ein Ende haben muß.

*Und Arjuna wollte es immer weiter fortsetzen.*

Das will jeder, Sir. Sehen Sie sich an, was politisch in diesem und jedem anderen Land passiert. Wir fühlen uns nicht verantwortlich. Wir fühlen uns nicht dafür verantwortlich, wie wir unsere Kinder aufwachsen lassen.

19. Februar 1974

# Verantwortung und Beziehung

*Als wir unser letztes Gespräch beendeten, stellte sich die Frage nach dem Unterschied zwischen dem Verantwortungsbewußtsein und der Verantwortung für eine Handlung. Vielleicht können wir an diesem Punkt beginnen?*

Es gibt einen sehr deutlichen Unterschied zwischen »verantwortlich für etwas sein« und »verantwortungsvoll, verantwortungsbewußt sein«. Für etwas verantwortlich sein gibt eine Richtung an, einen gesteuerten Willen. Verantwortungsbewußt sein jedoch beinhaltet Verantwortung für alles, nicht nur für einen bestimmten Bereich, sondern verantwortlich sein für Erziehung, für Politik, für die Art und Weise, wie ich lebe, verantwortlich sein für mein Verhalten. Es ist ein uneingeschränktes Bewußtsein totaler Verantwortung, die der Boden ist, auf dem Handlung stattfindet. Das heißt, daß sich Verantwortungsbewußtsein politisch, religiös, erzieherisch, in der Geschäftswelt, im gesamten Leben ausdrückt; es heißt verantwortlich sein für jegliches Verhalten, nicht nur für einen bestimmten Bereich. Ich glaube, es macht einen großen Unterschied aus, wenn ich sage, ich bin verantwortlich für mein Handeln. Das bedeutet, Sie sind verantwortlich für Ihr Handeln, soweit Sie sich vorher eine Idee vom Handeln gemacht haben. Sehen Sie, wenn Sie dieses totale Verantwortungsgefühl haben, welche Verantwortung haben Sie dann gegenüber Ihren Kindern? Sie bedeutet Erziehung. Erziehen Sie sie, um einen Geist hervorzubringen, der sich der Schablone anpaßt, welche die Gesellschaft tradiert hat, was bedeutet, daß Sie die Unmoral der bestehenden Gesellschaft akzeptieren? Wenn Sie sich voll verantwortlich fühlen, sind Sie vom Moment ihrer Geburt bis zum Moment ihres Todes verantwortlich für die richtige Art von Erziehung, nicht die Erziehung zur

Anpassung, zur Anbetung von Erfolg und zur Teilung in Nationalitäten, die zum Krieg führt. Verstehen Sie, für all das sind Sie verantwortlich, nicht nur für einen bestimmten Bereich. Selbst wenn Sie für einen bestimmten Bereich verantwortlich sind und sagen können: »Ich bin für mein Handeln verantwortlich« – worauf gründet sich Ihre Handlung? Wie können Sie verantwortlich für Ihre Handlung sein, wenn Ihre Handlung auf Bestimmungen gründet, die man auf Sie übertragen hat?

Die Kommunisten sagen zum Beispiel, der Staat sei verantwortlich. Beten Sie den Staat an, der Staat ist der Gott und Sie sind dem Staat verantwortlich. Das heißt, sie haben konzipiert, wie und was der Staat sein soll, ihre Vorstellung formuliert und danach handeln sie. Das ist kein verantwortungsbewußtes Handeln, das ist unverantwortliches Handeln, während doch Handeln das augenblickliche Tun bedeutet – das aktive Präsens des Verbs »tun«, was heißt, jetzt tun. Gegenwärtiges Handeln muß von der Vergangenheit frei sein, sonst ist es nur Wiederholung, traditionelles Weitermachen. Das ist unverantwortlich.

*Ich werde an etwas aus dem I-Ging erinnert, das dieses Prinzip ausdrückt, auf das Sie gerade hinweisen. Wenn ich aus einer der Standardübersetzungen richtig zitiere, heißt es folgendermaßen: »Der höhere Mensch«, womit der freie, nicht hierarchisch strukturierte Mensch gemeint ist, »läßt seine Gedanken nicht über seine Situation hinausgehen.« Das würde bedeuten, daß er einfach präsent ist, wie er ist, ohne sich von etwas da draußen verantwortlich machen zu lassen, das ihm sagen wird, wie er verantwortungsbewußt zu sein hat oder was er tun soll. Vielmehr ist er von dem Moment an, in dem er präsent ist, immer verantwortungsbewußt.*

Stellen Sie sich vor, es gäbe keine Bücher auf der Welt. Das Problem wäre dasselbe. Es gibt keinen Führer, keinen Lehrer, niemanden, der Ihnen sagt, daß Sie dieses oder jenes tun sollen oder nicht tun sollen.

Und da sind Sie: Sie fühlen sich vollkommen, total verantwortlich. Dann müssen Sie ein erstaunlich aktives, klares Gehirn haben, keines, das durcheinander oder verwirrt ist. Sie müssen einen Geist haben, der klar denkt, und Sie können nicht klar denken, wenn Sie in der Vergangenheit verwurzelt sind. Sie führen nur das Alte weiter, vielleicht etwas abgewandelt, und tragen es durch die Gegenwart weiter in die Zukunft. Das ist alles. Daraus ergibt sich die Frage, was Verantwortung in menschlichen Beziehungen ist, weil Beziehung das Fundament des Lebens ist. Leben bedeutet, in Beziehung stehen, Kontakt haben. Was ist menschliche Beziehung? Wenn ich mich vollkommen verantwortlich fühle, wie drückt sich diese Verantwortung im Verhältnis zu meinen Kindern aus, zu meiner Familie, zu meinem Nachbarn, ganz gleich, ob er nebenan oder zehntausend Meilen entfernt wohnt, er ist immer noch mein Nachbar. Was ist also meine Verantwortung? Worin besteht die Verantwortung eines Menschen, der das uneingeschränkte Gefühl hat, sich selbst ein Licht zu sein und total verantwortlich zu sein? Ich glaube, dieses ist die Frage, die erforscht werden muß. Ich möchte gerne eine Frage stellen. Gibt es Entscheidung als solche überhaupt? Entscheidung beinhaltet Wählen. Wahl bedeutet einen Geist, der hin- und hergerissen ist zwischen diesem und jenem. Aber für einen Geist, der klar sieht, gibt es keine Wahl. Er entscheidet nicht, er handelt. Ich benutze nicht gern das Wort Entscheidung, weil es ein Entscheiden zwischen diesem und jenem bedeutet.

*Sie wollen es nicht benutzen, weil es Konflikt beinhaltet.*

Ja. Wir glauben, frei zu sein, weil wir wählen können. Ist ein Verstand, der wählen kann, frei? Oder ist es ein nicht-freier Verstand, der wählt? Wählen bedeutet, zwischen diesem und jenem wählen. Das ist offensichtlich. Wählen bedeutet, daß der Verstand nicht klar sieht, und darum gibt es die Wahl. Die Wahl existiert, wenn es Verwirrung gibt. Für einen Geist, der klar sieht, gibt es keine Wahl. Er handelt. Ich glaube, das ist der

Punkt, an dem wir in ziemliche Schwierigkeiten geraten, wenn wir sagen, wir haben die freie Wahl, oder daß Wahl Freiheit beinhaltet. Ich sage, Wahl impliziert im Gegenteil einen Verstand, der verwirrt ist, und daher nicht frei. Lassen Sie uns darauf zurückkommen, worin die Verantwortung eines Menschen in seinen Beziehungen besteht, denn Beziehung ist Leben, Beziehung ist die Grundlage der Existenz. Beziehung ist absolut notwendig, sonst kann man nicht existieren. Beziehung bedeutet Kooperation. Alles das ist in diesem einen Wort enthalten. Beziehung bedeutet Liebe, Großzügigkeit. Was ist nun die Verantwortung des Menschen in seinen Beziehungen? Wie äußert sie sich in Beziehungen? Nicht nur zwischen Ihnen und mir, sondern auch zwischen Mann und Frau, zwischen meinem Nachbarn und mir, in der Beziehung zu allem, zur Natur. Welche Beziehung habe ich zur Natur? Würde ich Seehundbabies töten? Würde ich andere Menschen als Feinde bezeichnen und vernichten? Würde ich die Natur zerstören? All das tut der Mensch heutzutage. Er zerstört die Erde, die Luft, das Meer, alles, weil er sich absolut nicht verantwortlich fühlt. Ich frage, wie zeigt sich diese Verantwortung in meinem Leben? Nehmen wir einmal an, ich sei verheiratet welche Verantwortung habe ich? Habe ich zu meiner Frau eine Beziehung? Oder habe ich nur eine Beziehung zu der Vorstellung, zu dem Bild, das ich mir von ihr mache? Und ich bin für dieses Bild verantwortlich. Ich habe also keine Beziehung zu meiner Frau, wenn ich eine Vorstellung von ihr habe. Oder ich habe eine Vorstellung von mir selbst, wenn ich erfolgreich sein möchte und was sonst dazugehört. Das ist der springende Punkt. Wenn ich zu Ihnen in Beziehung stehe, habe ich kein Bild von Ihnen und Sie haben keines von mir. Dann stehen wir in Beziehung. Wir haben keine Beziehung zueinander, wenn ich ein Bild von mir selbst oder von Ihnen habe. Unsere Vorstellungen haben eine Beziehung zueinander, während wir in Wirklichkeit keinerlei Beziehung haben. Ich mag mit meiner Frau schlafen, aber das ist keine Beziehung. Es ist ein körperlicher Kontakt, eine sinnliche Erregung, sonst nichts. Meine Verantwortung ist, überhaupt kein Bild zu haben. Ich muß noch beim Thema bleiben, weil es wirklich sehr wichtig ist. Wo immer Sie hingehen, es gibt keine Beziehung zwischen den Menschen, und das ist die Tragödie, und daraus entstehen alle unsere Konflikte, die Gewalttätigkeit und all das übrige. Wenn es diese Verantwortung gibt, das Verantwortungsgefühl, dann überträgt es sich auf die Beziehung zu wem auch immer. Es gibt eine Freiheit vom Bekannten, vom Bild. Und in dieser Freiheit erblüht Güte. Und das ist Schönheit. Schönheit ist nichts Abstraktes, sondern wird von Güte begleitet, Güte im Verhalten, Güte im Benehmen, Güte im Handeln.

Wie überträgt sich also diese Verantwortung auf das menschliche Verhalten? Sehen Sie, was wir getan haben? Wir sind gewalttätig in sexueller und moralischer Hinsicht, wir sind in jeder Hinsicht gewalttätige Menschen, und weil wir nicht in der Lage sind, das zu ändern, haben wir uns das Ideal geschaffen, nicht gewalttätig zu sein. Das heißt, es gibt die Tatsache – Gewalt – und eine Abstraktion der Tatsache, die Nicht-Tatsache ist. Und wir versuchen, nach der Nicht-Tatsache zu leben.

*Und daraus entsteht der Konflikt, denn es läßt sich nicht machen.*

Konflikt, Elend, Verwirrung, all das. Warum tut der Verstand so etwas? Der Verstand tut es, weil er nicht weiß, wie er mit der Tatsache der Gewalttätigkeit umgehen soll. Daher schafft er das abstrakte Ideal, nicht gewalttätig zu sein, und schiebt somit die Handlung auf. Ich versuche, nicht gewalttätig zu sein, und in der Zwischenzeit bin ich unbekümmert gewalttätig. Das ist eine Flucht vor der Tatsache. Jede Abstraktion ist eine Flucht vor der Tatsache. Der Verstand macht so etwas, weil er mit der Tatsache nicht klarkommt, oder mit der Tatsache nicht klarkommen will, oder aber er ist faul und sagt, ich werde es ein andermal versuchen. Alles das passiert, wenn der Verstand sich von der Tatsache entfernt. In gleicher Weise, wie die Tatsache nicht existiert, existiert unsere Beziehung nicht. Ich mag zu meiner Frau sagen: »Ich liebe Dich usw. usw.«, aber das trifft nicht zu, denn ich habe ein Bild von ihr, und sie hat ein Bild von mir. Wir haben also mit Abstraktionen gelebt. Die Tatsache, was ist . . . Lassen Sie uns sagen »was ist«. Sehen Sie, das enthüllt außerordentlich viel. Wenn Sie sich verantwortlich fühlen, verantwortlich für die Erziehung Ihrer Kinder und nicht nur Ihrer eigenen Kinder, sondern aller Kinder, erziehen Sie sie dann dazu, sich der Gesellschaft anzupassen? Erziehen Sie sie lediglich dazu, einen Job zu bekommen? Erziehen Sie sie zur Fortsetzung des Gewesenen? Erziehen Sie sie dazu, in Abstraktionen zu leben, so wie wir es jetzt tun? Welche Verantwortung haben Sie also als Vater, als Mutter, gleichgültig wer Sie sind, für die Erziehung eines Menschen? Das ist ein Problem. Welche Verantwortung haben Sie, wenn Sie sich verantwortlich fühlen, für die menschliche Reife, für menschliche Kultur, menschliche Güte? Welche Verantwortung haben Sie gegenüber der Erde? Es ist etwas Ungeheures, sich verantwortlich zu fühlen. Und sehen Sie, zur Verantwortung gehört Liebe, Fürsorge, Aufmerksamkeit.

Sehen Sie, es gehört noch viel mehr dazu, weil die Mutter vom Kind, und das Kind von der Mutter abhängt, oder vom Vater oder von wem auch immer. Diese Abhängigkeit wird also gepflegt: nicht nur die Abhängigkeit von Vater und Mutter, sondern auch vom Lehrer, von einem, der Sie bevormundet, von Ihrem Guru. Allmählich wird das Kind, der Mensch unfähig, allein dazustehen und sagt darum: ich bin auf meine Frau angewiesen, für meine Bequemlichkeit, meinen Sex, mein dies und das. Ohne sie bin ich verloren. Und ich bin verloren ohne meinen Guru, ohne meinen Lehrer. Es wird so lächerlich. Wenn das Gefühl von Verantwortung vorhanden ist, verschwindet dies alles. Sie sind verantwortlich für Ihr Verhalten, für die Art und Weise, wie Sie Ihre Kinder aufziehen, wie Sie Ihren Hund, Ihre Nachbarn und die Natur behandeln, alles liegt in Ihrer Hand. Darum müssen Sie bei dem, was Sie tun, besonders sorgfältig sein, sorgfältig und nicht sagen: »Ich darf dies nicht tun, und ich muß das tun.« Fürsorge, das bedeutet

Zuneigung, Rücksicht, Fleiß. All das gehört zu der Verantwortung, welche die gegenwärtige Gesellschaft total ableugnet. Und geleugnet wird sie auch von Gurus, die in den Westen importiert werden, die so viele unglückliche und gedankenlose Leute, die Anregung suchen, dazu bringen, ihnen zu folgen und alle möglichen lächerlichen und unsinnigen Dinge zu tun.

Wir kommen also darauf zurück: Freiheit beinhaltet Verantwortung. Und Freiheit und Verantwortung bedeuten darum Fürsorge und Sorgfalt, nicht Nachlässigkeit, nicht das zu tun, was man möchte, so wie es im Westen passiert. Dieses »Tu, was Du willst« ist keine Freiheit, sondern Zügellosigkeit, die Unverantwortlichkeit zur Folge hat. Kürzlich habe ich in Neu Delhi ein Mädchen getroffen, das eine tibetische Buddhistin geworden war. Verstehen Sie, in Amerika geboren, als Christin aufgewachsen, verwirft sie das alles und wird tibetische Buddhistin, was dasselbe ist – nur mit anderen Worten. Es ist so lächerlich. Ich kannte sie schon viele Jahre und fragte sie, wo ihr Kind sei. Sie sagte: »Ich habe es bei anderen erleuchteten Tibetern gelassen.« Ich sagte: »Mit sechs? Du bist doch die Mutter«, und sie antwortete: »Ja, er ist in sehr guten Händen.« Nach einem Jahr kam ich zurück und fragte: »Wo ist Dein Kind?« »Oh, er ist tibetischer Mönch geworden.« Er war sieben. Er war sieben Jahre alt und war ein tibetischer Mönch geworden. Verstehen Sie? Was für eine Unverantwortlichkeit liegt darin. Die Mutter sagte: »Sie wissen es besser als ich, ich bin tibetische Buddhistin, und die Lamas werden mir helfen ...«

*Das wirft ein ziemlich unheilvolles Licht auf folgende biblische Aussage: »Erziehe ein Kind für den Weg, auf dem es gehen soll, und wenn es älter ist, wird es ihn nicht mehr verlassen.« Es liegt etwas Unheilvolles darin, nicht wahr?*

Durchaus. Das passiert also ständig in der Welt. Und ein wirklich ernsthafter Mensch lehnt das ab, weil er die Konsequenzen sieht. Er muß es also ablehnen. Es ist keine Frage des Willens oder der Wahl. Er sagt: »Es ist einfach zu dumm, zu absurd.« Freiheit bedeutet also Verantwortung und unendliche Fürsorge. Was ist die Handlung im Jetzt, in der Gegenwart? Um die Gegenwart zu verstehen, muß ich die Vergangenheit verstehen – ich meine nicht die Geschichte –, mich selbst als die Vergangenheit verstehen. Ich bin die Vergangenheit, das bin ich. Darum muß ich die Vergangenheit verstehen, die ich bin. Das »Ich« ist nicht das Unbekannte. Ich kann mir vormachen, daß es das Unbekannte ist. Tatsache ist aber: »was ist« ist das Bekannte. Das bin ich. Ich muß mich selbst verstehen. Wenn ich das nicht tue, ist das Jetzt nur eine Fortsetzung der Vergangenheit in veränderter Form und ist daher nicht das Jetzt, nicht die Gegenwart. Darum ist das »Ich« die Tradition, das Wissen mit all seinen komplizierten und listigen Manövern, die Verzweiflung, die Ängste, das Verlangen nach Erfolg, Furcht. All das bin ich.

*Da wir uns noch immer in einer Diskussion über Beziehungen befinden, könnten wir vielleicht für einen Moment auf Erziehung und Beziehung zurückkommen. Ich möchte sicher sein, daß ich Sie hier verstanden habe. Stellen wir uns vor, man hätte das Glück, eine Schule zu besuchen, in der genau das geschieht, worauf Sie gerade hingewiesen haben.*

Wir sind dabei, das zu tun. Wir haben sieben Schulen. Man muß herausfinden, welche Beziehung der Lehrer zum Schüler hat. Ist der Lehrer lediglich ein Informant, der dem Kind Informationen vermittelt? Das kann jede Maschine tun. Was ist seine Beziehung? Stellt er sich selbst auf ein Podest, er da oben und der Schüler dort unten? Oder ist die Beziehung zwischen dem Lehrer und dem Schüler eine Beziehung, in der sowohl der Lehrer als auch der Schüler lernt? Nicht, daß ich etwas gelernt habe, und Sie jetzt belehren werde, denn darin liegt eine Trennung von Lehrer und Schüler. Aber wenn es auch auf der Seite des Lehrers Lernen gibt, genau so wie auf der Seite des Schülers, dann gibt es keine Trennung. Beide lernen. Und darum bringt diese Beziehung eine Kameradschaft hervor, ein Teilhaben, ein gemeinsames Auf-eine-Reise-Gehen, und darum unendliche Fürsorge auf beiden Seiten. Das heißt also: Wie kann der Lehrer den Schüler Mathematik oder sonst etwas lehren, und es doch auf eine Weise tun, mit der er die Intelligenz im Kind entwickelt und nicht nur seine Kenntnisse in Mathematik? Und wie wollen Sie diesen Akt des Lehrens, in dem es Ordnung gibt, zustande bringen? Denn Mathematik bedeutet Ordnung, die höchste Form von Ordnung ist Mathematik – wie wollen Sie einem Schüler während des Mathematikunterrichts vermitteln, daß es in seinem Leben Ordnung geben sollte? Nicht Ordnung nach Plan, das ist keine Ordnung. Das ist eine Art des Lehrens, die immer auch ein Akt des Lernens ist. Es ist eine lebendige Sache und nicht etwas, das ich gelernt habe und Ihnen mitteile.

Also welche Beziehung hat der Lehrer zum Schüler in der Erziehung? Schult er ihn lediglich darin, sich anzupassen und sein Gedächtnis auszubilden, als sei er eine Maschine? Trainiert er ihn nur oder hilft er ihm, etwas über das Leben zu lernen, nicht einfach über Sex, sondern über das Leben, die ganze Unermeßlichkeit und Komplexität des Lebens? Wir tun es nicht. Wenn Sie sich wirklich verantwortlich fühlen, blüht wirkliche Zuneigung auf, blüht Fürsorge für ein Kind auf. Und Sie trainieren es nicht, konditionieren es nicht dazu, einen anderen um des Vaterlandes willen zu töten. Verstehen Sie? All das ist in Verantwortung enthalten. Wir kommen also zum folgenden Punkt. Da der Mensch, wie er jetzt ist, wie er zur Verantwortungslosigkeit konditioniert ist, was werden die ernsthaften Menschen mit den verantwortungslosen Menschen anfangen? Verstehen Sie? Erziehung, Politik, Religion und alles andere macht die Menschen verantwortungslos. Ich übertreibe nicht. Das ist so. Nun, ich als Mensch sehe dies. Ich sage, was muß ich tun? Verstehen Sie, wo liegt meine Verantwortung gegenüber der Verantwortungslosigkeit? Es beginnt bei mir.

Daraus ergibt sich, daß Sie nichts gegen die Verantwortungslosigkeit tun können. Aber etwas Merkwürdiges findet statt.

Das unverantwortliche Bewußtsein ist eine Sache, und das Bewußtsein von Verantwortung ist eine andere. Wenn nun der Mensch total verantwortungsbewußt ist, dann dringt diese Verantwortung unbewußt in den verantwortungslosen Verstand ein. Ich weiß nicht, ob ich mich klar genug ausdrücke. Nehmen wir an, ich sei verantwortungslos, und Sie sind verantwortungsbewußt. Bewußt können Sie bei mir nichts ausrichten. Je aktiver Sie auf mich einwirken, desto stärker wehre ich ab. Ich reagiere gewalttätig. Ich baue eine Mauer gegen Sie auf. Ich verletze Sie. Ich mache alle möglichen Dinge. Aber Sie sehen, Sie können bewußt nichts tun, nicht aktiv, absichtlich, geplant, was alle Leute versuchen. Lassen Sie es uns so ausdrücken. Wenn sie aber mein Unterbewußtsein ansprechen können – weil das Unterbewußtsein viel aktiver, viel wachsamer ist, Gefahr viel schneller sieht als das Bewußtsein, also viel empfindsamer ist –, wenn Sie also zu mir, zu meinem Unterbewußtsein sprechen können, dann hat das Wirkung. Daher greifen Sie nicht absichtlich aktiv das Verantwortungslose an. Die Leute jedoch, die es versuchten, haben ein heilloses Durcheinander verursacht. Wenn Sie dagegen mit mir reden und es Ihre innere Absicht ist, mir zu zeigen, wie verantwortungslos ich bin und was es bedeutet verantwortungslos zu sein, dann sorgen Sie sich um mich. Sie kümmern sich um mich, weil ich verantwortungslos bin. Sie sorgen sich um mich, und darum vermeiden Sie es, mich zu verletzen. Auf diese Weise dringen Sie sehr, sehr tief in mein Unterbewußtsein ein. Und das arbeitet unbewußt, wenn ich plötzlich sage: »Mein Gott, wie verantwortungslos ich bin.« Es wirkt. Ich habe diese Wirkung erlebt, weil ich leider oder glücklicherweise fünfzig Jahre lang vor großer Zuhörerschaft mit einer enormen Ablehnung allem Neuen gegenüber gesprochen habe. Zum Beispiel als ich sagte: »Lesen Sie keine Heiligen Bücher – und ich sage das ständig –, weil Sie sich nur anpassen und gehorchen. Sie leben nicht. Sie leben nach irgendeinem Buch, das Sie gelesen haben.« Dann ist sofort Ablehnung da: »Wer sind Sie, um uns so etwas zu sagen?« Ich weise dann darauf hin, daß ich nicht versuche, sie zu ändern. Ich mache keine Propaganda, weil ich nicht an Propaganda glaube. Ich sage also, sehen Sie, was Sie tun, wenn Sie verantwortungslos sind. Sie zerstören Ihre Kinder. Sie schicken Sie in den Krieg, um zu töten und um getötet oder verstümmelt zu werden. Ist das Liebe, ist das Zuneigung, ist das Fürsorge? Warum machen Sie das? Und dann vertiefe ich diese Frage. Sie werden sehr verwirrt, sie wissen nicht, was sie tun sollen. So beginnt es langsam einzusickern. Wenn es absolute Verantwortung gibt, in der Freiheit und Fürsorge zusammentreffen, dann hat der Geist überhaupt kein Bild in solch einer Beziehung. Denn das Bild ist die Teilung. Wo es Fürsorge gibt, gibt es kein Bild. Das ist etwas Unglaubliches.

*Mir scheint, wäre man verantwortungsbewußt und gleichzeitig auch fürsorgend, würde man sich nicht ängstigen. Nein, man könnte sich nicht ängstigen.*

Sehen Sie, das bedeutet wirklich, daß man die Angst und auch das Streben nach Vergnügen verstehen muß. Die zwei gehören zusammen. Sie sind nicht voneinander getrennt.

*Was ich in unseren Gesprächen hier gelernt habe, ist, daß man sich dem Verstehen zuwenden sollte und nicht dem, was man als die sogenannten Werte bezeichnet. Es handelt sich nicht um das Verstehen der Liebe, sondern all jener Dinge, die uns gefangen halten und uns an jeglicher Möglichkeit zur Liebe hindern. Es ist hart, hören zu müssen, daß es einfach keine Möglichkeit dazu gibt. Dies ist ungeheuer schrecklich. Könnten wir das nächste Mal über Angst sprechen?*

Ja, aber bevor wir zum Thema Angst kommen, gibt es etwas, das wir sehr sorgfältig diskutieren sollten: »Was ist Ordnung in Freiheit?«

*19. Februar 1974*

# Ordnung

*Am Ende unseres letzten Gesprächs wollten wir über Ordnung diskutieren, und ich denke, vielleicht könnten wir heute damit beginnen.*

Wir sprachen über Freiheit, Verantwortung und Beziehung. Und bevor wir das fortsetzen, sollten wir über das Problem der Ordnung sprechen. Was ist Ordnung in Freiheit? Wie man überall in der Welt beobachten kann, gibt es außerordentliche Unordnung, äußerlich wie innerlich. Man fragt sich, *warum* es derartige Unordnung gibt. Sie gehen nach Indien und sehen die Straßen brechend voll mit Menschen. Und Sie sehen auch viele Sekten, viele Gurus, viele Lehrer, viele Widersprüchliche Lügen und ein solches Elend. Und wenn Sie nach Europa kommen, gibt es dort etwas mehr Ordnung, aber wenn man die oberflächliche Ordnung durchdringt, gibt es die gleiche Unordnung.

Und dann kommen Sie in dieses Land Amerika, und Sie wissen besser als ich, was hier los ist, nämlich vollständige Unordnung. Sie mögen noch so behutsam vorgehen, wenn Sie jedoch hinter die Fassade sogenannter Ordnung schauen, sehen Sie Chaos, nicht nur in persönlichen Beziehungen, sondern auch in sexueller und moralischer Hinsicht, und so viel Korruption. Alle Regierungen sind korrupt, einige mehr, einige weniger. Aber wie ist dieses ganze Phänomen der Unordnung entstanden? Ist es der Fehler der Religionen, die gesagt haben, tu dieses, tu jenes nicht? Und nun revoltieren die Menschen gegen dies alles? Liegt es daran, daß die Regierungen so korrupt sind, daß niemand mehr Vertrauen zu ihnen hat? Liegt es daran, daß es in der Geschäftswelt so viel Korruption gibt, daß sie überhaupt niemand zur Kenntnis nehmen will, nicht einmal ein intelligenter und wirklich ernsthafter Mann? Und wenn Sie sich das Familienleben anschauen, herrscht dort eine enorme Unordnung. Wenn man also dieses Phänomen als Ganzes betrachtet, warum gibt es eine derartige Unordnung? Was hat sie hervorgebracht?

Sieht es nicht so aus, als gebe es hier eine Art von notwendiger, fast eingebauter Entwicklung? Wenn eine entworfene Ordnung einer bestehenden Situation aufgezwungen wird, dann bewirkt sie nicht nur nicht das Erhoffte, sondern sie schafft eine neue Situation, von der wir glauben, daß sie eine weitere Maßnahme erfordere. Und die neue Maßnahme ist wieder ein Zwang.

Wie die Kommunisten es in Rußland und China versucht haben. Sie haben Ordnung, beziehungsweise das, was sie als Ordnung bezeichnen, einem unordentlichen Verstand auferlegt. Und darum gibt es Auflehnung. Angesichts all dessen ist es also sehr interessant, dieses Phänomen der Unordnung näher zu betrachten; was ist dann aber Ordnung? Ist Ordnung etwas Auferlegtes, wie beim Militär den Soldaten Auferlegtes, eine Disziplin, die Anpassung, Unterdrückung, Nachahmung ist? Ist Ordnung Unterordnung? Wenn ich mich einer Ordnung unterwerfe, schaffe ich Unordnung. Ist Ordnung also Einordnung? Ist Ordnung Nachahmung? Ist Ordnung Billigung, Gehorsam? Oder haben wir Unordnung geschaffen, weil wir konform gingen, weil wir gehorcht haben und weil wir hingenommen haben? Denn Disziplin bedeutet im allgemeinen Sprachgebrauch Unterordnung. Also ist diese Autorität – ob es nun die kommunistische Autorität der Wenigen ist oder die Autorität der Priester oder die Autorität einer Person, die sagt, ich weiß und du weißt nicht – also ist diese Autorität einer der Faktoren, die Unordnung hervorgebracht haben. Und ein anderer Faktor dieser Unordnung ist unser Mangel an wirklicher Kultur. Wir sind sehr gebildet, sozusagen zivilisiert, im Sinne von sauber; wir haben Badezimmer, bessere Nahrung usw., aber innerlich sind wir nicht kultiviert. Wir sind keine gesunden, heilen Menschen. Solange wir nicht das Wesen und die Struktur der Unordnung verstehen, können wir niemals herausfinden, was Ordnung ist. Aus dem Verstehen der Unordnung kommt Ordnung. Nicht erst Ordnung suchen und diese dann der Unordnung aufzwingen. Wir müssen die Unordnung verstehen, und warum sie entstanden ist. Ich denke, einer der grundlegenden Faktoren ist, daß Denken Materie ist. Und Denken ist seiner eigenen Natur nach bruchstückhaft. Denken teilt: das »Ich« und das »Nicht – Ich«, wir und sie, mein Land und Ihr Land, meine Ideen und Ihre Ideen, meine Religion und Ihre Religion usw. Schon die Bewegung des Denkens zielt auf Trennung ab, weil Denken die Antwort des Gedächtnisses ist, die Antwort aus Erfahrung, die die Vergangenheit ist. Und wir müssen in diese Frage sehr, sehr tief eindringen, in die Bewegung des Denkens und der Unordnung.

Wir befassen uns mit Konzepten, nicht mit dem »was ist«, was Tatsache ist. Wir befassen uns lieber mit Rezepten, Konzepten und Ideen. »Was ist« ist Unordnung. Und diese Unordnung breitet sich auf der ganzen Welt aus, es ist eine Bewegung, es ist eine lebendige Unordnung, keine tote Unordnung. Es ist eine lebendige Sache, beweglich, verderblich, zerstörend. Es ist, als sitze man am Ufer eines Flusses und beobachte das Vorbeifließen des Wassers. Sie können das Wasser nicht verändern, Sie können die Substanz oder die Bewegung des Wassers nicht verändern. In gleicher Weise ist diese Bewegung der Unordnung Teil von uns und fließt um uns herum. Man muß sie also betrachten. Lassen Sie uns zunächst sehr, sehr vorsichtig vorgehen. Was ist die Ursache von Unordnung? Unordnung bedeutet Widerspruch: Es besteht ein Gegensatz zwischen diesem und jenem oder die Dualität von diesem und jenem. Was verursacht diese Dualität und den Konflikt? Gibt es überhaupt Dualität? Schließlich gibt es Mann und Frau, schwarz und weiß usw. Aber gibt es auch das Gegenteil von Gewalt oder nur Gewalt? Wir haben das Gegenteil geschaffen. Das Denken hat das Gegenteil geschaffen als Gewaltlosigkeit und somit den Konflikt zwischen beiden. Die Gewaltlosigkeit ist eine Abstraktion dessen »was ist«, und das Denken hat sie erzeugt.

Ich weiß nicht, ob wir jetzt darüber sprechen wollen, aber die Notwendigkeit des Messens geht zurück bis zu den alten Griechen und die gesamte westliche Zivilisation basiert auf dem Messen, also dem Denken. Sie können sehen, was in der Welt vor sich geht, in der westlichen Welt. Technik, Kommerz und Konsum sind heutzutage die Bereiche größter Aktivität. Und alles basiert auf dem Messen, was wiederum Denken ist. Bleiben Sie einen Moment dabei und Sie werden sehen, daß etwas ziemlich Seltsames geschieht. Im Osten, besonders in Indien, sagt man, das Messen sei Illusion. – Von Indien breitete sich ein Einfluß ganz anderer Art über den Osten aus. – Um das Unermeßliche zu finden, muß das Meßbare ein Ende finden. Ich drücke das sehr vereinfacht und flüchtig aus.

Es ist sehr interessant, ich habe es beobachtet. Im Westen ist alles – Technik, Kommerz und Konsum, Gott, Erlöser und Kirche – etwas Äußerliches, etwas zum Spielen. Und man spielt damit am Samstag oder Sonntag. Und Sie fahren nach Indien und finden dies: Das Wort »ma« bedeutet in Sanskrit messen und sie sagen, die Wirklichkeit sei unermeßlich. Erforschen Sie das, sehen Sie die Schönheit darin. Ein Verstand, der mißt oder im Messen gefangen ist, kann niemals die Wahrheit finden. Ich drücke es so aus, sie nicht. Sie sagen also, um das Wirkliche, das Unermeßliche zu finden, muß das Messen ein Ende haben. Aber dann sagten sie: Das Denken muß kontrolliert werden. Um also das Unermeßliche zu finden, muß man das Denken kontrollieren. Und wer kontrolliert das Denken, wer ist der Kontrollierende? Ein weiteres Fragment des Denkens. Sie benutzen also das Messen, um über das Messen hinauszugehen und darum konnten sie niemals darüber hinausgehen. Sie sind in einer anderen Art von Illusion verfangen, die aber ist immer noch ein Produkt des Denkens. Ich weiß nicht, ob ich das vermitteln kann?

*Ja. Es liegt eine unglaubliche Ironie darin, daß die Inder direkt vor ihren Augen in der Brihadaranyaka Upanishad die folgende tiefgründige Aussage hatten: »Dies ist voll; das ist voll.*

*Aus Fülle ergießt sich das Volle.« Und dann die folgende Zeile: »Wird der Fülle auch Volles entnommen, die Fülle selbst bleibt.« Jetzt lesen sie dies zwar, wenn sie sich dem aber auf die von Ihnen beschriebene Weise näherten, würden sie erkennen, daß sie sich nicht an das Gesagte gehalten haben. Denn dies verwirft total jene Behauptung, die sich für Gedankenkontrolle einsetzt.*

Ja, natürlich. Sehen Sie, dahin versuchte ich zu kommen. Das Denken hat die Welt physisch aufgeteilt in ein Amerika, Indien, Rußland, China, Europa. Das Denken hat die Aktivitäten des Menschen zerstückelt, es gibt den Geschäftsmann, den Künstler, den Politiker und den Bettler. Denken hat die Menschheit zerstückelt. Das Denken hat eine Gesellschaft geschaffen, die auf dieser Zerstückelung basiert. Und das Denken hat die Götter, die Erlöser, die Christusse, die Krishnas, die Buddhas geschaffen – und sie alle sind in gewissem Sinne meßbar. Du mußt wie Christus werden, oder du mußt gut sein. Alles gutgeheißen von einer Kultur, die auf dem Messen basiert.

*Wenn man erst einmal mit Vorhersagen beginnt, wie in der europäischen Klassik, dann bewegen wir uns notwendigerweise auf eine fünf, sechs, sieben, vierhundert, viertausendfache, eine unendliche Teilung zu. Und alles im Interesse der Klarheit, so wird behauptet.*

Wenn wir also die Bewegung des Denkens nicht verstehen, können wir unmöglich Unordnung verstehen. Es ist das Denken, das Unordnung hervorgebracht hat. Es klingt widersprüchlich, aber es ist so – Denken ist bruchstückhaft. Denken ist Zeit, und solange wir uns innerhalb dieses Gebietes bewegen, muß es Unordnung geben. Das bedeutet, jedes Bruchstück arbeitet für sich und gegen die anderen Bruchstücke. Ich Christ stehe in einem Gegensatz zum Hindu, obgleich ich über Liebe und Güte spreche.

*Ich liebe ihn so sehr, daß ich ihn gerettet sehen möchte, also hole ich ihn in den Schoß der Gemeinde.*

Gerettet. Komm herüber in mein Lager. Wahrscheinlich ist die Hauptursache der Unordnung die Zersplitterung des Denkens. Neulich hat man mir gesagt, in der Eskimokultur bedeute das Denken »das Äußere«. Wenn sie das Wort »Außen« benutzen, gebrauchen sie das Wort »Denken«. Das Denken ist also immer außen. Sie können sagen: ich denke im Inneren. Das Denken hat das Äußere und das Innere geteilt. Um diesen ganzen Widerspruch, das Messen, die Zeit, die Teilung, die Zersplitterung, das Chaos und die Unordnung zu verstehen, muß man wirklich die Frage untersuchen, was der Gedanke, was das Denken ist. Kann der Verstand, der so sehr von Bruchstücken und Zersplitterung geprägt ist, kann solch ein Verstand die Bewegung der Unordnung in ihrer Gesamtheit beobachten, nicht nur bruchstückhaft?

*Die Bewegung selbst, ja. Aber das ist ja gerade das Erschrekkende, diese Bewegung anzuschauen. Es ist interessant, daß Sie diese Frage so zielbewußt stellen, denn Messen – und ich sage das jetzt kurz und bündig – ist Möglichkeit, die unendlich teilbar ist. Sie kann nur durch eine Handlung beendet werden. Und solange ich mich als von der Handlung getrennt betrachte, halte ich mich für einen großen Denker. Ich lehne mich zurück und untersuche Alternativen, die alle Einbildung und Trugschluß sind.*

Das führt uns zu dem Punkt, daß Messen Vergleich bedeutet. Unsere Gesellschaft und Zivilisation basiert auf Vergleich. Von der Kindheit an, über die Schule zur Universität wird verglichen. Vergleich zwischen Intelligenz und Dummheit, zwischen den Großen und Kleinen, den Schwarzen und Weißen und Purpurnen und all den anderen – Vergleich beim Erfolg. Und sehen Sie sich unsere Religionen an: der Priester, der Bischof, Sie verstehen, die Aussicht auf ein hohes Amt, womöglich Papst oder Erzbischof. Die ganze Struktur basiert auf Vergleich, was Messen und im wesentlichen Denken ist.

*Ja. Die Protestanten beschweren sich über die katholische Hierarchie, während ihre Heilige Schrift, ihre Bibel für sie etwas ist, was einige Katholiken den papiernen Papst nennen. Das Zurückweisen selbst macht etwas anderem Platz, das, noch trennender wird.*

Ist es also möglich, ohne Messen, das heißt ohne Vergleich zu schauen? Ist es möglich, ein Leben zu leben – leben, handeln, das ganze Leben, Lachen, Weinen –, ohne daß der Schatten eines Vergleichs darauf fällt? Ich prahle nicht, ich spreche nur von einer Tatsache. Ich habe mich niemals mit irgend jemand verglichen. Ich habe niemals daran gedacht, auch nicht, wenn jemand viel klüger war als ich, viel begabter, viel intelligenter, bedeutender, geistig höherstehend war. Es kam nicht vor. Darum frage ich mich, ob nicht das Messen, der Vergleich und die Nachahmung die Hauptfaktoren der Unordnung sind?

*Ich habe lange darüber nachgedacht, daß Sie als Junge niemals trennende Unterschiede akzeptiert haben, auch nicht die der sozialen Ordnung. Ich selbst akzeptierte die trennenden Unterschiede, dort wo ich aufwuchs, nicht jedoch hinsichtlich der Natur. Das aber rief in mir einen Konflikt hervor, da ich nicht verstehen konnte, wie es sein kann, daß ich einerseits als menschliches Wesen »natürlich« bin, aber andererseits zu den Dingen, wie sie wirklich sind und die wir Natur nennen, in keiner Beziehung stehe. Später fiel mir auf, daß ich mich schon durch diese Denkweise von der Natur abspaltete und dieses Problem so nie lösen würde.*

*Es traf mich wie ein Blitz, als ich vor einigen Jahren in Bangkok an einem frühen Morgen im Garten eines Tempels einen Spaziergang machte. Mein Blick fiel auf einen runden Tautropfen, der auf einem Lotusblatt ruhte. Es war eine perfekte Kugel. Und ich fragte mich: Wo ist die Auflagefläche, wie kann sie sich halten, warum rollt sie nicht weg? Als ich endlich ans Ende meiner vielen »warum« gekommen war, war ich erschöpft, atmete tief durch und sagte mir, schweig jetzt, sei einfach still und schaue. Und ich sah, daß alles ohne jedwede Verwirrung seine eigene Natur in dieser wunderbaren Harmonie wahrte. Und ich wurde einfach still. Nur still. Ich glaube, das ist etwas von dem, was Sie mit Tatsachen meinen. Das war eine Tatsache.*

Bleiben wir bei der Tatsache. Schauen wir die Tatsache an. Hieraus erhebt sich die Frage, ob man einen Schüler dazu erziehen kann, ein Leben ohne Vergleich zu führen, im Sinne von größeren oder kleineren Autos, von klug oder nicht klug. Was geschieht, wenn ich überhaupt nicht vergleiche? Werde ich dadurch dumm? Ich weiß, daß ich nur im Vergleich zu jemand dumm bin. Wenn ich nicht vergleiche, weiß ich nicht, wie ich bin. *Von dort aus beginne ich.* Dann wird alles ganz anders. Es gibt keinen Wettbewerb, es gibt keine Angst, es gibt keinen Konflikt untereinander. Letztlich ist Mathematik Ordnung. Für die höchste Form mathematischer Forschung benötigen Sie einen total geordneten Verstand. Ist es möglich, diese Bewegung der Unordnung zu beobachten mit einem Verstand, der selbst in einem Zustand der Unordnung ist? Unordnung ist also nicht da draußen, sondern hier drinnen. Kann nun der Verstand diese Unordnung beobachten, ohne Mitwirkung eines Beobachters, der geordnet ist? Beobachten Sie, nehmen Sie Unordnung ohne den Wahrnehmenden wahr. Wir glauben, Sir, daß ein ordentlicher Verstand notwendig sei, um Unordnung zu verstehen. Aber der Verstand selbst hat diese Unordnung geschaffen, die das Denken ist. Kann also der Verstand statt auf die Unordnung da draußen auf den Verursacher der Unordnung hier drinnen schauen? Der Verstand selbst ist unordentlich.

Ich werde es Ihnen zeigen, in einer Minute werden Sie sehen, was stattfindet. Unordnung ist nicht außerhalb von mir, Unordnung ist innerhalb von mir. Das ist eine Tatsache. Weil der Geist unordentlich ist, müssen alle seine Handlungen unordentlich sein. Und diese Handlungen der Unordnung pflanzen sich fort oder breiten sich in der Welt aus. Kann also dieser Verstand sich selbst beobachten ohne den Faktor eines ordentlichen Verstandes einzuführen, der das Gegenteil ist? Der Beobachter ist das Beobachten – der Beobachter, der sagt, ich bin ordentlich, ich muß Ordnung in die Unordnung bringen. Das findet normalerweise statt. Aber der Beobachter ist der Faktor der Unordnung, weil der Beobachter die Vergangenheit ist, der Faktor der Teilung ist. Wo es aber Teilung gibt, entsteht nicht nur Konflikt, sondern auch Unordnung. Sie können sehen, daß dieses heute in der Welt geschieht. Alle Probleme, die wir mit der Energie, mit dem Frieden usw. haben, könnten völlig gelöst werden, wenn es keine getrennten Regierungen, souveränen Armeen gäbe, und man würde sagen: »Lassen Sie uns in Gottes Namen diese Probleme alle gemeinsam lösen. Wir sind Menschen. Diese Erde ist für uns zum Leben da – aber nicht für uns als Araber, Juden, Amerikaner und Russen –, es ist unsere *Erde.« Aber wir werden das nie tun, weil wir so konditioniert sind, in Unordnung und Konflikt zu leben.* Das wirft also eine Frage auf, die sehr interessant ist: Kann der Verstand sich selbst ohne den Beobachter beobachten? Denn der Beobachter ist das Beobachtete. Der Beobachter, der sagt, ich werde Ordnung in die Unordnung bringen, dieser Beobachter selbst ist ein Fragment der Unordnung, und darum kann er niemals Ordnung zustande bringen. Kann also der Verstand sich seiner selbst als eine Bewegung von Unordnung gewahr werden, ohne zu versuchen, sie zu korrigieren, zu rechtfertigen, zu formen, sondern indem er nur beobachtet? Wie ich schon sagte, heißt beobachten, am Ufer eines Flusses sitzen und das vorbeifließende Wasser beobachten. Verstehen Sie, dann erkennen Sie viel mehr. Aber wenn Sie mittendrin schwimmen, sehen Sie nichts.

*Ich habe niemals vergessen, daß sich alles total verändert hat, als ich vor dem Tautropfen auf dem Blatt stand und aufhörte zu fragen. Und was Sie sagen ist die Wahrheit. Wenn so etwas einmal geschehen ist, gibt es kein Zurück mehr.*

Es geschieht nicht auf einmal, es ist kein Zufall, der stattfand. Mein Leben ist kein Zufall, es ist eine Bewegung. Und in dieser Bewegung beobachte ich die Bewegung der Unordnung. Und darum ist dieser Verstand selbst unordentlich und wie kann dieser unordentliche, chaotische, widersprüchliche, absurde kleine Verstand Ordnung zustande bringen? Er kann es nicht. Darum ist ein neuer Faktor notwendig. Und der neue Faktor ist das Beobachten, das Wahrnehmen ohne den Wahrnehmenden.

*Wahrnehmen ohne den Wahrnehmenden.*

Weil der Wahrnehmende das Wahrgenommene ist. Wenn Sie das erstmal begriffen haben, dann sehen Sie alles ohne den Wahrnehmenden. Sie beziehen Ihre Persönlichkeit, Ihr Ego, Ihre Selbstsucht nicht mit ein. Sie sagen sich, Unordnung ist der Faktor, der in mir und nicht außerhalb von mir ist. Die Politiker versuchen, Ordnung zustande zu bringen, obwohl sie selbst so korrupt sind. Wie können diese Leute Ordnung schaffen?

*Es ist unmöglich.*

Das ist es, was in der Welt vor sich geht. Die Politiker regieren die Welt von Moskau, Neu Delhli, Washington aus, von wo auch immer, überall wird das gleiche Muster wiederholt. Während wir auf chaotische, korrupte Weise leben, versuchen wir, Ordnung in die Welt zu bringen. Es ist kindisch. Darum ist die Wandlung des Geistes nicht die Ihres Geistes oder meines Geistes, sondern des Geistes, des menschlichen Geistes. Es ist, als versuchte sich ein Blinder an Farben. Und er sagt: »Das ist grau.« Es hat keine Bedeutung. Kann also der Verstand diese Unordnung in sich selbst beobachten ohne den Beobachter, der die Unordnung geschaffen hat? Das führt uns zu etwas sehr Einfachem: einen Baum anzuschauen, eine Frau, einen Berg, einen Vogel oder eine schillernde Wasserfläche und deren Schönheit zu betrachten ohne den Betrachter. In dem Moment, in dem der Betrachter, der Beobachter in Erscheinung tritt, spaltet er. Spaltung ist in Ordnung bei einer Beschreibung. Wenn Sie jedoch leben, dann ist diese Teilung zerstörerisch.

*Ja, mir ging gerade diese ständige Propaganda durch den Kopf, die wir über all die Techniken hören, die zur Beruhigung des Verstandes zur Verfügung stehen. Das erfordert einen Beruhiger, der beruhigt; und somit ist diese Möglichkeit absolut, und ich benutze Ihre Worte, absolut und total ausgeschlossen.*

Aber genau das tun die Gurus. Sowohl die importierten als auch die einheimischen Gurus tun das. Sie zerstören die Leute wirklich. Aber wir werden später darüber sprechen. Wir befassen uns jetzt mit dem Messen, das die ganze Bewegung des kaufmännischen Denkens und Handelns, des Konsums, der Technologie umfaßt und heute zum Muster für die Welt geworden ist. Es begann im Westen, wurde dort immer mehr perfektioniert und hat sich dann über die ganze Welt ausgebreitet. Gehen Sie in die kleinste Stadt Indiens oder sonstwohin, überall wird dasselbe Muster wiederholt. In welches Dorf Sie auch immer gehen mögen, und seien die Menschen auch noch so ärmlich und unglücklich und müssen mit einer Mahlzeit täglich auskommen, es ist immer noch dasselbe Muster. Und die Regierungen versuchen, diese Probleme getrennt zu lösen, Frankreich für sich selbst, Rußland für sich selbst usw. Es ist ein menschliches Problem, darum muß man sich ihm nicht im Sinne Washingtons, Londons oder Moskaus nähern, sondern im menschlichen Sinne, der sagt: »Seht, dieses ist unser Problem, laßt uns in Gottes Namen zusammenkommen und es gemeinsam lösen.« Was Fürsorge bedeutet, was Akzeptieren der eigenen Verantwortung für jeden einzelnen Menschen bedeutet. Kommen wir also darauf zurück: Wie wir schon sagten, kommt Ordnung nur mit dem Verstehen von Unordnung. Darin liegt keine Unterdrückung, kein Konflikt. Wenn Sie unterdrücken, reagieren Sie. Sie kennen die ganze Sache. Ordnung ist also eine vollkommen andere Art von Bewegung. Und diese Ordnung ist wirkliche Tugend, weil es ohne Tugend keine Ordnung gibt, nur Gangstertum – politisches, religiöses oder anderes. Mit Tugend, Tugend als Lebensform erfolgt ein tägliches Aufblühen in Güte. Das ist keine Theorie. Wenn Sie auf diese Weise leben, findet es tatsächlich statt. Sehen Sie, ein Mann, der aus Unordnung heraus handelt, schafft mehr Unordnung. Schauen Sie auf das Leben eines Politikers, der ehrgeizig, gierig, machthungrig und karrierebewußt ist. Und das ist der Mann, der Ordnung in der Welt schaffen will. Die Tragödie ist, daß wir das akzeptieren. Darum sind wir verantwortungslos, weil wir Unordnung in unserem Leben akzeptieren. Ich akzeptiere in meinem Leben keine Unordnung. Ich will ein ordentliches Leben führen, was bedeutet daß ich die Unordnung verstehen muß, und wo Ordnung ist, funktioniert das Gehirn viel besser.

*Ist das nicht ein Wunder? Sobald ich die Bewegung der Unordnung begreife . . .*

Sobald der Verstand sie begreift.

*. . . ist Ordnung entstanden. Das ist wahrhaftig wie ein Wunder. Vielleicht ist dies das eine und einzige Wunder. Im tiefsten Sinne des Wortes müßten alle mit diesem Wunder, dem wirklichen Zentrum, dem wirklichen Kern zusammenhängen.*

Darum liegt in Beziehung, in Kommunikation Verantwortung, Freiheit und in dieser Befreiung von Unordnung große Schönheit, ein Leben, das schön ist, ein Leben, das wirklich in Güte blüht. Wenn wir es nicht schaffen, Menschen dieser Art hervorzubringen, wird die Welt zugrundegehen. Das ist es, was geschieht. Und ich fühle, daß ich dafür verantwortlich bin. Es ist meine Leidenschaft, meine Verantwortung, dafür zu sorgen, daß Sie mich verstehen, wenn ich mit Ihnen spreche, daß Sie so leben, so handeln und so Ihren Weg gehen.

*Ich komme auf die Aufmerksamkeit zurück, die enorme Betonung, die Sie darauf gelegt haben, dem Gesagten gegenüber absolut aufmerksam zu sein. Ich beginne in etwa zu verstehen, was geschieht, wenn jemand anfängt festzustellen, daß andere Menschen ernstnehmen, was Sie sagen. Ich habe nicht gesagt, daß sie ernstzunehmen beginnen, sondern sie denken, daß sie damit beginnen. Tatsächlich beginnen sie gerade erst, sich beim Vertiefen in die Dinge selbst zu beobachten. Natürlich hat noch nichts begonnen. Aber etwas sehr Merkwürdiges geschieht im Verstand, während ich bemerke, daß ich hiervon angezogen werde. Ich fange an, mich zu fürchten. Irgend etwas macht mir schreckliche Angst. Können wir nächstes Mal die Angst diskutieren?*

20. Februar 1974

# Angst

*Während unseres letzten Gespräches hatten wir begonnen, über das Problem der Angst zu sprechen. Vielleicht können wir es näher untersuchen?*

Ich frage mich, wie wir an diese Frage herangehen können, denn es ist ein weltweites Problem. Jeder, oder sagen wir, fast jeder hat Angst vor etwas – sei es die Angst vor dem Tod, Angst vor der Einsamkeit, Angst, nicht geliebt zu werden, Angst, nicht berühmt oder erfolgreich zu werden, und auch die Angst, keine physische Sicherheit zu haben. Es gibt so viele unterschiedliche Formen der Angst. Um sich mit diesem Problem wirklich sehr tiefgehend zu befassen, müssen wir fragen, ob der Geist einschließlich des Gehirns wirklich von Grund auf frei von Angst sein kann. Denn Angst ist, wie ich beobachtet habe, etwas Furchtbares. Sie verdunkelt die Welt, sie zerstört alles. Und ich glaube nicht, daß wir die Angst, die eines der Prinzipien des Lebens ist, diskutieren können, ohne auch die Bedeutung des Vergnügens zu erforschen. Es sind die zwei Seiten ein und derselben Münze. Betrachten wir also zuerst die Angst. Da gibt es sowohl bewußte als auch unbewußte Ängste. Ängste, die wir beobachten können, die abgestellt werden können und Ängste, die tief verwurzelt sind, in den entlegenen Bereichen unseres Bewußtseins.

*Auf der unbewußten Ebene.*

In den tieferen Ebenen. Wir müssen also beide berücksichtigen nicht nur die offensichtlichen äußeren Ängste, sondern auch die tiefsitzenden unentdeckten Ängste, die Ängste, die uns vererbt worden sind, traditionelle Ängste und ebenso Ängste, die der Verstand selbst geschaffen und kultiviert hat, Ängste vor physischer Unsicherheit, vor dem Verlust eines Jobs, einer Position, überhaupt davor, etwas zu verlieren und die positiven Ängste, nämlich etwas nicht zu bekommen. Wenn wir also diese Frage erörtern, wie sollen wir, Sie und ich, an sie herangehen? Nehmen wir zuerst die äußeren, die offensichtlichen physischen Ängste, und von dort ausgehend befassen wir uns dann mit den inneren. So decken wir das gesamte Feld ab, nicht nur Einzelfälle wie die Angst einer alten Dame, eines alten oder eines jungen Mannes, sondern wir befassen uns mit dem gesamten Problem der Angst, nehmen uns nicht nur ein Blatt oder einen kleinen Zweig der Angst vor, sondern die ganze Bewegung der Angst.

Äußerlich, physisch ist es klar, daß wir Sicherheit, physische Sicherheit, haben müssen. Nahrung, Kleidung und ein Dach über dem Kopf sind absolut notwendig, nicht nur für die Amerikaner, sondern für die ganze Menschheit. Es ist nicht gut zu sagen: »Wir sind in Sicherheit, zum Teufel mit dem Rest der Welt.« Die Welt sind Sie, und Sie sind die Welt! Sie können sich nicht isolieren und sagen: »Hauptsache, ich bin sicher. Was scheren mich die anderen.« Das führt zu Trennung, Konflikt und Krieg. Physische Sicherheit ist für das Gehirn notwendig. Das habe ich bei mir selbst und bei anderen beobachtet. Ich bin zwar kein Gehirnspezialist oder Neurologe, aber ich habe beobachtet: Das Gehirn kann nur in völliger Sicherheit funktionieren. Dann funktioniert es effizient und gesund, nicht neurotisch, und seine Aktivität ist nicht unausgeglichen. Das Gehirn braucht Sicherheit, genau wie ein Kind Sicherheit braucht. Wir versagen ihm diese, indem wir uns absondern: als Amerikaner, als Russen, als Inder, als Chinesen. Nationale Trennung hat diese Sicherheit durch Kriege zerstört: eine Tatsache, und doch sehen wir sie nicht. Die herrschenden Regierungen zerstören mit ihren Armeen und ihrer Marine die Sicherheit. Wir wollen darauf hinaus, wie dumm der Verstand ist. Er will Sicherheit, er muß Sicherheit haben und tut dennoch alles, um diese Sicherheit zu zerstören. Das ist also ein Faktor. Ein Sicherheitsfaktor ist unser Beruf, ob man nun in einer Fabrik, als Geschäftsmann oder als Priester arbeitet. Die Tätigkeit wird also sehr wichtig. Sehen sie, was das beinhaltet. Wenn ich meinen Job verliere, bekomme ich Angst, und dieser Job hängt von der Umgebung, der Produktion, dem Geschäft, der Fabrik, von dem Kommerzdenken, dem Konsumdenken und daher dem Wettbewerb mit anderen Ländern ab. Wir brauchen also physische Sicherheit, und tun dabei alles, um sie zu beseitigen. Wenn jeder von uns sagte: »Laßt uns alle zusammenkommen, nicht mit Plänen, weder mit meinem noch mit Ihrem Plan, noch mit dem kommunistischen oder kapitalistischen Plan. Wir wollen uns als Menschen zusammensetzen und dieses Problem lösen.« Sie könnten es tun. Die Wissenschaft hat die Mittel, die Menschen zu ernähren. Aber sie werden es nicht tun, denn sie handeln gemäß ihrer Konditionierung so, daß sie die Sicherheit zerstören, die sie suchen. Das ist einer der wichtigsten Faktoren im Bereich physischer Sicherheit.

Dann gibt es die Angst vor körperlichen Schmerzen, körperlichen Schmerzen im Sinne vergangener Schmerzen, sagen wir, der letzten Woche. Der Verstand hat Angst davor, daß es wieder passieren wird; das wäre also diese Art von Angst. Dann gibt es die Angst vor der Meinung anderer Leute, davor was Leute sagen, vor der öffentlichen Meinung. Der gute Ruf. Sehen Sie, all dieses ist aus Unordnung heraus entstanden. Kann also der Verstand physische Sicherheit hervorbringen – Nahrung, Kleidung und Unterkunft für jeden? Kann das getan werden – nicht als Kommunist, Kapitalist, Sozialist oder Maoist – sondern indem wir uns als Menschen zusammensetzen, um dieses Problem zu lösen? Es kann getan werden, aber niemand will es tun, weil sich keiner dafür verantwortlich fühlt. Ich weiß nicht, ob Sie jemals in Indien gewesen sind. Wenn Sie wie ich von Stadt zu Stadt, von Dorf zu Dorf gereist wären, würden Sie die erschreckende Armut sehen, die Erniedrigung durch Armut und das Gefühl von Hoffnungslosigkeit.

*Ja, ich bin in Indien gewesen und habe dort zum ersten Mal in meinem Leben Armut empfunden, nicht nur als Entbehrung, sondern sie schien auch einen positiven Aspekt zu haben. Es war so kraß.*

Ich weiß. Persönlich haben wir all das hinter uns gebracht. Physisches Überleben ist nur möglich, wenn Menschen zusammenkommen, nicht als Kommunisten, Sozialisten oder sonstwas, sondern als Menschen, die sagen: »Seht her, dieses ist unser Problem, laßt es uns um Gottes Willen lösen!« Aber sie werden das nicht tun, weil sie mit Problemen und mit Plänen zu deren Lösung schon überlastet sind. Sie haben Ihren Plan, ich habe meinen Plan, er hat seinen Plan. So wird das Planen höchst wichtig, Pläne werden wichtiger als das Verhungern. Und wir bekämpfen einander: während doch gesunder Menschenverstand, Zuneigung, Fürsorge und Liebe all das ändern können. Dann die Angst vor der öffentlichen Meinung, vor dem was mein Nachbar sagen wird. Und ich hänge von meinem Nachbarn ab. Wenn ich ein in Italien lebender Katholik bin, wäre ich von meinem Nachbarn abhängig. Ich könnte dort meinen Job verlieren, falls ich ein Protestant wäre. Also akzeptiere ich es, ich werde meinen Hut vor dem Papst oder sonstjemandem ziehen, es hat keinerlei Bedeutung. Ich habe Angst vor der öffentlichen Meinung. Sehen Sie, worauf sich der menschliche Verstand selbst reduziert hat. Ich sage nicht: »Zum Teufel mit der öffentlichen Meinung, die Menschen sind konditioniert, sie haben genausoviel Angst wie ich.« Das ist also diese Art von Angst. Und dann gibt es die physische Angst vor dem Tod, die immens ist. Diese Angst muß man anders angehen, wir werden darauf kommen, wenn wir über den Tod sprechen.

Es gibt also die äußere Form von Angst: Angst vor der Dunkelheit, Angst vor der öffentlichen Meinung, Angst, seine Arbeit zu verlieren, Angst, nicht Überleben zu können. Sir, ich habe mit Leuten gelebt, die nur eine Mahlzeit am Tag haben. In Indien bin ich einmal hinter einer Frau mit einem Mädchen hergegangen, und das Mädchen sagte: »Mutter, ich bin hungrig.« Und die Mutter antwortete: »Für heute hast du schon gegessen.« Es gibt also all das, diese physischen Ängste, Schmerz und die Angst vor wiederkehrenden Schmerzen usw. Die anderen Ängste sind viel komplizierter, etwa die Ängste vor Abhängigkeit. Innerlich hänge ich von meiner Frau ab, von meinem Guru, von meinem Priester usw. – so viele Abhängigkeiten! Und ich habe Angst, sie zu verlieren, allein gelassen zu werden, abgelehnt zu werden. Wenn diese Frau sich von mir abwendet, bin ich verloren. Ich werde wütend, brutal, gewalttätig und eifersüchtig, weil ich von ihr abhänge. Abhängigkeit ist also einer der Faktoren von Angst. Und innerlich fürchte ich mich. Ich fürchte mich vor Verlassenheit. Neulich hörte ich im Fernsehen eine Frau sagen: »Die einzige Angst, die ich in meinem Leben habe, ist meine Verlassenheit.« Und wegen dieser Furcht vor Verlassenheit betreibe ich alle möglichen neurotischen Aktivitäten. Weil ich mich verlassen fühle, hänge ich mich an Sie oder an einen Glauben, an einen Erlöser oder an einen Guru. Und ich verteidige den Guru, den Erlöser und meinen Glauben, und wie schnell wird das neurotisch. Das ist diese Art von Angst. Dann gibt es die Angst davor, nichts zu erreichen, daß der Erfolg in dieser Welt ohne Ordnung Unordnung wird und ebenso in der sogenannten spirituellen Welt ausbleibt. Das betreiben ja jetzt alle – spirituelle Vollendung, die sie Erleuchtung nennen.

Dann gibt es die Angst, nichts darzustellen, die sich in der Identifizierung mit etwas ausdrückt: »Ich muß mich mit etwas identifizieren. Um etwas zu sein, muß mich mit meinem Land identifizieren.« Ich sage mir: »Das ist zu dumm!« – und sage folglich: »Ich muß mich mit Gott identifizieren.« Den ich erfunden habe. Gott hat nicht den Menschen nach seinem Bilde geschaffen, sondern der Mensch hat Gott nach seinem Bilde geschaffen. Also, nichts zu sein, nichts zu vollbringen, nichts zu erreichen, schafft ein kolossales Gefühl von Unsicherheit, ein schreckliches Gefühl von Unfähigkeit, etwas zustande zu bringen, nicht »dabei« zu sein, und es kommt zum Aufschrei: »Ich muß ich selbst sein!« Was Unsinn ist. Da sind nun all diese Ängste, sowohl logische Ängste, als auch irrationale Ängste, neurotische Ängste und Ängste ums Überleben, ums physische Überleben.

Wie gehen Sie also auf all diese Ängste ein und auf viele weitere, die wir noch erörtern werden? Gehen Sie auf eine nach der anderen ein? Und ebenso haben wir die versteckten Ängste, die sehr viel aktiver sind. Sie brodeln, und wenn ich mir ihrer nicht bewußt bin, ergreifen sie Besitz von mir. Wie soll ich also zunächst einmal mit den offensichtlichen Ängsten umgehen, die wir beschrieben haben? Soll ich mir eine nach der anderen vornehmen, um Sicherheit zu finden? Oder nehmen wir die Verlassenheit in Angriff und setzen uns mit ihr auseinander, gehen über sie hinaus? Oder gibt es einen Weg, mit der Angst selbst umzugehen, nicht mit ihren Verzweigungen, sondern mit ihrer Wurzel? Wenn ich mir Blatt für Blatt und Zweig für Zweig vornehme, braucht es mein Leben. Wenn ich damit begänne, meine Ängste zu analysieren, dann würde eben diese Analyse zur Paralyse, zur Lähmung. Und ich werde immer und immer wieder davon eingeholt. Wie soll ich also mit diesem Problem als Ganzem umgehen, nicht nur mit Teilen oder Bruckstücken davon?

*In unseren Gesprächen haben wir auf Bewegung hingewiesen. Die Bewegung der Angst ist ein Ganzes. Und es ist ein einziges Feld der Zerstörung!*

Ja, ein ungeheures Ganzes. Sie ist der gemeinsame Faktor, der in allem enthalten ist. Ob man in Moskau, Indien oder sonstwo lebt – überall gibt es diese Angst. Und wie soll man damit umgehen? Kann der Verstand wirklich frei von Angst sein – tatsächlich frei, nicht verbal oder ideologisch, sondern absolut frei von Angst? Und es *ist* möglich, total frei von Angst zu sein! Dies ist keine theoretische Behauptung, sondern ich weiß es, ich habe es untersucht. Wie soll ich jetzt damit umgehen? Ich frage mich selbst: Was ist diese Angst – nicht die Objekte der Angst oder die Äußerungen der Angst –, was ist Angst? Hinter den Worten, hinter den Erklärungen und Beschreibungen und all dem Hin und Her – was ist Angst? Wie entsteht sie? Ich werde das Problem klarer machen. Der Mensch hat versucht eine Angst nach der anderen abzumildern oder zurechtzustutzen, durch Analyse, durch Flucht, durch seine Identifikation mit etwas, das er als Mut bezeichnet. Oder er sagt sich: »Ich kümmere mich nicht darum. Ich rationalisiere meine Ängste und bleibe auf der intellektuellen Ebene vernunftmäßiger, verbaler Erklärungen.« Aber die Sache kocht weiter. Was soll ich also tun? Was ist Angst? Ich muß das herausfinden. Nicht Sie sagen es mir, sondern ich muß es selbst herausfinden, so wie ich selbst herausfinde, daß ich Hunger habe. Niemand muß mir sagen, ich sei hungrig. Ich selbst muß es herausfinden. Ich weiche also nicht aus! Ich rationalisiere nicht, ich analysiere nicht, weil Analyse wirklich Lähmung ist. Wenn Sie bei der Konfrontation mit einem Problem wie diesem es nur analysieren und dann auch noch Angst haben, es nicht richtig analysieren zu können, und darum zu einem professionellen Analytiker gehen, der selber einer Analyse bedarf, dann sitzen Sie in der Klemme. Ich werde also nicht analysieren, weil ich die Absurdität darin erkenne. Ich renne nicht davon, erkläre nicht, rationalisiere nicht, analysiere nicht, ich stehe dem gegenüber.

Dann gibt es die unbewußten Ängste, von denen ich nichts weiß. Sie äußern sich gelegentlich, wenn ich aufmerksam bin, wenn ich Angst in mir aufsteigen sehe, wenn ich aufmerksam bin und achtgebe. Oder wenn ich etwas anschaue, steigt unwillkürlich Angst auf. Es ist wichtig für den Verstand, völlig frei von Angst zu sein. Es ist so wesentlich, wie Nahrung wesentlich ist. Nun frage ich: Was sind die versteckten Ängste, kann ich sie bewußt an die Oberfläche kommen lassen, oder hat das Bewußte keinen Zugang zu ihnen? Das Bewußte kann sich nur mit Dingen befassen, die es kennt, aber es kann die Dinge, die es nicht kennt, nicht beobachten.

Was tue ich also? Sind Träume die Antwort? Träume sind nur die Fortsetzung dessen, was während des Tages passiert ist. Wir werden es im Moment nicht weiter untersuchen. Wie soll das alles geweckt und freigelegt werden? Die rassischen Ängste, die Ängste, welche die Gesellschaft mich gelehrt hat, die Ängste, die mir die Familie auferlegt hat, der Nachbar – alle diese schleichenden, häßlichen, brutalen Dinge, die da versteckt sind, wie sollen sie alle auf natürliche Weise aufsteigen und freigelegt werden, so daß der Geist sie als Ganzes sehen kann? Verstehen Sie?

*Ja, ich verstehe. Ich denke gerade darüber nach, wie wir dem, was Sie sagen, begegnen. Wir sind hier an einer Universität, in der kaum zugehört wird, wenn überhaupt. Warum? Angenommen, ich ginge so auf Sie ein: Ich lehne mich zurück, und bei jeder Aussage, die Sie machen, frage ich mich: »Was soll ich darauf antworten?« Selbst wenn meine Reaktion wohlwollend wäre und ich als Professor sagen würde: »Nun, das ist ein interessantes Konzept, vielleicht können wir es noch ein wenig verdeutlichen.« – Dann hätten wir uns niemals zusammensetzen sollen, niemals beginnen sollen. Und doch mögen wir uns einbilden, uns sehr große Mühe gegeben zu haben, ernsthaft darauf einzugehen. Aber auch hier ist Angst das Fundament, weil der Professor hier seinen Ruf aufs Spiel gesetzt sieht. Er sollte besser nicht zu lange schweigen, sonst käme jemand auf die Idee, er verstehe entweder nichts, oder er habe zum Thema nichts beizusteuern.*

Sehen Sie, was ich entdeckt habe. Der bewußte Verstand, das bewußte Denken kann die versteckten Ängste nicht einladen und freilegen. Ich kann sie nicht analysieren, weil Analyse, wie wir sagten, Untätigkeit ist. Und wenn es kein Ausweichen gibt, werde ich nicht in eine Kirche laufen oder zu Jesus, zu Buddha oder zu sonstjemand oder mich mit etwas anderem identifizieren. Ich habe dies alles abgelegt, weil ich dies als vergeblich verstanden habe. Also bin ich damit allein. Es ist *meine* Angelegenheit. Was soll ich also tun? Irgendetwas muß geschehen. Ich kann nicht bloß sagen: »Gut, ich habe alles zur Seite geschoben, und nun sitze ich hier.« Sehen Sie, was nun passiert:

Weil ich dies alles beiseite geschoben habe, durch Beobachtung, nicht durch Widerstand und nicht durch Gewalttätigkeit, weil ich all diese Dinge wie Ausweichen, Analyse, Davonlaufen usw. negiert habe, habe ich Energie. Der Geist hat jetzt Energie. Weil ich alles, was Energie vergeudet, abgelegt habe. Darum bin ich jetzt dieses und bin mit dem konfrontiert, mit Angst konfrontiert. Was kann ich jetzt tun? Hören Sie zu: Was kann ich tun? Ich kann überhaupt nichts tun, weil ich es bin, der die Angst geschaffen hat. Also kann ich nichts gegen Angst tun.

Aber es gibt die Energie, die sich angesammelt hat, die zustandegekommen ist, die aufgekommen ist, als alle Streuung von Energie aufhörte. Was geschieht nun? Das ist kein Hokus-Pokus, keinerlei mystische Erfahrung. Da ist wirkliche Angst, und ich habe ungeheure Energie, die entstanden ist, weil es keinerlei Verschwendung von Energie mehr gibt. Was geschieht? Ich frage also: »Was hat die Angst geschaffen? Was hat sie hervorgebracht?« Weil ich die Energie habe, diese Frage zu stellen und die Antwort auf diese Frage zu finden. Ich habe jetzt Energie – verstehen Sie? Was hat die Angst hervorgebracht – Sie, mein Nachbar, mein Land, meine Kultur? Ich frage: Was hat die Angst in meinem Bewußtsein wachgerufen? Und ich werde davon nicht ablassen, bis ich es herausfinde. Verstehen Sie? Weil ich die Energie dazu habe. Ich bin von keinem Buch abhängig, von keinem Philosophen, von niemandem. Und ich beginne die Antwort zu finden. Ich stelle die Frage nicht, aber ich finde die Antwort. Was ist nun die Antwort? Was ist die Antwort auf die Tatsache Angst, die von Generation zu Generation erhalten, genährt und weitergegeben worden ist? Kann der Geist diese Angst beobachten, ihre Bewegung, nicht nur einen Teil der Angst, beobachten ohne das Denken, das den Beobachter geschaffen hat. Kann also diese Tatsache beobachtet werden, die ich »Angst« genannt habe, weil der Verstand sie erkannt hat, denn er hat schon früher Angst gehabt? Durch Wiedererkennen und Assoziation also stellt er fest: »Das ist Angst.«

Kann also der Geist ohne den Beobachter, der der Denker ist, diese Tatsache Angst allein beobachten, denn der Beobachter, der das Denken ist, hat sie produziert? Ich habe Angst vor meinem Nachbarn, vor dem was er sagen mag, weil ich um mein Ansehen fürchte. Das ist das Produkt des Denkens. Denken hat die Welt in Amerika, Rußland, Indien, China, Europa usw. aufgeteilt, und das zerstört die Sicherheit. Das ist das Ergebnis des Denkens. Ich bin verlassen und handle daher neurotisch, und auch das ist ein Ergebnis des Denkvorgangs. Ich sehe also sehr klar, daß das Denken hierfür verantwortlich ist.

Was wird also mit dem Denken geschehen? Das Denken ist für die Angst verantwortlich. Es hat sie gestärkt und ermutigt, es hat alles getan, sie aufrecht zu erhalten. Ich fürchte, daß der Schmerz, den ich gestern hatte, morgen wiederkommen wird – was eine Bewegung des Denkens ist. Das Denken kann nur auf dem Gebiet des Wissens funktionieren, das ist seine Grundlage. Angst ist jedes Mal etwas Neues. Angst ist nicht alt. Sie wird alt gemacht, indem ich sie wiedererkenne.

Kann aber der Geist diesen Vorgang des Wiedererkennens, der ein Hinzufügen von Worten und so weiter ist, ohne das Dazwischentreten des Denkens beobachten? Wenn er es tut, ist keine Angst da. Angst kann demnach vollständig abgelegt werden. Wenn ich in Rußland leben würde und man mir mit dem Gefängnis drohte, hätte ich wahrscheinlich Angst. Das ist natürliche Selbsterhaltung. Das ist eine natürliche Angst, so wie man zur Seite springen würde, wenn ein Bus auf einen zuraste, oder vor einem gefährlichen Tier weglaufen würde. Das ist eine natürliche selbsterhaltende Reaktion, aber das ist keine Angst. Es ist eine Antwort der Intelligenz, die handelt und sagt: »Lauf um Gottes Willen vor dem Bus weg!« Aber die anderen Faktoren sind Faktoren des Denkens. Kann also das Denken sich selbst verstehen, seinen Platz erkennen und sich nicht projizieren? Keine Kontrolle über das Denken, das ist ein Greuel. Wenn Sie das Denken kontrollieren, wer ist der Kontrollierende? Wieder ein Bruchstück des Denkens. Es ist ein Teufelskreis, ein Spiel, das Sie mit sich selbst spielen. Kann also der

Geist ohne die Bewegung des Denkens beobachten? Das ist nur möglich, wenn Sie die ganze Bewegung der Angst verstanden haben, verstanden, nicht analysiert, sondern betrachtet haben. Es ist etwas Lebendiges, darum muß man es ansehen. Nur etwas Totes kann man zerlegen und analysieren, herumstoßen. Aber etwas Lebendiges muß man beobachten.

*In unserem letzten Gespräch kamen wir auf das Problem von jemand, der zu sich selbst sagt: »Ich glaube verstanden zu haben, was ich gehört habe, und nun werde ich es ausprobieren.«*

Wenn Sie ein gefährliches Tier sehen, sagen Sie nicht: »Ich werde darüber *nachdenken!«* Sie laufen, Sie handeln, denn dort wartet die tödliche Vernichtung! Das ist eine selbsterhaltende Reaktion, ist Intelligenz, die sagt: »Weg!« Die Intelligenz handelt nur, wenn wir all diese Ängste angesehen haben, ihre Bewegungen, ihr Inneres, ihre Häßlichkeit, ihre Feinheit, die gesamte Bewegung. Daraus entsteht dann Intelligenz und sagt: »Ich habe sie verstanden.« Wir sagten, es gibt physische und psychische Ängste – beide hängen miteinander zusammen. Wir können nicht sagen, dies sei die eine und das die andere. Sie sind alle eng verwoben. Und die Wechselbeziehung und das Verstehen dieser Beziehung bringt diese Intelligenz hervor, die auf der physischen Ebene handeln wird. Sie wird sagen: »Laßt uns kooperieren, zusammenarbeiten, um dem Menschen zu helfen. Wir wollen nicht national, religiös und sektiererisch sein. Wichtig ist, den Menschen zu ernähren, zu kleiden und ihn glücklich leben zu lassen.« Aber leider ist unsere Lebensweise so unordentlich, daß wir für nichts anderes Zeit haben. Unsere Unordnung frißt uns auf.

*Das ist interessant, daß ein Mißbrauch der Tradition darin besteht, daß uns tatsächlich beigebracht wird, was wir zu fürchten haben. In unserer Sprache haben wir den Ausdruck »Moralische Geschichten«, eine Ansammlung von Warnungen vor*

*Dingen, die einfach ausgedacht, eingebildet, herbeiphantasiert sind. Diese Geschichten werden von den Kleinen mit der Muttermilch aufgesogen, und beim Heranwachsen reflektieren wir diese erlernten Dinge, und wenn etwas schiefgeht, meinen wir, das sei so, weil wir nicht richtig begriffen haben, was man uns gesagt hat. An diesem Punkt werden einige junge Leute vielleicht sagen: »Weg mit dem ganzen alten Kram.« Doch dann erhebt sich augenblicklich das Problem der Verlassenheit.*

Das ist Leben. Sie können nicht einen Teil ablehnen und den anderen Teil akzeptieren. Leben bedeutet all das: Freiheit, Ordnung, Unordnung, Kommunikation, Beziehung, Verantwortung – das alles ist Leben. Wenn wir nicht verstehen, wenn wir sagen: »Damit will ich nichts zu tun haben«, dann leben wir nicht, dann sterben wir. Welchen Platz hat Wissen in der Erneuerung des Menschen? Unser Wissen sagt: »Du mußt von anderen getrennt sein, du bist ein Amerikaner, ich bin ein Hindu.« Das wissen wir. Unser Wissen sagt: »Wir müssen uns auf unseren Nachbarn verlassen, er ist kundig, er ist angesehen, Gesellschaft bedeutet Ansehen, Gesellschaft bedeutet Moral.« Also akzeptieren Sie das. Das Wissen hat also all diese Faktoren hervorgebracht. Und plötzlich fragen Sie mich: »Welchen Platz hat das, welchen Platz hat Tradition? Welchen Platz hat das in Jahrtausenden angesammelte Wissen?« Das angesammelte Wissen in der Naturwissenschaft und in der Mathematik ist wesentlich. Aber welchen Platz nimmt Wissen ein, das ich durch Erfahrung angesammelt habe, durch menschliches Streben von Generation zu Generation? Welchen Platz hat es in der Umwandlung von Angst? Keinen, überhaupt keinen!

Darum ist es sehr wichtig herauszufinden, welche Funktion Wissen hat, und zu verstehen, wo Wissen zu Unwissenheit wird. Wir vermischen beides. Wissen ist wesentlich, um Englisch zu sprechen oder ein Auto zu fahren. Aber dieses Wissen wird zu Unwissenheit, wenn wir wirklich zu verstehen versuchen »was ist«. Was ist, das ist diese Angst, diese Unordnung, diese Unverantwortlichkeit. Um das zu verstehen, benötigen Sie kein Wissen. Alles, was Sie tun müssen, ist: zu schauen. Schauen Sie sich an, außen und innen, dann sehen Sie deutlich, daß Wissen absolut überflüssig ist. Es hat keinen Wert in der Umwandlung oder Erneuerung des Menschen, weil Freiheit nicht aus Wissen geboren ist. Freiheit ist, wenn all die Bürden nicht sind. Nach Freiheit müssen Sie nicht suchen. Sie kommt, wenn das andere nicht ist.

*Sie ist nicht etwas, das anstelle des Schreckens kommt, den es vorher gab.*

Natürlich nicht.

*Ja, ich verstehe. Vielleicht können wir nächstes Mal über Vergnügen sprechen, die Kehrseite der Medaille.*

20. Februar 1974

# Verlangen

*Sie bemerkten, daß Angst und Vergnügen die beiden Seiten derselben Medaille sind. Wir könnten von der Angst zu einer Diskussion über Vergnügen übergehen, aber vielleicht gibt es bei der Angst etwas, das wir noch untersuchen sollten.*

Ich glaube, bei den meisten von uns hat Angst dieses Elend geschaffen. So viele Aktivitäten, Ideologien und Götter sind aus Angst entstanden, daß wir niemals ganz frei von Angst zu sein scheinen. Und so sind Freiheit von etwas und Freiheit selbst zwei verschiedene Dinge: Freiheit von Angst und das Gefühl vollkommener Freiheit. Freiheit für etwas und Freiheit von etwas beinhaltet Widerspruch, Konflikt, Kampf, Gewalttätigkeit und Mühsal. Wer das in seiner Bedeutung weitgehend versteht, der erkennt, was frei zu sein heißt, nicht von etwas oder für etwas, sondern tief innen, selbst frei zu sein. Wahrscheinlich geschieht das ohne Worte und Vorstellungen. Das Gefühl, daß die ganze Last von Ihnen abgefallen ist, ohne daß Sie sich anstrengen, um sie abzuwerfen. Die Last existiert einfach nicht. Konflikte existieren nicht. Wie wir neulich schon sagten, gibt es dann Beziehung in völliger Freiheit. Diese beiden Prinzipien, Vergnügen und Angst scheinen in uns tief verwurzelt zu sein. Ich glaube nicht, daß wir den Begriff Vergnügen verstehen können, ohne auch die Angst zu verstehen. Sie können sie wirklich nicht trennen, aber um sie zu untersuchen, muß man sie natürlich trennen. Wir hätten niemals über das Vergnügen nachgedacht. Es ist wie Bestrafung und Belohnung. Gäbe es überhaupt keine Bestrafung, würde niemand über Belohnung sprechen.

Ich denke, wenn wir über das Vergnügen sprechen, sollten wir uns darüber im klaren sein, daß wir das Vergnügen keineswegs verdammen, wir wollen weder puritanisch noch haltlos sein. Wir versuchen, die ganze Struktur und Natur des Vergnügens zu erforschen oder zu prüfen, so wie wir es mit der Angst getan haben. Um das angemessen und gründlich zu tun, muß die Haltung, das Akzeptieren oder Verdammen von Vergnügen abgelegt werden. Ich denke, wenn ich etwas erforschen will, muß ich von meinen Neigungen und Vorurteilen frei sein. Belohnung, Befriedigung und ein Gefühl von Erfüllung: wir werden uns näher damit befassen, wenn wir über Vergnügen sprechen. Aber ich denke, wir müssen uns von Anfang an darüber im klaren sein, daß wir es nicht verdammen. Überall auf der Welt haben die Priester es verdammt.

Wir müssen berücksichtigen, daß wir es nicht rechtfertigen, unterschätzen oder verdammen, sondern es beobachten. Um sich in diese Frage des Vergnügens wirklich zu vertiefen, müssen wir zuerst das Verlangen betrachten. Je kommerzieller der Gebrauch von Dingen wird, desto mehr wächst das Verlangen. Sie können es an der Kommerzialisierung und am Konsumdenken erkennen. Das Verlangen wird durch Propagieren gestützt und genährt, es wird – wie soll ich es ausdrücken – entfacht. Und das sehen Sie überall auf der Welt. In Indien zum Beispiel – nicht, daß ich Indien viel besser kenne als Amerika, denn ich habe dort nicht lange gelebt, aber ich besuche es jedes Jahr –, in Indien beginnt gerade dieses Verlangen und seine sofortige Erfüllung um sich zu greifen. Früher gab es im brahmanischen Sinne eine gewisse Zurückhaltung, eine gewisse traditionelle Disziplin, die verlangte, sich nicht mit der Welt und ihren Dingen zu befassen. Sie sind nicht wichtig. Was wichtig ist, ist die Entdeckung der Wahrheit, von Brahman, der Wirklichkeit. Aber jetzt ist all das vorbei: jetzt ist das Verlangen entflammt. Kauf mehr, sei nicht zufrieden mit zwei Paar Hosen, du brauchst ein Dutzend. Dieses Gefühl von Erregung durch Besitz wird durch Geschäftssinn, Konsum und Werbung stimuliert.

Das ist es, was die Modeschöpfer machen. Jedes Jahr gibt es eine neue Mode. Da ist diese Stimulierung des Verlangens. Es ist wirklich erschreckend, wie Leute dieses Verlangen ausnutzen und stimulieren, um zu Geld und Besitz zu kommen – der ganze Kreislauf eines höchst anspruchsvollen Lebens, in dem es sofortige Erfüllung des Verlangens gibt und Frustration, wenn das nicht möglich ist, oder wenn man nicht handelt. All dies ist darin enthalten. So wie bei Kindern: Frustrieren Sie sie nicht! Lassen Sie sie machen, was sie wollen! Bevor wir uns auf das komplizierte Feld des Vergnügens begeben, sollten wir uns in diese Frage des Verlangens vertiefen.

Das Vergnügen scheint ein sehr aktiver und fordernder Instinkt zu sein, eine fordernde Aktivität, die ständig in uns weiterwirkt. Was ist Verlangen? Ich denke, daß Appetit und Verlangen zusammengehören: Appetit, physischer Appetit und psychischer Appetit, der weitaus vielschichtiger ist, sexueller Appetit, intellektueller Appetit, ein Gefühl von Neugier. Ich glaube, Verlangen und Appetit werden stimuliert durch Kommerz und Konsum, der Zivilisationsform, die heute in der Welt vorherrschend aktiv ist. Dieser Konsumzwang muß auch in Rußland wie überall sonst erfüllt werden. Was ist also Appetit und was ist Verlangen? Ich habe Appetit, weil ich hungrig bin. Das ist ein natürlicher Appetit. Ich sehe ein Auto, über das ich viel gelesen habe, und ich würde es gern besitzen, es fahren, schnell fahren und seine Kraft und das aufregende Gefühl dabei spüren. Das ist eine andere Form von Appetit. Dann gibt es intellektuellen Appetit auf eine Diskussion mit einem klugen, intelligenten, wachsamen Menschen, auf ein Streitgespräch, um einander zu stimulieren und das gegenseitige Wissen zu vergleichen, eine Art subtiles Gefecht. Und dann gibt es den sexuellen Appetit, den sexuellen Appetit des ständigen Darandenkens, des Wiederkäuens. Alles dies, psychischer wie physischer Appetit, normaler und anormaler, Gefühl von Erfüllung und Frustration, alles dies ist in Appetit enthalten. Und ich bin nicht sicher, ob die Religionen, organisierte Religionen und Glaubensrichtungen nicht auch ihren eigenartigen Appetit auf Rituale stimulieren. Gehen Sie in eine römisch-katholische Messe und sehen Sie ihre Schönheit, ihren Farbenreichtum, die

Schönheit der Ausstattung. Der ganze Aufbau ist wundervoll theatralisch und schön. Und alles wird durch Tradition, durch den Gebrauch von Worten, Gesängen, gewissen Verbindungen von Worten, Symbolen, Bildern, Blumen und Weihrauch stimuliert. All das ist sehr, sehr stimulierend. Und wenn man daran gewöhnt ist, vermißt man es.

*O ja. Als Sie darüber sprachen, dachte ich gerade, wie außerordentlich schön Sanskrit klingt, jedenfalls für meine Ohren, und das Singen der Bhagavadgita, während man sich hin und her wiegt. Und dann setzt man sich, um herauszufinden, was die Worte bedeuten, und sagt sich: Was in aller Welt geht hier vor, wenn wir das alles tun. Es steht im Gegensatz zu dem, was uns das Wort selbst enthüllen könnte. Aber das ist natürlich Selbstverführung, denn man kann der Sprache keinen Vorwurf für ihre Schönheit machen. Und all das wird gefördert. Ich nehme an, was Sie uns hier vorschlagen, näher anzuschauen, ist das riesige traditionelle Interesse daran, das aufrechtzuerhalten.*

Natürlich. Es wird kommerziell aufrechterhalten. Und wenn es nicht von den Priestern unterstützt würde, bräche alles zusammen. So ist dies also ein Kampf, um die Menschen bei ihrem Appetit zu halten – was wirklich erschreckend ist, wenn Sie das näher anschauen, erschreckend und ziemlich widerwärtig, weil Menschen ausgenutzt und der menschliche Geist wahrlich zerstört wird. Also gibt es dieses Verlangen, diesen Appetit, wir haben uns ein klein wenig damit befaßt – was aber ist Verlangen? Wenn ich etwas sehe, muß ich es sofort haben, ein Gewand, einen Mantel, eine Krawatte. Das Gefühl von Besitz, der Drang, etwas zu erwerben, der Drang, etwas zu erleben und der Drang zu handeln, das wird mir enorme Befriedigung geben. Die Befriedigung mag in einer Anschaffung liegen, einer Krawatte, einem Mantel oder aber darin, mit einer Frau zu schlafen. Hinter all dem steckt das Verlangen. Ich mag mir ein Haus wünschen, ein anderer wünscht sich ein Auto, ein anderer wiederum strebt nach intellektuellem Wissen. Jemand mag nach Gott verlangen oder nach Erleuchtung. Das ist alles dasselbe. Die Objekte variieren, aber das Verlangen ist dasselbe. Eines nenne ich edel, das andere nenne ich unedel, weltlich, dumm. Aber hinter allem steht das Verlangen. Was ist also Verlangen? Wie kommt es, daß dieses starke Verlangen hervorgebracht und kultiviert wird? Verstehen Sie? Was ist Verlangen? Wie kommt das Verlangen in jedem von uns auf?

Die Objekte des Verlangens variieren je nach Individuum, Neigung, Eigenart, Prägung, Verlangen nach diesem oder jenem. Aber ich will herausfinden, was Verlangen ist. Wie entsteht es? Ich denke, das ist doch ziemlich klar. Ich frage, was *ist* Verlangen? Wie entsteht es? Ich frage Sie, wie kommt es, daß es dieses starke Verlangen nach etwas, oder ein Verlangen gegen das Verlangen selbst gibt? Ich denke, es ist klar: Da ist visuelle Wahrnehmung, dann Sinneseindruck, dann Kontakt, und daraus entsteht das Verlangen. Das ist der Prozeß, nicht wahr: Wahrnehmung, Sinneseindruck, Kontakt, Verlangen.

*Und wenn das Verlangen enttäuscht wird: Ärger.*

Und der ganze Rest wie Gewalt usw. folgt. Also sagen religiöse Leute, Mönche auf der ganzen Welt: Sei ohne Verlangen, kontrolliere Verlangen, unterdrücke Verlangen. Oder wenn Du das nicht kannst, wandele es in etwas Lohnendes um – in Gott, oder Erleuchtung, oder Wahrheit, oder was auch immer. Sie sagen: Kontrolliere das Verlangen, denn Du brauchst Energie, um Gott zu dienen, und wenn Du im Verlangen gefangen bist, bist Du in Trübsal, in Schwierigkeiten gefangen, was Deine Energie verschwendet. Daher halte es fest, kontrolliere es, unterdrücke es. Ich habe es in Rom so oft gesehen. Die Priester wandern mit ihrer Bibel herum und wagen nicht, nach links oder rechts zu gucken, sie lesen und lesen, weil sie gefesselt werden, egal wovon, von einer Frau oder einem schönen Haus oder einem hübschen Mantel. Also immer weiterlesen, sich nur nicht dem Leiden oder den Versuchungen aussetzen. Halte Dich zurück, denn Du brauchst Energie, um Gott zu dienen. Verlangen entsteht also durch Wahrnehmungen: visuelle Wahrnehmung, Sinneseindruck, Kontakt, Verlangen. Das ist der Ablauf.

*Und dann wird es durch die ganze Rückbindung an Erinnerung verstärkt. Es hat mich getroffen, was Sie gerade sagten. Hier ist dieses Buch, das mich innerlich nicht mehr anspricht. Es ist nichts anderes als das, was man Pferden für ein Rennen anlegt.*

Scheuklappen. Die Bibel wird zu Scheuklappen.

*Ja, dem stimme ich zu. Aber was mich traf, war, daß ich es deshalb niemals nie, niemals nie, niemals in Ruhe angeschaut hatte, das Verlangen selbst nie angeschaut hatte.*

Das ist es. Eines Tages ging ich in Indien hinter einer Gruppe von Mönchen her. Und es waren sehr ernsthafte Menschen. Ein älterer Mönch wanderte, umgeben von seinen Schülern, einen Hügel hinauf, und ich folgte ihnen. Nicht ein einziges Mal schauten sie auf die Schönheit des Himmels, auf das außerordentlich schöne Blau des Himmels, auf die Berge. Sie hatten keinen Blick für das Licht im Gras oder die Bäume oder die Vögel oder das Wasser. Sie sahen sich nicht ein einziges Mal um. Sie hielten ihren Kopf gesenkt und wiederholten etwas auf Sanskrit. Sie gingen ihres Weges ohne die Natur und die Vorübergehenden auch nur im geringsten zu bemerken. Weil sie ihr ganzes Leben damit verbracht haben, das Verlangen zu kontrollieren und sich auf das zu konzentrieren, was sie für den Weg zur Wirklichkeit hielten. Das Verlangen wirkte dort also als unterdrückender, begrenzender Prozeß, weil sie Angst hatten. Wenn ich aufschaue, könnte dort eine Frau sein, und ich könnte in Versuchung geführt werden. So sehen wir also, was Verlangen ist und wir sehen, was Appetit ist; sie sind sich sehr ähnlich. Sie gehören zusammen, es sind zwei verschiedene Worte für ein und dieselbe Sache. Nun taucht die Frage auf, ob es überhaupt eine Kontrolle des Verlangens geben muß? Disziplin ist eine Form von Unterdrückung und Kontrolle des Verlangens. Religiöse, sektiererische und nichtsektiererische Disziplin, jede basiert auf Kontrolle. Kontrolliere deinen Appetit, kontrolliere dein Verlangen, kontrolliere dein Denken. Und diese Kontrolle preßt langsam aber sicher den Fluß der freien Energie aus Ihnen heraus.

*Und doch sind erstaunlicherweise besonders die Upanishaden dahingehend interpretiert worden, daß sie zu dieser Kontrolle ermutigen.*

Ich weiß, ich weiß. In Indien passiert Unwahrscheinliches. Die Mönche, die mich besucht haben, werden Sanyasin genannt. Sie sind unglaublich. Ein Mönch besuchte mich vor einigen Jahren, ein ziemlich junger Mann, der im Alter von fünfzehn Jahren Haus und Hof verließ, um Gott zu finden. Er hatte alles aufgegeben und eine Kutte angezogen. Als er älter wurde, so mit achtzehn, neunzehn, zwanzig, entbrannte sein sexuelles Verlangen. Er hatte einen Eid auf den Zölibat abgelegt, wie es Sanyasins und Mönche tun. Und er erzählte, wie Tag für Tag in seinen Träumen sein Verlangen wuchs, beim Spazierengehen, beim Betteln in den Häusern; es raste in ihm wie Feuer. Wissen Sie, was er getan hat, um es unter Kontrolle zu bringen? Er ließ sich operieren, so stark war sein Drang nach Gott – die Idee, nicht die Wirklichkeit. Er kam also, um mit mir zu sprechen, nachdem er einige Vorträge gehört hatte, die ich dort gehalten hatte. Er weinte, als er kam. Er sagte, was habe ich nur getan, was habe ich mir angetan? Ich kann das nicht rückgängig machen, kein neues Organ wachsen lassen, es ist aus. Das ist der Extremfall. Aber jede Kontrolle geht in diese Richtung.

*Origenes, der manchmal als der erste christliche Theologe bezeichnet wird, kastrierte sich selbst, weil er die Worte Jesu: »Wenn deine Hand dich ärgert, schneide sie ab« falsch verstanden hat.*

Autorität dieser Art ist für mich kriminell. Einerlei, wer das sagt.

*Und wie der Mönch, den Sie gerade beschrieben, so bereute Origenes es später, weil er einsah, daß das völlig unerheblich war. Hat dieser Mönch Ihnen auch unter Tränen gesagt, daß er in keiner Hinsicht besser dran war?*

Im Gegenteil, er sagte mir, er habe eine Sünde begangen, er habe eine böse Tat begangen. Er erkannte, was er getan hatte, und daß solch eine Tat zu nichts führt. Ich habe viele Menschen getroffen, zwar nicht mit solch extremen Formen von Kontrolle und Selbstverleugnung, aber mit anderen. Sie haben sich selbst für eine Idee, für ein Symbol oder einen Begriff gemartert. Und wir haben zusammen gesessen und mit ihnen diskutiert, und sie begannen zu erkennen, was sie sich selbst angetan hatten. Eines Tages traf ich einen Mann, der einen hohen Rang in der Bürokratie einnahm, und der eines Morgens aufwachte und sich sagte, ich fälle vor Gericht Urteile über andere und scheine ihnen damit zu sagen: »Ich kenne die Wahrheit, Ihr nicht, also werdet Ihr bestraft.« Eines Morgens wachte er also auf und sagte zu sich selbst: »Das ist alles falsch. Ich muß herausfinden, was Wahrheit ist.« Er legte sein Amt nieder, ging fort und suchte fünfundzwanzig Jahre lang herauszufinden, was Wahrheit ist. Diese Leute sind schrecklich ernst. Sie gehören nicht zu denen, die leichthin ein Mantra und ähnlichen Unsinn wiederholen. Jemand brachte ihn also zu meinen Vorträgen mit. Am nächsten Tag kam er, um mit mir zu sprechen. Er sagte: »Sie haben vollkommen recht, ich habe fünfundzwanzig Jahre lang über die Wahrheit meditiert, und das ist die Selbsthypnose gewesen, auf die Sie hingewiesen haben. Ich bin in meinen eigenen verbalen, intellektuellen Begriffen gefangen gewesen. Und ich war nicht in der Lage, da herauszukommen.« Und zuzugeben, daß er sich geirrt hatte, erforderte Mut, erforderte Wahrnehmung – nein, nicht Mut, sondern Wahrnehmung. Wenn man all dies sieht, die haltlose Freizügigkeit als Reaktion auf die viktorianische Lebensweise, die Welt mit all ihren Absurditäten, Trivialitäten und Banalitäten, dann ist die Antwort darauf zu entsagen, sich zu sagen: »Ich halte mich fern davon.« Aber das Verlangen brennt noch genauso, alle Drüsen arbeiten. Man kann seine Drüsen nicht herausschneiden. Darum fordern sie Kontrolle, sagen, laß dich nicht von einer Frau in Versuchung führen, beachte den Himmel nicht, weil der Himmel von solch wunderbarer Schönheit ist, und die Schönheit dann die Schönheit einer Frau werden könnte, die Schönheit eines Hauses, die Schönheit eines Sessels, in dem du bequem sitzen kannst. Schau also nicht hin, kontrolliere es. Es gibt die haltlose Freizügigkeit, die Gegenreaktion auf Beschränkung und Kontrolle, und ebenso gibt es das Verfolgen einer Idee als Gott, deretwegen man das Verlangen kontrolliert.

Ein anderer Mann, den ich traf, hatte sein Zuhause mit zwanzig Jahren verlassen. Er war wirklich ein ziemlich außergewöhnlicher Bursche. Er war fünfundsiebzig, als er zu mir kam, er hatte sein Zuhause mit zwanzig verlassen, gab alles auf und wanderte von Lehrer zu Lehrer. Er ging zu . . . – ich werde keine Namen nennen, das wäre nicht richtig –, und dann kam er zu mir, sprach mit mir. Er sagte: »Ich ging zu all diesen Leuten und fragte sie, ob sie mir helfen könnten, Gott zu finden. Ich habe die Zeit zwischen meinem zwanzigsten und meinem fünfundsiebzigsten Lebensjahr damit verbracht, durch ganz Indien zu wandern. Ich bin ein sehr ernsthafter Mann und nicht einer von ihnen hat mir die Wahrheit gesagt. Ich war bei den berühmtesten, bei den sozial aktivsten Leuten, die endlos über Gott reden. Nach all diesen Jahren kehre ich nach Haus zurück und habe nichts gefunden. Und nun kommen Sie, und Sie sprechen niemals über Gott, Sie sprechen niemals über den Weg zu Gott. Sie sprechen über Wahrnehmung, über »sehen, was ist« und das, was darüber hinausgeht. Nicht das »was ist«, ist das Wirkliche, sondern das »Darüberhinausgehende.« Er war fünfundsiebzig.

*Fünfundfünfzig Jahre auf der Landstraße.*

In Europa macht man das nicht. Er war im wahrsten Sinne des Wortes auf der Landstraße, bettelte sich von einem Dorf zum anderen durch. Als er es mir erzählte, war ich so gerührt – fast zu Tränen gerührt ein ganzes Leben damit zu verbringen, wie in der Geschäftswelt, fünfzig Jahre lang Tag für Tag ins Büro zu gehen, um am Ende zu sterben. Es ist dasselbe, nämlich Erfüllung von Verlangen: Geld, Geld, Geld, immer mehr Dinge, Dinge, Dinge. Und der andere Weg, nichts als ein Ersatz dafür. Wenn man das bedenkt, ist es schrecklich, was Menschen sich selbst und anderen angetan haben. Und wenn man das alles sieht, stellt man sich die Frage, wie man mit Verlangen leben kann? Man kann es nicht ändern: Verlangen ist da. In dem Moment, ich dem ich das sehe: eine schöne Blume, die Bewunderung, die Liebe zu ihr, ihren Duft, die Schönheit der Blütenblätter, die Besonderheit der Blume und meine Freude daran, in dem Moment frage ich mich: Ist es möglich, ohne jegliche wie auch immer geartete Kontrolle zu leben?

*Schon die Frage im Zusammenhang mit all dieser Unordnung, über die Sie sprechen, ist erschreckend. Ich sehe das jetzt von der Seite aus, auf der sich jemand befindet, der aus Frustration zu Ihnen kommt, wie der Mann nach fünfundfünfzig Jahren auf der Landstraße. Sobald Sie diese Frage stellen und die Antwort negiert den ganzen Einsatz von fünfundfünfzig Jahren auf der Straße, scheint mir, daß die meisten Menschen auf der Stelle zu Eis erstarren würden.*

Es ist auch eine sehr grausame Sache. Er hat fünfundfünfzig Jahre damit verbracht und erkennt plötzlich, was er getan hat. Die Grausamkeit der Täuschung, Selbsttäuschung, Täuschung durch Tradition, durch all die Lehrer, die zu Kontrolle, Kontrolle, Kontrolle aufgerufen haben. Und er kommt und man fragt ihn: Welchen Stellenwert hat Kontrolle? Wir haben also stundenlang geredet, wir haben diskutiert und uns damit auseinandergesetzt. Allmählich sah er es. Also, ohne die Natur und die Struktur von Appetit und Verlangen zu verstehen, was mehr oder weniger dasselbe ist, können wir Vergnügen nicht wirklich tief verstehen, weil Vergnügen und Angst die zwei Prinzipien sind, die in allen Menschen aktiv sind. Und das ist Belohnung und Bestrafung. Sie wissen ja: »Erziehen Sie ein Kind nicht durch Bestrafung, sondern belohnen Sie es.« Psychologen befürworten so etwas, ohne die Angst zu verstehen, durch Untersuchen zu verstehen und die Wahrheit darin zu sehen – zu sehen, ob der Geist fähig ist, darüber hinauszugehen, vollkommen frei zu sein von Angst, wie wir es neulich diskutiert haben, und auch die Natur des Vergnügens zu verstehen, weil Vergnügen etwas Außerordentliches ist. Was ist falsch daran, etwas Schönes zu sehen und sich darüber zu freuen? Sehen Sie, was alles darin eingeschlossen ist.

*Richtig. Der Verstand spielt uns hier einen Streich. Ich sage zu mir, ich kann nichts Falsches dabei finden, darum ist es auch nicht falsch. Ich glaube das nicht notwendigerweise wirklich. Sie sprachen über die Versuche, das Verlangen durch Macht zu verneinen.*

Weil das Verneinen von Verlangen ein Suchen nach Macht ist.

*Würden Sie sagen, daß man nach Macht sucht, um sich ein noch nicht erkanntes Vergnügen zu sichern? Das ist schrecklich.*

Ja, das ist die Wirklichkeit. Nehmen Sie irgendein Magazin, da gibt es die Anzeigen, die halbnackten Damen usw. Vergnügen ist also ein sehr aktives Prinzip im Menschen, wie die Angst. Und wiederum hat die unmoralische Gesellschaft zur Kontrolle aufgefordert. Die eine Seite, die religiöse Seite sagt, kontrolliere, der Kommerz sagt, kontrolliere nicht, sondern genieße, kaufe, verkaufe. Verstehen Sie? Und der menschliche Verstand sagt, das ist alles richtig. Mein eigener Instinkt möchte Vergnügen haben und ich gebe dem nach. Aber Sonnabend, Sonntag oder Montag oder welchen Tag auch immer werde ich

Gott widmen. Und dieses Spiel geht weiter, es ist schon immer weitergegangen. Was ist also Vergnügen? Warum sollte Vergnügen kontrolliert werden? Ich sage nicht, es ist richtig oder falsch, bitte lassen Sie uns das von Anfang an klarstellen, wir verdammen Vergnügen nicht. Wir sagen nicht, daß man ihm die Zügel schießen lassen soll, freien Lauf lassen soll, oder daß es unterdrückt oder gerechtfertigt werden muß. Wir versuchen zu verstehen, warum Vergnügen so außerordentlich wichtig in unserem Leben geworden ist, das Vergnügen an der Erleuchtung, Vergnügen am Sex, am Besitz, an Wissen und an Macht.

*Und vom Himmel, der als das äußerste Vergnügen angesehen wird, sprechen die Theologen gewöhnlich als dem zukünftigen Staat.*

Also Vergnügen, Sich-Erfreuen und Freude. Es gibt diese drei Dinge und Glück. Sehen Sie, Freude ist Glück, Ekstase, Entzükken, das Gefühl eines enormen Sich-Erfreuens. Und in welcher Beziehung steht zwischen Vergnügen zum Sich-Erfreuen, zur Freude und zum Glück?

*Ja, wir haben uns auf einem langen Weg von der Angst bis hierhier bewegt. Ich meine damit aber nicht wegbewegt, indem wir ihr den Rücken zuwenden.*

Nein, wir haben uns intensiv damit befaßt, wir sehen die Bewegung von dort bis hierher, es ist kein Vergnügen durch Distanzierung. Wenn man etwas sehr Schönes sieht, empfindet man Entzücken, wenn man überhaupt empfindsam und achtsam ist, wenn man einen Sinn für Beziehung zur Natur hat, was unglücklicherweise die wenigsten Menschen haben. Sie mögen das stimulieren, aber eine wirkliche Beziehung zur Natur hat man, wenn man etwas unglaublich Schönes sieht, wie einen Berg mit all seinen Schatten und Tälern, das ist wirklich etwas, ein enormes Entzücken. Sehen Sie, was dann geschieht: in diesem Moment gibt es nichts als das: die Schönheit des Berges, des Sees oder des einzelnen Baumes auf einem Hügel. Diese Schönheit hat alles in mir zum Schweigen gebracht. Und in dem Moment gibt es keine Trennung zwischen mir und jenem, es gibt nur das Empfinden großer Reinheit und das Sich-Erfreuen.

*Ich glaube, wir haben jetzt einen Punkt erreicht, von dem aus wir einen Schritt weitergehen werden. Es ist überraschend, wie unausweichlich, aber nicht unerfreulich sich diese Dinge weiterentwickelt haben. In unserem nächsten Gespräch würde ich dies nur allzu gern weiterverfolgen.*

21. Februar 1974

# Vergnügen

*Als jemand, der Ihnen zuhört und versucht, etwas über die Innerlichkeit zu lernen, habe ich während unseres letzten Gespräches sehr beglückt den Weg verfolgt, den wir von der Angst bis zum Vergnügen zurücklegten. Ich hoffe, wir können unser Gespräch von dort aus weiterführen.*

Wir sprachen über Vergnügen, Sich-Erfreuen, Entzücken, Freude und Glück und darüber, in welcher Beziehung Vergnügen zu Sich-Erfreuen, Freude und Glück steht. Ist Vergnügen Freude? Ist Vergnügen Sich-Erfreuen? Oder ist Vergnügen etwas vollkommen anderes?

*Im Englischen glauben wir, zwischen Vergnügen und Freude einen Unterschied zu machen, ohne notwendigerweise zu wissen, was wir meinen. Aber beim Verwenden dieser Wörter benachteiligen wir manchmal das Wort Freude; wir finden es merkwürdig, das Wort Vergnügen statt Freude zu benutzen, wenn wir das Wort Freude für passend halten. Die Beziehung zwischen den englischen Worten »please und pleasure« – auf deutsch bitte und Vergnügen – interessiert mich sehr. Wir sagen zu jemandem, bitte setzen Sie sich. Dies ist eine Einladung, keine Bitte.*

Haben Sie das Vergnügen, sich zu setzen. Ich möchte in Frage stellen, ob Vergnügen irgendeine Beziehung zu Freude hat. Gibt es einen Übergang vom Vergnügen zur Freude? Gibt es da eine Verbindung? Was ist Vergnügen? Ich finde Vergnügen am Essen, am Spazierengehen, am Geldscheffeln. Ich finde Vergnügen an Dutzenden von Dingen, an Sex, am Verletzen von Menschen, an sadistischen Instinkten und an Gewalt. Das alles sind Formen von Vergnügen. Ich finde Vergnügen daran und gehe ihm nach. Man möchte Menschen verletzen, das macht großes Vergnügen. Man möchte Macht haben, egal ob über den Koch, die Ehefrau oder über tausend Leute, es ist dasselbe. Es ist das Vergnügen, das aufrechterhalten, genährt und am Laufen gehalten wird. Und wenn dieses Vergnügen vereitelt wird, dann wird es zu Gewalt, Angst, Eifersucht, Zorn, Zerstörungswut, zu allen möglichen neurotischen Aktivitäten. Was ist also Vergnügen und was hält es am Laufen? Was bedeutet das Streben danach, die ständige Ausrichtung darauf? Ich sehe etwas, das ich mag und möchte es haben: Vergnügen am Besitz.

Ein Kind, ein Erwachsener und ein Priester, sie alle haben dieses Vergnügen an Besitz: ein Spielzeug, ein Haus oder Wissen zu besitzen, die Idee von Gott zu besitzen, das Vergnügen der Diktatoren – absolute Brutalität – zu besitzen. Um es ganz, ganz einfach zu machen: Was ist Vergnügen? Sehen Sie, was passiert: auf dem Hügel ein einzelner Baum, auf einer grünen Wiese Rehe. Sie sehen das und sagen, wie wunderschön – nicht wörtlich, nicht so wie Sie es sagen, wenn Sie sich jemandem mitteilen möchten – weil Sie ganz bei sich sind, und weil Sie sehen, daß dies wirklich von erstaunlicher Schönheit ist. Die ganze Bewegung der Erde, die Blumen, die Rehe, die Wiesen, das Wasser und der einzelne Baum, die Schatten. Sie sehen alles und es nimmt Ihnen den Atem. Und Sie drehen sich um und gehen weg. Dann kommt der Gedanke und sagt, wie außergewöhnlich war das doch, ich muß es wiederhaben. Ich muß dieses selbe Gefühl, das ich für zwei Sekunden oder fünf Minuten hatte, noch einmal haben. Sehen Sie, was stattgefunden hat. Es gab eine sofortige Antwort auf diese Schönheit, ohne Worte, ohne Emotionen, ohne Sentimentalität, ohne Romantik. Dann kommt der Gedanke und sagt, wie außergewöhnlich, wie köstlich war es doch. Und dann gibt es die Erinnerung daran, das Verlangen danach und den Wunsch nach Wiederholung.

Der Gedanke also nährt, stützt und zeigt das Vergnügen. Es

gab kein Vergnügen im Moment der Wahrnehmung des Baumes, des Hügels, der Schatten, der Rehe, des Wassers und der Wiesen. Das alles fand ohne Worte, ohne Romantik statt, es war Wahrnehmung. Es hatte weder mit mir noch mit Ihnen zu tun, es war da. Dann schaltet sich das Denken ein und formt die Erinnerung daran, morgen die Fortsetzung dieser Erinnerung, das Verlangen danach und die Bemühungen darum. Und wenn ich morgen darauf zurückkomme, ist es nicht mehr dasselbe. Ich bin ein bißchen schockiert. Ich sage mir, ich war inspiriert, ich muß Wege finden, um wieder inspiriert zu werden; darum trinke ich etwas, habe Sex oder dieses oder jenes. Sehen Sie, was geschieht. Das Vergnügen wird durch den Gedanken genährt – sexuelles Vergnügen, das Bild, der Gedanke daran, all das und seine Wiederholung, und das Vergnügen daran. Und so macht man weiter, immer weiter. Routine. Welche Beziehung besteht nun zwischen dem Vergnügen und dem Entzücken des Augenblicks, man kann es nicht einmal Entzücken nennen, es ist etwas, das man nicht ausdrücken kann. Gibt es also irgendeine Beziehung zwischen Vergnügen und Sich-Erfreuen? Sich-Erfreuen wird zum Vergnügen, wenn der Gedanke sagt, ich habe mich erfreut, ich muß mehr davon haben.

Also hat Vergnügen keine Beziehung zur Ekstase, zum Entzücken, zum Sich-Erfreuen oder zur Freude und zum Glück. Denn Vergnügen ist die Bewegung des Denkens in eine Richtung, einerlei in welche, aber in eine Richtung. Das andere hat keine Richtung. Sich-Erfreuen heißt einfach, Sie erfreuen sich. Freude ist etwas, das man ebensowenig einladen kann wie Glück. Es geschieht, und Sie wissen nicht einmal, daß Sie in diesem Augenblick glücklich sind. Erst im nächsten Moment sagen Sie sich, wie beglückend, wie wunderbar es war. Kann der Verstand, das Gehirn, die Schönheit dieses Hügels, des Baumes, des Wassers und der Wiesen registrieren und es auf sich beruhen lassen, ohne zu sagen, ich wünsche es mir wieder?

*Ja, das würde uns zurückbringen zu dem, worüber wir früher sprachen, zu dem Wort Verneinung, denn es muß da einen Augenblick geben, in dem wir im Begriff sind aufzuhören, und Sie sagen, in dem Moment »des Aufhörens« muß etwas getan werden.*

Sie werden gleich sehen, daß etwas Außergewöhnliches stattfindet. Ich sehe das Vergnügen, die Freude und das Glück und ich sehe, daß das Vergnügen keine Beziehung zu Freude und Glück hat. Der Gedanke also gibt die Richtung an und nährt das Vergnügen. Richtig? Jetzt fragt der Verstand: Kann es eine Nichteinmischung des Denkens in die Freude geben? Ich freue mich. Warum sollte sich das Denken überhaupt einmischen? Daher erhebt sich die Frage, wie der Verstand, das Gehirn das Denken daran hindern kann, in die Freude einzudringen, sich einzumischen. Darum sagten die alten Griechen und religiösen Menschen: »Kontrolliere das Denken. Laß es sich nicht einschleichen. Kontrolliere es!«

*Sobald es sein häßliches Haupt hebt, schlag es ab. Es ist wie eine Hydra.*

Wie eine Hydra, die weiterwächst. Ist es nun möglich, sich zu erfreuen, sich an dieser lieblichen Szene zu freuen, ohne daß sich das Denken einschleicht? Ist das möglich? Ich werde Ihnen zeigen, daß es möglich ist, absolut möglich, wenn Sie in jenem Moment aufmerksam sind, *absolut* aufmerksam. Seien Sie ganz da. Wenn Sie einen Sonnenuntergang ansehen, tun Sie es ganz. Wenn Sie die schöne Linienführung eines Autos sehen, dann sehen Sie diese an und lassen Sie keinen Gedanken zu. Das heißt, seien Sie in diesem Augenblick höchst aufmerksam, vollkommen aufmerksam, mit Ihrem Geist, mit Ihrem Körper, Ihren Nerven, Ihren Augen, Ihren Ohren, alles muß aufmerksam sein. Dann tritt das Denken überhaupt nicht in Aktion. Das Vergnügen steht also in Beziehung zum Denken und das Denken führt zur Aufteilung in Vergnügen und Nichtvergnügen. Wenn ich also kein Vergnügen habe, muß ich ihm nachjagen, und deswegen das Gefühl von Frustration, Angst, Gewalt – all das kommt hinzu. Es gibt das Ablehnen des Vergnügens, wie es die religiösen Menschen getan haben. Sie sind sehr gewalttätig. »Auf keinen Fall Vergnügen« – haben sie gesagt.

*Die Ironie darin ist überwältigend. Thomas von Aquin wurde bei der Untersuchung des Denkens niemals müde zu sagen, man müsse unterscheiden, um zu verbinden. Sein Motiv unterscheidet sich sehr von dem, wie er gemeinhin gelesen wurde, denn wir haben es geschafft zu unterscheiden, sehen aber niemals das Ganze und kommen nicht zur Vereinigung.*

Das ist der springende Punkt. Solange der Verstand die Natur des Denkens nicht sehr, sehr tiefgehend versteht, bedeutet bloße Kontrolle nichts. Persönlich habe ich niemals etwas kontrolliert. Das mag ziemlich absurd klingen, ist aber eine Tatsache. Niemals. Aber ich habe es beobachtet. Beobachtung hat ihre eigene Disziplin und ihr eigenes Handeln. Disziplin im Sinne von Korrektheit im Sinne von Vortrefflichkeit, nicht von Anpassung, nicht von Unterdrückung, indem Sie sich selbst einem Muster angleichen. Wenn Sie etwas sehen, warum sollten Sie sich kontrollieren? Warum sollten Sie sich kontrollieren, wenn Sie eine Flasche mit Gift auf dem Regal sehen? Sie kontrollieren sich nicht. Sie sagen, das ist Gift. Sie trinken nicht davon, Sie rühren es nicht an, außer wenn ich das Etikett auf der Flasche nicht genau lese, oder sie aus Höflichkeit nehme. Wenn ich aber das Etikett lese und weiß, was in der Flasche ist, rühre ich sie nicht an. Ohne Kontrolle.

*Natürlich nicht. Es versteht sich von selbst. Das erinnert mich an diese wundervolle Geschichte im Evangelium über Petrus, der während eines Sturmes seinen Herrn auf dem Wasser wandeln sieht und von ihm aufgefordert wird, dasselbe zu tun. Er schafft es auch wirklich, ein paar Schritte zu machen, und dann heißt es im Evangelium, er habe sein Vertrauen verloren.*

*Mir scheint, man könnte es so sehen, wie Sie es sagten: in dem Moment, als der Gedanke dazwischentrat, ging er unter. Ich komme aus folgendem Grund darauf zurück. Ich habe aus dem, was Sie sagen, den Eindruck gewonnen, daß es eine Unterstützung von etwas gibt, das nicht bruchstückhaft ist, von einem bleibenden »etwas«, das der Person Rückhalt zu geben scheint.*

Das würde ich nicht so sagen, weil das die Idee zuläßt, Gott sei in Ihnen, das Höhere Selbst, Atman, das Ewige sei in Ihnen. Aber dieses können wir immerhin sagen: den Appetit zu sehen, den Wunsch, die Folgen, die Struktur des Vergnügens und daß es keine Verbindung mit dem Sich-Erfreuen und der Freude hat, all das zu *sehen,* nicht verbal sondern tatsächlich zu erkennen, durch Beobachtung, durch Aufmerksamkeit, durch Sorgfalt, durch äußerste Sorgfalt, das läßt Intelligenz einer außerordentlichen Qualität entstehen. Schließlich ist Intelligenz Empfindsamkeit. Höchste Empfindsamkeit beim Sehen – wenn man das als Intelligenz bezeichnet, dann hat das Höhere Selbst oder wie man das nennt keine Bedeutung. Diese Intelligenz entsteht *bei dem* Beobachten. Und diese Intelligenz wirkt immer, wenn Sie schauen.

Ich habe mein ganzes Leben lang Menschen gesehen, die sich kontrolliert haben, Menschen, die verleugnet, verneint haben, Menschen, die geopfert haben, die wütend unterdrückt haben, sich selbst diszipliniert und gequält haben. Und ich frage, wofür? Für Gott? Für die Wahrheit? Ein Geist, der gequält, verbogen und brutalisiert wurde, kann ein solcher Geist die Wahrheit sehen? Gewiß nicht. Man braucht einen vollkommen gesunden Geist, einen Geist, der ganz ist, der in sich selbst heilig ist. Wenn der Geist nicht heilig ist, kann nicht gesehen werden, was heilig ist. Also sage ich, es tut mir leid, aber ich würde mich mit keinem dieser Dinge befassen; sie haben keine Bedeutung. Ich weiß also nicht, wie es geschah, daß ich mich niemals, auch nur für eine Sekunde kontrolliert habe. Ich weiß nicht, was es bedeutet.

Sie sehen, Disziplin hat eine andere Bedeutung. Wenn Sie Vergnügen verstehen, wenn Sie seine Beziehung zum Sich-Erfreuen und zur Schönheit des Glücks, der Freude verstehen, dann erkennen Sie die dringende Notwendigkeit einer anderen Art von Disziplin, die auf ganz natürliche Weise kommt. Disziplin bedeutet zu lernen. Lernen, nicht sich anpassen, nicht sagen: Ich muß mich disziplinieren, um zu sein oder nicht zu sein wie ein anderer. Lernen bedeutet, ich muß fähig sein zu hören und zu sehen. Und das ist eine Fähigkeit, die nicht kultivierbar ist. Man kann eine Fähigkeit kultivieren, aber das ist nicht dasselbe wie die Handlung des Zuhörens. Die Fähigkeit zu lernen erfordert eine bestimmte Disziplin. Ich muß mich konzentrieren, ich muß mir Zeit dafür nehmen und meinen Bemühungen eine bestimmte Richtung geben. Es kostet also Zeit, eine gewisse Fähigkeit zu entwickeln.

Aber Wahrnehmung hat nichts mit Zeit zu tun. Sie sehen etwas und handeln, wie Sie es bei Gefahr tun. Sie handeln sofort, weil Sie so auf Gefahr konditioniert sind. Die Konditionierung ist keine Intelligenz. Sie sind eben konditioniert. Sie sehen eine Schlange und prallen zurück. Sie rennen weg. Sie sehen ein gefährliches Tier und laufen. Das alles sind konditionierte Reaktionen des Selbstschutzes. Das ist sehr einfach. Aber Wahrnehmung plus Handlung ist nicht konditioniert. Üblicherweise sind Menschen heutzutage konditioniert durch die Kultur und die Zivilisation, in der sie leben. Zum Beispiel akzeptieren sie Nationalismus, die Fahne und was dazu gehört. Aber Nationalismus ist eine der Ursachen des Krieges, wie Patriotismus. Wir sehen jedoch die Gefahr des Nationalismus nicht, denn wir sind auf Nationalismus als Sicherheitsfaktor konditioniert. Disziplin bedeutet Lernen; ich lerne über das Vergnügen, der Verstand lernt über Vergnügen. Lernen schafft seine eigene Ordnung. Und diese Ordnung sagt: Sei nicht dumm, die Kontrolle ist beendet. Aus. Eines Tages kam ein Mönch zu mir. Er hatte viele Anhänger, war sehr bekannt und ist es immer noch. Er erzählte, er habe seine Jünger unterrichtet und er war sehr stolz darauf, tausende von Jüngern zu haben. Mir schien das ziemlich absurd für einen Guru, stolz zu sein.

*Er war sehr erfolgreich.*

Erfolg bedeutet Cadillac oder Rolls Royce, europäische und amerikanische Anhänger, und das ganze Theater geht immer so weiter. Er sagte: »Ich habe es geschafft, weil ich es gelernt habe, meine Sinne, meinen Körper, meine Gedanken und meine Wünsche zu kontrollieren. Ich habe sie in Schach gehalten, wie die Bhagavadgita sagt: Zügel, wenn du reitest, im Griff haben.« Er verbreitete sich noch eine ganze Weile darüber, bis ich sagte: »Sir, was kommt schließlich dabei heraus? Sie haben sich kontrolliert. Was erreichen Sie letzten Endes damit?« Er antwortete: »Was für eine Frage, ich habe es geschafft.« »Was haben Sie geschafft?« »Ich habe die Erleuchtung erreicht.« Hören Sie sich das an, achten Sie auf den Handlungsablauf eines Menschen, der eine bestimmte Richtung verfolgt, die er Wahrheit nennt. Und um das zu erreichen, gibt es die traditionellen Stufen, den traditionieren Pfad, die traditionelle Annäherung. Und das hat er gemacht. Und darum sagt er: »Ich habe es erreicht. Ich besitze es, und ich weiß, was es ist.« Ich sagte: »In Ordnung, Sir.« Er wurde sehr aufgeregt, weil er mich davon überzeugen wollte, daß er ein ganz großer Mann sei. Und weil ich ganz ruhig dasaß und ihm zuhörte, beruhigte er sich wieder. Wir saßen am Meer und ich fragte ihn: »Sehen Sie das Meer, Sir?« »Natürlich«, antwortete er. »Können Sie das Wasser in Ihrer Hand halten? Wenn Sie das Wasser in der Hand halten, ist es nicht mehr das Meer.« Er kam nicht dahinter. Ich sagte: »Nun gut.« Von Norden wehte eine leichte, kühle Brise. »Wir haben eine Brise, können Sie sie festhalten?« »Nein.« »Können Sie die Erde festhalten?« »Nein.« »Was können Sie also festhalten? Worte?« Wissen Sie, daraufhin wurde er so zornig, daß er sagte: »Ich werde Ihnen nicht mehr zuhören, Sie sind ein bösartiger Mensch!« Und fort ging er.

Zu lernen, was Vergnügen und Angst bedeuten, befreit Sie

wirklich von den Qualen der Angst und der Jagd nach Vergnügen. Dann gibt es das Gefühl wahrhafter Freude im Leben. Alles wird dann zu großer Freude. Das Leben ist dann nicht mehr nur monotone Routine, arbeiten gehen, Sex und Geld. Daran erkennen Sie, daß Disziplin im konventionellen Sinne keinen Platz in einem Geist hat, der wirklich lernen will, was Wahrheit ist, nicht über Wahrheit philosophieren oder theoretisieren will – sie sozusagen packen will –, sondern darüber lernen und also lernen, was Vergnügen ist. Aus diesem Lernen entsteht tatsächlich ein besonderer Sinn für Ordnung, für die Ordnung, die entsteht, wenn wir das Vergnügen in uns selbst beobachten. Und es gibt Freude, ein wunderbares Gefühl, jedes Sichfreuen zu beenden, indem man jeden Moment durchlebt. Sie tragen die vergangene Freude nicht weiter, denn dann wird sie zum Vergnügen und ist ohne Sinn. Wiederholung von Vergnügen ist monoton und langweilig. Und man ist in diesem und anderen Ländern gelangweilt, hat das Vergnügen satt. Aber sie wollen Vergnügen auf anderen Gebieten. Und darum sprießen in diesem Land die Gurus wie Pilze aus dem Boden, weil alle wollen, daß der Zirkus immer weitergeht. Disziplin ist also Ordnung und Disziplin bedeutet zu lernen, was Vergnügen, Sich-Erfreuen, Freude und die Schönheit der Freude ist. Wenn man lernt ist es immer neu. Übung ist Routine, ist Tod.

Alle sagen, Freiheit steht erst am Ende, nicht am Anfang. Im Gegenteil, der Anfang, der erste Schritt ist es, der zählt, nicht der letzte Schritt. Das Verstehen der ganzen Frage von Angst, Vergnügen und Freude kann nur kommen, wenn man in Freiheit beobachtet. Und in der Beobachtung liegt das Lernen und Handeln. Beide bedeuten dasselbe und geschehen gleichzeitig, nicht zuerst das Lernen und dann das Handeln. Das Tun und das Sehen, alles findet zur gleichen Zeit statt. Es ist ein Ganzes.

Es ist wirklich eine Frage der Aufmerksamkeit, ob Sie nun essen oder ob Sie Vergnügen beobachten. Mit der Aufmerksamkeit müssen wir uns sehr, sehr eingehend befassen. Was es bedeutet aufzumerken, ob wir überhaupt auf etwas achten oder ob es nur ein oberflächliches Zuhören, Hören und Sehen ist, das wir Aufmerksamkeit nennen. Oder ist Handeln das Ergebnis von Wissen? Ich empfinde es so, daß Aufmerksamkeit nichts mit Wissen oder Handeln zu tun hat. In der Aufmerksamkeit selbst ist Handlung. Wir müssen uns noch einmal mit der Frage befassen, was Handlung ist.

*Ja, ich sehe eine Beziehung zwischen dem, was Sie gerade über die Handlung gesagt haben und dem, was wir bei einer früheren Unterhaltung Bewegung nannten, Weiterbewegung. Als Sie erzählten, wie Sie den Baum auf dem Hügel betrachteten, erinnerte ich mich an den Aufenthalt in einem Ashram in Indien. Als ich in mein Quartier kam, saß auf der Fensterbank eine Äffin mit ihrem Baby und sah mir ins Gesicht. Auch ich blickte ihr voll in Gesicht, jedoch glaube ich, daß sie intensiver schaute. Ich hatte das sonderbare Gefühl, tatsächlich ein Mensch zu sein, der von diesem Affen durchschaut wurde. Es war ein großer Schock für mich.*

Ich befand mich in Benares, dort, wohin ich immer gehe und machte meine Yoga-Übungen, als eine große schwarze Äffin mit einem schwarzen Gesicht und einem langen Schwanz näherkam und sich auf die Veranda setzte. Ich hatte meine Augen geschlossen und als ich sie wieder öffnete, war da diese große Äffin. Sie sah mich an und ich sah sie an. Eine große Äffin. Das sind kräftige Tiere. Und sie streckte ihre Hand aus; ich stand also auf und hielt ihre Hand, einfach so, hielt sie. Es war eine rauhe, aber außerordentlich geschmeidige Hand. Wir sahen einander an, und sie wollte zu mir ins Zimmer kommen. Ich sagte: »Schau mal, ich mache gerade meine Übungen, ich habe nur wenig Zeit, komm bitte ein anderes Mal wieder.« In gewisser Weise sprach ich mit ihr. Sie sah mich also an, und ich trat zurück. Sie blieb noch zwei oder drei Minuten und ging dann langsam weg.

Es gab keine Furcht: sie hatte keine Angst, und ich hatte keine. Es muß Kommunikation zwischen uns gewesen sein, ein

Gefühl von Freundschaft, wissen Sie, ohne jede Feindseligkeit, ohne jede Angst. Und ich glaube, Aufmerksamkeit ist nicht etwas, das man üben und kultivieren kann. Man kann nicht in eine Schule gehen und Aufmerksamkeit lernen. In diesem und in anderen Ländern machen sie das, sie sagen: Ich weiß nicht, was Aufmerksamkeit ist, ich werde es von jemandem lernen, der mir sagen wird, wie man sie bekommt. Aber dann ist das keine Aufmerksamkeit. Darum glaube ich, daß im Aufmerksamsein große Fürsorge und Zuneigung enthalten ist, was sorgfältiges Beobachten bedeutet und genaues »Lesen, was ist, was dasteht«, ohne zu interpretieren, ohne zu übersetzen, ohne sich zusätzlich etwas auszudenken, sondern nur lesen, was da steht. Es gibt da unendlich viel zu sehen. Es gibt im Vergnügen enorm viel zu sehen und zu verstehen. Und um das zu tun, muß man achtsam, aufmerksam, vorsichtig und sorgfältig sein. Aber wir sind im Gegenteil nachlässig.

Was ist falsch am Vergnügen? Was wir getan haben, ist, diese ganze Landkarte wirklich zu lesen. Wir fingen bei der Verantwortung an und gingen zu Beziehung, Angst und Vergnügen über. Wir haben eben diese ganz außerordentliche Landkarte unseres Lebens beobachtet.

*Die Schönheit liegt darin, daß wir uns innerhalb des Interesses an der Transformation des Menschen, die nicht von Wissen und Zeit abhängt, bewegt haben, ohne uns Sorgen zu machen, ob wir das Thema verfehlen. Es geschieht auf ganz natürliche Weise. Ich nehme an, für Sie ist das keine Überraschung.*

Und darum ist es auch richtig, in der Gemeinschaft von Weisen zu leben. Leben Sie mit einem Menschen, der wirklich weise ist, nicht mit Leuten, die Sie irreführen, nicht mit Büchern, nicht indem Sie Kurse besuchen, wo Weisheit gelehrt wird. Weisheit ist etwas, das mit dem Sich-selbst-Erkennen kommt.

*Das erinnert mich an eine Hymne in den Veden, die von der*

*Göttin der Rede sagte, sie erscheine niemals, es sei denn unter Freunden. Dies bedeutet, daß ohne Fürsorge und Zuneigung – wie Sie erwähnten, begleiten beide ständig die Aufmerksamkeit – nur Geschwätz zustandekommt.*

Was von der modernen Welt noch gefördert wird. Das bedeutet wieder das oberflächliche Vergnügen, kein Sich-Erfreuen. Oberflächliche Vergnügungen sind zum Fluch geworden. Dahinter zu schauen, macht den Menschen die größten Schwierigkeiten.

*Weil es immer schnellebiger zugeht.*

Genau das ist es, was die Erde zerstört, die Luft, alles. Jedes Jahr fahre ich an einen Ort in Indien, wo es eine Schule gibt, die mir am Herzen liegt. Die Hügel dort sind die ältesten Hügel der Welt. Nichts wurde dort verändert, es gibt dort keine Bulldozer, keine Häuser, es ist ein alter Ort in diesen alten Hügeln. Und man fühlt das Gewaltige der Zeit, es herrscht absolute Unbewegtheit – die so weit weg von der Zivilisation mit all ihrem Zirkus ist. Und wenn Sie dort hingehen, spüren Sie diese äußerste Ruhe, die von der Zeit nicht berührt wurde. Und wenn Sie diesen Platz verlassen und zur Zivilisation zurückkehren, fühlen Sie sich ziemlich verloren, ein Gefühl von »Was soll das alles?« Warum gibt es soviel Lärm um nichts? Darum ist es so merkwürdig und so einladend, ein großes Entzücken, alles so zu sehen, wie es ist, mich selbst eingeschlossen. Zu sehen, was ich bin, nicht durch die Augen eines Professors, eines Psychologen, eines Gurus, eines Buches, nur zu sehen, was ich bin, und zu lesen, was ich bin. Denn die ganze Geschichte ist in mir, verstehen Sie?

*Natürlich. Es liegt eine unglaubliche Schönheit darin.*

21. Februar 1974

# Kummer, Leidenschaft und Schönheit

*Wir haben über die Angst und ihre Beziehung zur Transformation des einzelnen gesprochen, die nicht von Wissen oder Zeit abhängt. Von dort kamen wir auf Vergnügen und als wir unser Gespräch beendeten, kam die Frage der Schönheit auf.*

Man fragt sich oft, warum Museen so angefüllt mit Bildern und Statuen sind. Hat der Mensch die Verbindung mit der Natur verloren und muß darum ins Museum gehen, um anderer Leute berühmte Bilder anzuschauen, von denen einige wirklich außerordentlich schön sind? Warum existieren Museen überhaupt? Das ist nur eine Frage. Ich sage nicht, sie sollen oder sollten nicht existieren. Ich bin überall in der Welt in so vielen Museen von Experten herumgeführt worden, und mir schien, ich würde Dinge betrachten, die überaus künstlich sind, so als hätten Leute dargestellt, was sie für Schönheit hielten. Und ich fragte mich: was ist Schönheit? Denn wenn Sie ein Gedicht von Keats lesen, ein Gedicht lesen, das ein Mann wirklich mit seinem Herzen und aus sehr tiefem Empfinden heraus schreibt, dann will er Ihnen etwas von dem übermitteln, was er empfindet, was er als die erlesenste Essenz von Schönheit ansieht.

Und ich habe mir, wie vermutlich auch Sie, viele Kathedralen überall in Europa angeschaut, und auch dort hat der Mensch seine Empfindung, Hingabe, Ehrfurcht in Mauerwerk, in wunderbaren Gebäuden ausgedrückt. Wenn ich all dies anschaue, bin ich immer wieder überrascht, wenn Leute über Schönheit sprechen oder schreiben, gleichgültig, ob die Schönheit von Menschen geschaffen ist, ob sie in der Natur zu sehen ist oder ob sie nichts mit Stein, Farbe und Wörtern zu tun hat, sondern etwas ist, das es tief innen gibt. Im Dialog mit sogenannten Experten scheint es mir häufig, als sei moderne Malerei, moderne Musik, Pop-Musik immer etwas, das von »weit draußen« herrührt, und schrecklich künstlich wirkt. Vielleicht irre ich mich. Was aber ist Schönheit? Muß sie überhaupt ausgedrückt werden? Das ist die eine Frage. Bedarf sie des Wortes, des Steines, der Farbe? Oder ist sie etwas, das überhaupt nicht in Worten, in einem Bauwerk oder in einer Statue ausgedrückt werden kann? Lassen sie uns also zunächst diese Frage nach der Schönheit vertiefen. Um sie wirklich tief zu erforschen, muß man wissen oder verstehen, was Leiden ist, weil es ohne Leidenschaft keine Schönheit geben kann, Leidenschaft nicht im Sinne von sinnlicher Begierde, sondern der Leidenschaft, die durch großes Leid entsteht. Wenn wir nicht davor fliehen, sondern im Leid bleiben, entsteht diese Leidenschaft. Leidenschaft bedeutet das totale Aufgeben des Ich, des Selbst, des Ego. Und dadurch entsteht große Schlichtheit, nicht die Schlichtheit, wie sie von religiösen Leuten gemäß dem Ursprung des Wortes (Asche, Herbheit und Strenge) interpretiert worden ist, sondern die Schlichtheit großer Schönheit. Ein wahrer Sinn für Würde und Schönheit ist im Grunde genommen schlicht. Und schlicht zu sein, nicht verbal oder idealisiert, sondern wirklich schlicht zu sein, bedeutet die totale Aufgabe, das Loslassen des Ich. Und das kann nicht stattfinden, wenn man nicht zutiefst verstanden hat, was Leiden ist. Denn das Wort Leidenschaft leitet sich von dem Wort Leid ab, seine Wurzel ist Leid. Die Menschen sind immer vor dem Leid davongelaufen. Ich glaube, es hat eine sehr tiefe Beziehung zur Schönheit, aber das heißt nicht, daß man leiden soll.

Wir müssen jetzt ein wenig langsamer vorgehen, ich bin zu schnell. Zunächst einmal setzen wir voraus, daß wir wissen, was Schönheit ist. Wir sehen einen Picasso, Rembrandt oder Michelangelo und denken: Wie wunderbar. Wir *denken,* daß wir es wissen. Wir haben es in Büchern gelesen, Experten haben darüber geschrieben usw. Wir lesen es und sagen ja. Wir eignen es uns durch andere an. Wenn man aber wirklich erforschen will, was Schönheit ist, bedarf es großer Demut. Man muß damit beginnen, indem man sagt: Ich weiß nicht, was Schönheit *wirklich* ist. Ich kann mir vorstellen, was Schönheit ist, ich habe gelernt, was Schönheit ist. Man hat es mich an Schulen und Hochschulen gelehrt, ich habe Bücher gelesen und geführte Exkursionen mitgemacht, tausende Museen besucht; aber um wirklich die Tiefe von Schönheit zu entdecken, die Tiefe von Farbe, die Tiefe von Empfindung, muß der Verstand in großer Demut beginnen. *Ich weiß nicht.* Genau wie man wirklich nicht weiß, was Meditation ist. Man *glaubt* es zu wissen. Wir werden über Meditation zu gegebener Zeit diskutieren. Um die Schönheit zu untersuchen, bedarf es großer Demut, verbunden mit Nichtwissen. Genau dieses Nichtwissen hat Schönheit.

*Ich habe genau zugehört und versuche, mich der von Ihnen definierten Beziehung zwischen Schönheit und Leiden zu öffnen.*

Sehen Sie, der Mensch leidet, nicht nur persönlich, sondern es gibt dieses ungeheure Leiden der Menschheit. Es ist etwas, das das Universum durchdringt. Der Mensch hat über Jahrhunderte körperlich, psychisch und spirituell auf jede Weise gelitten. Die Mutter weint, weil der Sohn getötet wurde, die Frau weint, weil ihr Mann durch Krieg oder Unfall verstümmelt wurde – es gibt ungeheures Leid in der Welt, und es ist etwas wirklich Ungeheures, sich dieses Leidens bewußt zu sein. Ich glaube nicht, daß die Leute sich dieses riesengroßen Leids, das in der Welt existiert, bewußt sind, geschweige denn es empfinden. Sie sind derart mit ihren eigenen persönlichen Sorgen beschäftigt, daß sie das Leid eines armen Menschen in einem kleinen Dorf in Indien oder China, der vielleicht niemals eine volle Mahlzeit, saubere Kleidung und ein bequemes Bett hat, übersehen. Es gibt das Leid Tausender von Menschen, die im Krieg getötet werden. Es werden unter der Tyrannei und dem Terror totalitärer Regime aus ideologischen Gründen Millionen von Menschen erschossen. Es gibt also all dieses Leid in der

Welt. Und es gibt auch das persönliche Leid. Ohne es wirklich sehr, sehr tief zu verstehen und aufzulösen, kann aus dem Leid keine Leidenschaft entstehen. Und wie kann man Schönheit ohne Leidenschaft sehen? Man kann intellektuell an einem Gemälde oder einem Gedicht oder einer Statue Gefallen finden, aber Sie brauchen diese große Empfindung eines inneren Ausbruchs von Leidenschaft, einer Explosion von Leidenschaft. Das schafft in sich selbst die Sensibilität, die Schönheit sehen kann. Darum halte ich es für so wichtig, Leid zu verstehen. Ich glaube, daß es eine Beziehung zwischen Schönheit, Leidenschaft und Leid gibt.

*Mich interessiert die Reihenfolge dieser Wörter. Schönheit, Leidenschaft, Leid. Wenn man dies in Beziehung zur Wandlung setzt, über die wir gesprochen haben, dann verstehe ich es so, daß es einen Weg von Leid über Leidenschaft zu Schönheit gibt.*

Das ist richtig. Wenn ich mich nicht irre, wird das Leid in der christlichen Welt auf eine Person übertragen und durch diese Person entfliehen wir irgendwie dem Leid, wenigstens hoffen wir, dem Leid zu entfliehen. Und in der östlichen Welt wird das Leid durch die Doktrin des Karmas rationalisiert. Wie Sie wissen, bedeutet das Wort Karma »tun«. Und dort glauben sie an Karma. Das bedeutet, daß man für alles, was man im letzten Leben getan hat, in der Gegenwart bezahlen muß oder aber belohnt wird. Es gibt also diese beiden Methoden des Entfliehens. Und es gibt tausend andere Möglichkeiten des Entfliehens – Whisky, Drogen, Sex, Besuch einer Messe usw. Der Mensch hat sich den Dingen nie gestellt. Er hat entweder immer Trost im Glauben, in einer Handlung, in der Identifizierung mit etwas Größerem als er selbst gesucht, aber er hat niemals gesagt: »Ich muß sehen, was dies ist, ich muß es selbst ergründen und es nicht an andere delegieren. Ich muß es erforschen, ich muß mich ihm stellen, ich muß es anschauen, ich muß wissen, was es ist.« Wenn also das Bewußtsein vor dem

Leid nicht flüchtet, weder vor dem persönlichen, noch dem Leid der Menschheit, wenn Sie nicht fliehen, wenn Sie nicht rationalisieren, wenn Sie nicht versuchen, darüber hinaus zu gehen, wenn Sie sich nicht davor fürchten, dann bleiben Sie mit dem Leiden. Weil jede Bewegung weg von dem, »was ist«, Streuung von Energie ist, hindert es Sie am wirklichen Verstehen dessen, »was ist«. »Was ist« ist Leid. Und wir finden Mittel und Wege und Listen, um es zu fliehen. Wenn es aber keine Fluchtmöglichkeit gibt, dann bleiben Sie mit ihm. Ich weiß nicht, ob Sie das jemals getan haben, weil es im Leben eines jeden ein Ereignis, ein Geschehen gibt, das entsetzliches Leid bringt. Es kann ein Ereignis, ein Wort, ein Unfall, ein erschütterndes Gefühl absoluter Verlassenheit sein. Diese Dinge geschehen und mit ihnen entsteht ein Gefühl äußersten Leides. Wenn nun der Geist bei diesem bleiben kann, sich nicht davon entfernt, dann entsteht daraus Leidenschaft. Nicht die herangezüchtete Leidenschaft, nicht der künstliche Versuch, leidenschaftlich zu sein, sondern die Bewegung von Leidenschaft wird aus dem »Sich-nicht-vom-Leid-Zurückziehen« geboren. Sie entsteht durch das uneingeschränkte Verweilen beim Leid.

*Wenn wir von jemandem sprechen, der leidet, dann sagen wir auch, er ist untröstlich. Und sofort denken wir, daß das Gegenmittel hier darin besteht, daß »un« loszuwerden, nicht bei dem »un« zu bleiben. Als Sie sprachen, sah ich, daß es eine wechselseitige Beziehung zwischen Handlung und Leidenschaft gibt, zwischen Aktion und Passion. Passion, Leidenschaft ist in der Lage zu erdulden, ist fähig, verändert zu werden, während Aktion, Handlung einen Wechsel bewirkt. Wenn ich Sie richtig verstanden habe, wäre das die Bewegung vom Leid zur Leidenschaft, und zwar in dem richtigen Moment, wenn ich nämlich in der Lage bin zu erdulden »was ist«.*

Wenn es also kein Entfliehen gibt, wenn es keinen Wunsch nach Trost fern von dem, »was ist« gibt, dann entsteht aus dieser absolut unvermeidlichen Wirklichkeit diese Flamme der

Leidenschaft. Und ohne sie gibt es keine Schönheit. Sie mögen endlose Bände über Schönheit schreiben oder ein wunderbarer Maler sein, aber ohne diese innere Qualität von Leidenschaft, die die Folge des wirklichen Verstehens von Leid ist, sehe ich nicht, wie Schönheit überhaupt existieren kann. Außerdem kann man beobachten, daß der Mensch die Verbindung mit der Natur verloren hat, vollkommen verloren. Besonders in großen Städten und sogar in kleinen Dörfern und Siedlungen lebt der Mensch nur nach außen, von seinem eigenen Denken verfolgt, und so hat er mehr oder weniger den Kontakt mit der Natur verloren. Die Natur bedeutet ihm nichts. Man findet sie »hübsch«. Vor mehreren Jahren stand ich mit einigen Freunden und meinem Bruder am Grand Canyon. Wir betrachteten diese wundervolle, unglaubliche Erscheinung, die Farben, die Tiefe und die Schatten. Eine Gruppe von Leuten kam heran und eine Dame sagte: »Ist es nicht wunderschön?« Und der Nächste sagte: »Kommt mit und laßt uns Tee trinken.« Damit trotteten sie davon. Das ist es, was in der Welt vor sich geht. Wir haben die Verbindung mit der Natur ganz und gar verloren. Wir kennen ihre Bedeutung nicht. Und ebenso töten wir. Wir töten, um zu essen, wir töten aus Vergnügen, wir töten aus Sport. Ich will das nicht weiter ausführen. Es herrscht also dieser Mangel an inniger Beziehung zur Natur.

Wie Sie sehen, werden wir immer künstlicher, immer oberflächlicher, immer verbaler, bewegen uns linear in einer Richtung, niemals senkrecht dazu, sondern linear immer weiter. Und auf diese Weise werden künstliche Dinge immer wichtiger – Theater, Kino, der ganze Zirkus der modernen Welt. Und nur ganz wenige haben ein Gefühl von Schönheit in sich selbst, Schönheit im Verhalten, Schönheit im Gebrauch der Sprache, der Stimme, der Art zu gehen, haben einen Sinn für Demut. Mit dieser Demut wird alles so sanft, ruhig und voller Schönheit. Wir haben nichts davon. Wir gehen in Museen und studieren die Bilder dort. Wir haben die Feinheit, die Sensibilität des Geistes, des Herzens und des Körpers verloren. Und wie können wir wissen, was Schönheit ist, wenn wir diese Sensibilität verloren haben. Und wenn wir diese Sensibilität nicht haben, gehen wir irgendwo hin, um zu lernen, sensibel zu sein. Wir besuchen einen Kurs oder gehen in einen Ashram oder in irgendeine elende Höhle und dort lernen wir dann sensibel zu sein. Es wird widerwärtig. Wie können Sie als Professor und Lehrer – das ist sehr, sehr wichtig – die Studenten zu dieser Qualität erziehen? Darum fragt man sich, wozu wir eigentlich erziehen und wozu wir erzogen werden. Jeder wird erzogen. Wahrscheinlich gehen neunzig Prozent aller Amerikaner zur Schule, sie können lesen und schreiben, aber wozu?

*Und doch ist es, zumindest nach meiner jahrelangen Erfahrung als Lehrer, eine Tatsache, daß die Studenten trotz einer Schwemme sogenannter Erziehungstechniken sorgloser mit dem geschriebenen und gesprochenen Wort umgehen als noch vor wenigen Jahren.*

Das ist der Grund, warum ich bei Vorträgen an Universitäten und auch sonst immer gefragt habe: »Wozu werden wir eigentlich erzogen? Bloß um Klasse-Angestellte, Klasse-Geschäftsleute und Gott weiß was zu werden?« Wofür? Wenn ich einen Sohn hätte, wäre das, glaube ich, ein ungeheures Problem für mich. Glücklicherweise habe ich keinen Sohn, aber es gäbe die brennende Frage in mir: Was soll ich mit meinen Kindern tun? Sie in all diese Schulen schicken, wo sie nichts anderes lernen, als ein Buch zu lesen oder zu schreiben, auswendig zu lernen und darüber das ganze weite Leben zu vergessen? Sie werden über Sex und Fortpflanzung und all diese Dinge unterrichtet. Aber dann? Für mich ist das eine ungeheuer wichtige Frage, da ich mit sieben Schulen in Indien und einer Schule in England befaßt bin, und wir sind dabei, eine weitere in Kalifornien zu gründen. Es ist eine brennende Frage: Was machen wir bloß mit unseren Kindern? Machen wir sie zu Robotern, zu schlauen, listigen Büroangestellten, oder zu großen Wissenschaftlern, die dieses oder jenes erfinden und sonst gewöhnliche, billige, kleine Menschen mit erbärmlichem Verstand sind?

Kann der Mensch also einen anderen dazu erziehen, in Schönheit, in Güte aufzuwachsen, in großer Zuneigung und Fürsorge zu erblühen? Wenn wir das nicht tun, zerstören wir die Erde, verschmutzen wir die Luft, so wie es jetzt schon geschieht. Wir Menschen zerstören alles, was wir berühren. Dies wird also eine Angelegenheit von größter Wichtigkeit. Wir sprechen über Schönheit, Vergnügen, Angst, Beziehung, Ordnung usw., aber nichts davon wird an irgendeiner Schule gelehrt. Das ist tragisch. Das ist der Grund, warum die westliche Zivilisation – die ich keineswegs verdamme – hauptsächlich mit Handel und Konsum befaßt ist. Es ist eine unmoralische Gesellschaft. Und wenn wir über die Transformation des Menschen sprechen – nicht auf dem Gebiet des Wissens oder der Zeit, sondern darüber hinausgehend –, wer ist schon daran interessiert? Wen kümmert das wirklich? Der Vater geht zur Arbeit, um den Lebensunterhalt zu verdienen, die Mutter ebenfalls, und das Kind ist nur ein Zwischenfall. Hier wird alles zugunsten eines oberflächlichen Gewinnes, wegen des Geldes vernachlässigt. Geld bedeutet Macht, Position, Autorität. Alles ist Geld.

Wenn wir über Schönheit, Leidenschaft und Leid sprechen, sollten wir genauso die Frage nach dem Handeln ergründen, weil das Handeln zu all dem in Beziehung steht. Was bedeutet Handlung? Denn Leben ist Handeln. Zu leben bedeutet handeln. Sprechen ist Handlung. Alles ist Handlung. Hier zu sitzen ist Handlung, zu sprechen, zu diskutieren, sich in Fragen zu vertiefen, ist eine Serie von Handlungen, ist Bewegung. Was ist also Handlung? Handlung bedeutet ganz offensichtlich *jetzt* zu handeln, nicht: gehandelt haben oder handeln wollen. Es ist die aktive Gegenwart des Wortes: zu handeln bedeutet Handlung zu jeder Zeit. Es ist die Bewegung innerhalb und außerhalb von Zeit. Das werden wir später untersuchen. Was ist also Handlung, die kein Leid schafft? Man muß diese Frage stellen, weil jede Handlung, wie wir wissen, entweder Bedauern, Widerspruch, ein Gefühl von bedeutungsloser Bewegung, Verdrängung, Anpassung usw. ist. Für die meisten Menschen bedeutet Handlung also Routine, Wiederholung, die Erinnerung an vergangene Dinge und das Handeln gemäß dieser Erinnerung. Ohne zutiefst zu verstehen, was Handlung ist, wird man niemals Leid verstehen. Also Handlung, Leid, Leidenschaft und Schönheit. Sie gehören alle zusammen, sie sind nicht zu trennen, es gibt nichts Einzelnes, an dessen Ende Schönheit oder an dessen Anfang Handlung steht. Es ist alles eins. Aber wenn wir es nun betrachten: was ist Handlung? Wie wir es bis jetzt verstehen, bedeutet Handlung: handeln nach Vorschrift, nach einem Begriff oder nach einer Ideologie: der kommunistischen, der kapitalistischen, der sozialistischen, der christlichen oder der hinduistischen Ideologie. Handlung ist dann die Annäherung an eine Idee. Ich handle gemäß meinem Konzept. Dieses Konzept ist entweder traditionell, oder von mir oder einem Experten erdacht. Lenin und Marx haben es formuliert, und die Menschen passen sich dem an. Handlung geschieht gemäß einem Muster. Man kümmert sich um nichts, außer um Ideen und um das Ausführen der Ideen. Schauen Sie sich an, was in China und Rußland vor sich geht. Und dasselbe geschieht hier genauso, nur in unterschiedlicher Form. Handlung, wie wir sie jetzt kennen, bedeutet also Anpassung an ein Muster, das entweder in der Zukunft oder in der Vergangenheit liegt, an eine Idee, die ich ausführe, an einen Beschluß oder an eine Entscheidung, die ich durch Handeln erfülle. Die Vergangenheit handelt, und somit ist es keine Handlung. Ich weiß nicht, ob ich mich klar ausdrücke. Sehen Sie also, was vor sich geht? Ordnung gibt es in Form eines Musters. Und darum ist es Unordnung, gegen die ein intelligenter Mensch kämpft – kämpft im Sinne von Aufbegehren. Darum ist es so wichtig zu verstehen, was Schönheit ist und wir müssen verstehen, was Handlung ist. Kann es Handlung ohne die Idee geben? Das Wort Idee bedeutet »sehen«, das wissen wir aus dem Griechischen. Die Idee bedeutet sehen, bedeutet sehen und handeln. Nicht sehen und daraus eine Schlußfolgerung ziehen, um dann gemäß dieser zu handeln, bedeutet nicht wahrnehmen und aus dieser Art von Wahrnehmung dann einen Glauben, eine Idee, ein Muster machen und dementsprechend handeln.

Wenn wir das tun, haben wir uns von der Wahrnehmung entfernt. Wir handeln nur nach einem Muster und darum mechanisch. Sehen Sie, wie mechanisch unser Geist geworden ist.

*Zwangsläufig ist das so.*

Daher muß man sich diese wesentliche Frage stellen: Was ist Handlung? Ist sie Wiederholung? Ist sie Nachahmung? Ist sie eine Angleichung zwischen dem, »was ist« und dem, »was sein sollte« oder auch dem, »was gewesen ist«? Oder ist sie eine Anpassung an ein Muster, einen Glauben oder ein Konzept? Wenn es so ist, ist der Konflikt unausweichlich. Weil zwischen Idee und Handlung ein Intervall liegt, eine Verzögerung, geschieht in diesem Intervall vieles. In dieser Teilung finden andere Ereignisse statt und darum muß es unausweichlich Konflikte geben. Darum ist die Handlung niemals vollständig und endet niemals. Handeln bedeutet beenden. Neulich haben Sie das Wort Vedanta gebraucht. Man hat mir gesagt, daß es das Ende von Wissen bedeutet. Nicht die Fortsetzung von Wissen, sondern sein Ende. Gibt es also eine Handlung, die nicht an die Vergangenheit als Zeit oder an die Zukunft oder an ein Muster oder einen Glauben oder an eine Idee gebunden ist, sondern nur Handlung ist? Handlung, in der das Sehen das Tun ist?

Sehen ist Handlung und wird zu einer außergewöhnlichen Bewegung in Freiheit. Alles andere ist keine Freiheit. Und darum sagen die Kommunisten, daß es so etwas wie Freiheit nicht gibt. Das sei eine bürgerliche Idee. Natürlich ist es eine bürgerliche Idee, denn sie leben nach Ideen und Begriffen, nicht in der Handlung. Sie leben ihren Ideen gemäß und führen diese Ideen dann in Handlungen aus, was kein Handeln, kein Tun ist. Genau das geschieht überall auf der Welt, im Westen wie im Osten. Wir handeln nach einem Muster, einer Idee, einem Glauben, einem Begriff, einer Schlußfolgerung und einer Entscheidung; niemals erfolgt ein Sehen und Tun. Man beginnt zu begreifen, welche Freiheit in der Handlung liegt. Und das Sehen und Tun wird durch den Beobachter verhindert, der die Vergangenheit, das Muster, der Begriff, der Glaube ist. Der Beobachter tritt zwischen die Wahrnehmung und das Handeln. Dieser Beobachter ist der Faktor der Teilung, die Idee und die Schlußfolgerung in Aktion. Können wir also nur dann handeln, wenn es Wahrnehmung gibt? Wir tun das, wenn wir am Rande eines Abgrundes stehen; das Sehen von Gefahr bedeutet sofortige Handlung.

*Wenn ich mich recht erinnere, kommt das englische Wort für »wachsam« – »alert« aus dem Italienischen und bedeutet, am Rande eines Kliffs zu stehen.*

Wir sind – und das ist sehr interessant – geprägt, auf die Gefahr eines Kliffs, einer Schlange oder eines gefährlichen Tieres zu reagieren. Wir sind auch darauf konditioniert, gemäß einer Idee handeln zu müssen, sonst gibt es keine Handlung. Wir sind also auf Gefahren konditioniert. Und konditioniert auf die Tatsache, daß man ohne ein Muster, einen Begriff, einen Glauben nicht handeln kann. Dies sind also die zwei Faktoren unserer Prägung. Und nun kommt jemand daher und sagt: »Schau, das ist kein Handeln, das ist nur eine Wiederholung dessen, was immer gewesen ist, modifiziert, aber es ist keine Handlung. Handlung ist wenn man sieht und tut.« Ich definiere nicht. Mein ganzes Leben lang habe ich so gehandelt: ich sehe etwas und handle. Zum Beispiel, wie Sie vielleicht wissen – aber ich möchte nicht persönlich werden – gab es eine sehr große spirituelle Organisation mit Tausenden von Anhängern mit viel Landbesitz, Schlössern und Geld, die um mich herum gebildet wurde, als ich ein Junge war. Und 1928 sagte ich: Das ist alles falsch. Ich löste die Organisation auf und gab den Besitz zurück. Ich sah, wie falsch das alles war. Sehen, nicht schlußfolgern und vergleichen. Sehen Sie sich an, was die Religionen gemacht haben. Ich sah und handelte. Und darum hat es niemals ein Bedauern gegeben. Man soll niemals sagen, oh, ich habe einen Fehler gemacht, weil ich nun niemanden haben werde, an den ich mich anlehnen kann.

*Ja, ich verstehe. Könnten wir in unserem nächsten Gespräch die Schönheit mit Sehen und Zuhören in Beziehung bringen?*

22. Februar 1974

# Die Kunst des Zuhörens

Als wir unser letztes Gespräch über Schönheit beendeten, kamen wir zu der Frage des Sehens und auf seine Beziehung zur Transformation des Menschen.

Was ist Sehen, was ist Zuhören und was ist Lernen? Ich glaube, die drei Begriffe stehen zueinander in Beziehung: Lernen, Hören und Sehen. Was ist Sehen, Wahrnehmen? Sehen wir wirklich oder sehen wir durch einen dunklen Schleier? Einen Schleier von Vorurteilen oder eigenen Überempfindlichkeiten, von Erfahrungen, Wünschen, Vergnügungen, Ängsten und offensichtlich von Bildern, die wir uns von dem machen, was wir sehen, und die wir von uns selbst haben. Wir haben also einen Schleier hinter dem anderen zwischen uns und dem Objekt unserer Wahrnehmung. Sehen wir also überhaupt jemals das Objekt selbst? Oder ist das Sehen gefärbt und behindert durch unser Wissen, unsere Erfahrung, durch unsere Vorstellungen oder Annahmen, die unseren Verstand konditionieren, durch die Erinnerungen, die der Verstand pflegt, so daß vielleicht überhaupt kein Sehen stattfindet? Findet das Sehen also überhaupt statt? Und ist es dem Verstand überhaupt möglich, keine Bilder, Schlußfolgerungen, Glaubensüberzeugungen, Erinnerungen, Vorurteile, Ängste zu haben und ohne diese Schleier einfach nur zu sehen? Ich glaube, daß dieses sehr wichtig ist, denn wenn gesehen wird, worüber ich hier spreche, dann können Sie nicht mehr anders als handeln, dann gibt es keinen Aufschub mehr.

Denn wenn Handlung auf einem Glauben, einer Schlußfolgerung oder einer Idee basiert, dann ist die Handlung zeit-bindend. Und solche Handlung wird unausweichlich Konflikt und Bedauern mit sich bringen. Es ist also sehr wesentlich herauszufinden, was das ist: sehen, was das ist: wahrnehmen, was das ist: hören. Höre ich jemals zu? Wenn man verheiratet ist, eine Frau oder einen Mann, eine Freundin oder einen Freund hat, hört man ihm oder ihr jemals zu? Oder höre ich durch das Bild, das ich mir von ihnen gemacht habe, durch den Schleier der Gereiztheit, den Schleier des Verdrusses, des Beherrschenwollens? Sie kennen all diese schrecklichen Dinge, die in Beziehungen vorkommen. Höre ich also jemals direkt, was Sie sagen, ohne es zu übersetzen, ohne es umzuwandeln, ohne es zu verzerren? Höre ich jemals einen Vogel rufen oder ein Kind weinen oder einen Mann vor Schmerz schreien? Höre ich jemals irgendwo zu? Hört überhaupt irgendein Mensch zu? Und was geschieht, wenn man zuhört – ohne Einmischung, ohne jegliche Interpretation, Schlußfolgerung, Zustimmung oder Ablehnung zuhört? Was geschieht, wenn ich wirklich zuhöre? Letztes Mal sagten wir, daß wir unmöglich verstehen können, was Schönheit ist, wenn wir Leiden und Leidenschaft nicht verstehen. Sie hören diese Aussage: was macht der Verstand? Er zieht eine Schlußfolgerung, er formt eine Idee, eine verbale Idee. Er hört die Wörter, zieht eine Schlußfolgerung und formt eine Idee. Eine solche Aussage ist eine Idee geworden. Dann frage ich mich, wie werde ich diese Idee in die Tat umsetzen? Und das wird dann zum Problem.

*Ja, natürlich wird es das. Denn die Idee paßt nicht in die Natur, und andere Leute haben andere Ideen und wollen ihre ausgeführt sehen. Also kommt es zu einem Zusammenstoß.*

Ja. Kann nun der Verstand dieser Aussage zuhören, ohne zu abstrahieren, nur zuhören? Ich stimme weder zu, noch lehne ich ab, sondern höre dieser Aussage nur voll und ganz zu. Kann ich also einer Aussage zuhören und das Wahre oder das Falsche darin sehen, nicht indem ich vergleiche, sondern in der Aussage selbst, die Sie machen? Das bedeutet, daß ich dieser Aussage zuhöre: Schönheit kann niemals ohne Leidenschaft existieren und Leidenschaft kommt durch das Verstehen des

Leids. Ich höre dieser Aussage zu. Ich abstrahiere nicht und mache auch keine Idee daraus. Ich höre nur zu. Was geschieht? Sie mögen die Wahrheit sagen oder Sie mögen eine falsche Behauptung aufstellen. Ich weiß es nicht, weil ich nicht vergleichen werde. Ich höre nur zu. Ich gebe meine volle Aufmerksamkeit. Sie werden sehen, was dann geschehen wird. Ich schenke dem, was Sie sagen, meine volle Aufmerksamkeit: dann spielt es überhaupt keine Rolle, was Sie sagen oder nicht sagen. Sehen Sie dies? Wichtig ist ganz allein meine Handlung des Zuhörens. Und diese Handlung des Zuhörens hat ein Wunder hervorgebracht, ein Wunder absoluter Freiheit von all Ihren Aussagen – ob wahr, falsch oder richtig, mein Bewußtsein ist vollkommen aufmerksam. Aufmerksamkeit hat keine Grenzen. In dem Moment, in dem ich eine Grenze habe, beginne ich gegen Sie zu kämpfen, Ihnen zuzustimmen oder Sie abzulehnen. In dem Moment, in dem die Aufmerksamkeit an eine Grenze stößt, entstehen Begriffe. Wenn ich Ihnen jedoch vollkommen zuhöre, ohne die geringste Einmischung eines Gedankens oder einer Vorstellung, Ihnen nur zuhöre, dann hat das Wunder stattgefunden. Was bedeutet, daß meine vollkommene Aufmerksamkeit mich, mein Bewußtsein, von der Aussage befreit hat. Dadurch hat mein Bewußtsein eine außerordentliche Freiheit zu handeln.

Ohne eine Belohnung tun wir gar nichts. Unsere Krämerseele sagt: Ich gebe dir dies und du gibst mir das. Wir sind so sehr vom Handelsgeist besessen, sowohl in spiritueller als auch physischer Hinsicht, daß wir nichts tun ohne Belohnung, ohne Gewinn, ohne Zweck. Alles muß Austausch sein, nicht Geschenk, sondern Austausch: ich geb dir dies und du gibst mir das, Gott muß mich erhören, weil ich mich aus Religiosität quäle. Es ist alles eine Angelegenheit des Handels.

*Es gibt bei den Fundamentalisten einen Spruch, in dem sie sich auf ihr frommes Leben beziehen. Sie sagen: Ich fordere Gottes Versprechen ein.*

Sie sehen, was geschieht, wenn man sich zutiefst darauf einläßt. Wenn Handlung nicht auf einer Idee, einem Rezept, einem Glauben basiert, dann ist Sehen Handeln. Was ist dann das Sehen und Hören, mit dem wir uns befaßt haben? Dann ist das Sehen vollkommene Aufmerksamkeit und das Handeln liegt in der Aufmerksamkeit. Und die Schwierigkeit liegt darin, daß die Menschen fragen werden, wie man diese Aufmerksamkeit aufrechterhalten kann, was bedeutet, daß sie nach einer Belohnung Ausschau halten. »Ich werde es üben, ich werde alles tun, um diese Aufmerksamkeit aufrechtzuerhalten, um etwas zurückzubekommen.« Aufmerksamkeit ist nicht das Resultat von etwas, Aufmerksamkeit hat keine Ursache. Was eine Ursache hat, hat eine Wirkung und die Wirkung wird zur Ursache. Es ist ein Kreislauf. Aber das ist keine Aufmerksamkeit. Für Aufmerksamkeit gibt es keine Belohnung. Im Gegenteil, für Aufmerksamkeit gibt es weder Belohnung noch Bestrafung, denn sie hat keine Grenzen. Dann muß man also fragen: Was ist Lernen? Dieses alles hängt zusammen: Lernen, Sehen, Zuhören, Handeln. Es ist alles ein und dieselbe Bewegung. Es sind keine voneinander getrennten Stücke, es ist nur ein Stück. Ist Lernen ein Prozess des Ansammelns? Ist Lernen nicht mit Ansammeln verbunden? Wir bringen beide Fragen zusammmen. Lassen Sie es uns betrachten. Ich lerne – man lernt eine Sprache – Italienisch, Französisch oder sonst eine. Man sammelt Wörter an, z. B. die unregelmäßigen Verben, und dann kann man sprechen. Es gibt das Erlernen einer Sprache und die Fähigkeit, sie zu sprechen. Radfahren lernen, Auto fahren lernen, eine Maschine zusammensetzen lernen, Elektronik lernen, das alles bedeutet, Wissen durch Tätigkeiten zu erlangen. Und ich frage, gibt es irgendeine andere Form des Lernens? Die erwähnte kennen wir, wir sind vertraut mit dem Erwarb von Wissen. Gibt es nun irgendeine andere Art des Lernens, die nichts anhäuft, die handelt? Ich lerne, um eine Belohnung zu bekommen oder um eine Bestrafung zu vermeiden. Ich erlerne einen bestimmten Job oder ein bestimmtes Handwerk, um meinen Lebensunterhalt zu verdienen. Das ist absolut notwendig. Ich frage nun, ob es irgendeine andere Form des Lernens gibt. Die genannte Routine ist die Kultivierung von Erinnerung, die wiederum das Ergebnis von Erfahrung und Wissen ist, das im Gehirn gespeichert wird, und das wirksam wird, wenn man ein Fahrrad oder Auto fahren muß. Gibt es nun eine andere Art des Lernens oder nur diese? Wenn man sagt: Ich habe aus meinen Erfahrungen gelernt, dann bedeutet das, daß ich gelernt habe und daraus gewisse Erinnerungen gespeichert habe und diese Erinnerungen mich belohnen oder bestrafen. Alle diese Formen des Lernens sind also mechanisch. Und Erziehung trainiert das Gehirn, damit es mechanisch in Routine funktioniert, denn darin liegt große Sicherheit; dann ist es sicher. Und so wird unser Verstand mechanisch. Mein Vater hat es so gemacht, also tue ich es auch. Die ganze Angelegenheit ist mechanisch. Gibt es nun überhaupt ein Gehirn, das nicht mechanisch ist, das nicht dem Nützlichkeitsprinzip dient? Gibt es ein Lernen, das weder Zukunft noch Vergangenheit hat und darum nicht zeit-bindend ist? Ich weiß nicht ob ich mich klar ausdrücke.

Lernen wir irgendetwas aus Erfahrung? Seit die geschriebene Geschichte begann, haben wir 5000 Kriege gehabt. Ich habe das irgendwo gelesen. 5000 Kriege. Töten, töten, töten, verstümmeln. Und haben wir irgendetwas daraus gelernt? Haben wir irgendetwas aus dem Leid gelernt? Der Mensch hat gelitten; haben wir etwas gelernt aus der Erfahrung mit der Qual, mit der Unsicherheit und all dem? Wenn wir also sagen, wir haben gelernt, stelle ich das in Frage. Es scheint etwas Schreckliches zu sein, wenn man sagt, ich habe aus der Erfahrung gelernt. Wir haben nichts gelernt außer auf dem Gebiet des Wissens; darum hat unsere Erziehung, unsere Zivilisation unseren Verstand so mechanisch gemacht, mit sich wiederholenden Reaktionen, sich wiederholendem Verlangen und sich wiederholendem Streben. Alles wird Jahr für Jahr, Tausende von Jahren lang wiederholt: mein Land, dein Land, ich töte dich und du tötest mich. Alles ist mechanisch. Das bedeutet also, daß der Verstand niemals frei sein kann. Das Denken ist niemals frei, das Denken ist immer alt. Es gibt kein neues Denken. Das Wort »etwas erfahren« bedeutet »durch etwas hindurchgehen«. Aber man geht niemals hindurch. Entweder stoppt man mittendrin, oder man beginnt gar nicht erst.

Unsere Zivilisation, unsere Kultur, unsere Erziehung hat ein Bewußtsein hervorgebracht, das immer mechanischer wird und daher zeitgebunden ist, und darum haben wir niemals ein Gefühl von Freiheit. Freiheit wird dann zu einer Idee, mit der man philosophisch herumspielt, die aber keinerlei Bedeutung hat. Wenn aber jemand sagt: »Jetzt will ich es herausfinden, ich will es wirklich untersuchen und entdecken, ob es Freiheit gibt«, dann muß er die Grenzen des Wissens erkennen oder vielmehr, wo es endet und wo etwas total Neues beginnt. Ich weiß nicht, ob ich mich verständlich mache.

Was bedeutet Lernen? Wenn es nicht mechanisch ist, was ist dann Lernen? Gibt es überhaupt Lernen, was soll man lernen? Ich lerne Auto fahren, auf den Mond fliegen, dieses und jenes zu bewerkstelligen. Auf diesem Gebiet gibt es nur Lernen. Gibt es ein Lernen auf irgendeinem anderen psychischen oder spirituellen Gebiet? Kann der Verstand etwas darüber lernen, was sie Gott nennen? Ich erlerne eine Sprache, ich lerne, wie man Rad oder Auto fährt, eine Maschine zusammensetzt, das ist wichtig. Jetzt möchte ich etwas über Gott lernen. Hören Sie sich das an: Gott ist meine Erfindung, Gott hat nicht mich nach seinem Bild gemacht, ich habe ihn nach meinem Bild gemacht. Und nun will ich etwas über ihn lernen. Das Bild, das ich mir von Christus, Buddha oder sonstwem gemacht habe, soll mich etwas lehren – das Bild, das ich selbst gemacht habe. Was lerne ich also? Ich lerne etwas über die Vorstellung, die ich konstruiert habe.

Gibt es außer dem mechanischen Lernen eine andere Art des Lernens? Gibt es also nur das Erlernen der mechanischen Abläufe des Lebens? Sehen Sie, was es bedeutet. Ich kann etwas über mich selbst lernen. Ich kenne mich. Vielleicht kenne ich mich auch nicht, aber ich kann mich kennenlernen, indem ich mich anschaue, ich kann mich kennen. Ich bin also das angesammelte Wissen aus der Vergangenheit. Das »Ich«, das sagt, ich bin gierig, ich bin eifersüchtig, ich bin erfolgreich, ich bin furchtsam, ich habe betrogen, ich habe bedauert, all das ist das »Ich«, einschließlich der Seele, die ich im »Ich« erfunden habe – oder Brahman, Atman, das alles bin immer noch ich. Das »Ich« hat das Bild von Gott geschaffen und nun will ich etwas über Gott lernen. Das hat keinen Sinn. Wenn es also kein anderes Lernen gibt, was geschieht dann? Das Gehirn ist daran gewöhnt, materielles Wissen zu erwerben oder anders ausgedrückt: mechanisches Wissen. Und wenn der Verstand damit beschäftigt ist, gibt es dann noch irgendwelche anderen Lernprozesse, psychisch, innerlich – gibt es das? Das Denken hat das Innere als Gegensatz zum Äußeren erfunden. Ich weiß nicht, ob Sie das erkennen. Wenn ich das Äußere verstanden habe, habe ich auch das Innere verstanden. Denn das Innere hat das Äußere geschaffen. Das Äußere im Sinne der Gesellschaftsform, der religiösen Sanktionen, all das ist erfunden oder vom Denken zusammengesetzt worden – Jesus, Buddha, all das. Und was gibt es da zu lernen? Sehen Sie die Schönheit die darin liegt.

*Ja, es führt zurück zu Ihrer Bemerkung über Vedanta als das Ende des Wissens. Das Interessante an der Sanskrit-Auslegung ist für mich, daß es nicht das Ende im Sinne eines Endpunkts, einer Frist ist, denn das würde nur den Anfang einer neuen Folge bedeuten. Es ist die Vollendung, die das absolute Ende im Sinne eines totalen Neubeginns sein soll.*

Das bedeutet, der Verstand kennt die Aktivität des Bekannten. In welchem Zustand befindet sich nun der Geist, der davon frei ist und trotzdem im herkömmlichen Wissen funktioniert? Gehen Sie ganz darauf ein, und Sie werden sehen, daß sehr merkwürdige Dinge geschehen. Zunächst einmal, ist das möglich? Verstehen Sie? Denn das Gehirn funktioniert mechanisch, es will Sicherheit, sonst kann es nicht funktionieren. Wenn wir keine Sicherheit hätten, würden wir hier nicht zusammensitzen. Weil wir Sicherheit haben, können wir einen Dialog führen. Das Gehirn kann nur in vollkommener Sicherheit funktionieren, wenn auch diese Sicherheit in einem neurotischen Glauben begründet sein mag – jeder Glaube und alle Ideen sind in diesem Sinne neurotisch. Das Gehirn findet Sicherheit in der Anerkennung der Nationalität als der höchsten Form des Guten oder in der Anerkennung des Erfolgs als der höchsten Tugend. Es findet Glauben und Sicherheit darin. Nun fordern Sie den Verstand, der mechanisch arbeitet und Jahrhunderte darauf trainiert war, dazu auf, das andere Gebiet zu entdecken, das nicht mechanisch ist: *Gibt es* ein anderes Gebiet? Verstehen Sie die Frage?

*Ja, ich verstehe. Das ist es, was so vernichtend ist.*

Gibt es, – warten Sie, warten Sie – gibt es ein anderes Gebiet? Wenn Gehirn und Verstand nicht die ganze Bewegung des Wissens verstehen – es ist eine Bewegung, es ist nichts Statisches, es wird hinzugefügt und weggenommen –, wenn all das nicht genau verstanden wird, kann man die andere Frage unmöglich stellen. Und wenn man diese Frage stellt, was geschieht dann? Dies ist richtige Meditation, wissen Sie. Wir sehen, was es alles beinhaltet. Man hört immer mit dem Wissen zu, man sieht mit dem Wissen an. Gibt es nun ein Hören aus der Stille heraus? Das ist Aufmerksamkeit; und das ist nicht zeit-bindend, denn in dieser Stille habe ich keine Wünsche. Es bedeutet auch nicht, daß ich etwas über mich selbst lernen werde, noch bedeutet es, daß ich bestraft oder belohnt werde. In dieser absoluten Stelle höre ich zu. Wenn wir über Meditation sprechen, müssen wir uns zutiefst damit befassen, denn dieses Wort hat seine Bedeutung verloren. Diese erbärmlichen kleinen Leute aus Indien oder sonstwoher haben es zerstört. Man soll viele Dollar zahlen, um Meditation zu erlernen. Es ist ein Frevel. Sie sehen also, was geschieht. Wir haben heute morgen mit Schönheit begonnen, dann folgte Leidenschaft, dann das Leid und dann das Handeln. Handlung, die auf einer

Idee beruht, ist Untätigkeit. Es klingt ungeheuerlich, aber so ist es. Und von dort aus sprachen wir darüber, was Sehen und Hören ist. Das Sehen und das Hören ist mechanisch geworden. Wir sehen niemals etwas Neues. Sogar die Blume, die über Nacht aufgeblüht ist, ist niemals neu. Wir sagen: »Das ist eine Rose, ich habe sie erwartet, sie hat sich jetzt geöffnet, sie ist schön.« Das bewegt sich immer von Wissen zu Wissen, eine Bewegung innerhalb der Zeit und daher zeitgebunden und darum niemals frei. Trotzdem sprechen wir über Freiheit, über Philosophie und hören Vorträge über die Freiheit. Die Kommunisten nennen es bürgerlich, was es in gewisser Weise auch ist denn, wenn Sie die Freiheit auf Wissen beschränken, ist es dumm, über Freiheit zu sprechen. Wenn Sie jedoch die ganze Bewegung des Wissens verstehen, gibt es Freiheit. Können Sie also aus dem Zustand der Stille heraus beobachten und auf dem Gebiet des Wissens beobachten und handeln, beides also in Harmonie tun?

*Dann ist das Sehen nicht festgelegt. Ja, natürlich. Sie würden vermutlich sagen, daß die klassische Definition von Freiheit in Bezug auf das Wissen lautet: Freiheit ist eine Eigenschaft oder Qualität des Handelns. Im Zusammenhang mit dem, was wir gesagt haben, erscheint es mir schauderhaft, daß man eine solche Behauptung lesen könnte und sie sich nicht selbst enthüllen läßt. Wenn sie sich Ihnen enthüllte, dann müßten Sie diese sehr ernst nehmen. Wenn Sie das als Philosophie-Student lesen würden und es begänne in Ihnen zu arbeiten, würden Sie sich sagen, daß Sie dies klären müßten, bevor Sie weitermachen. Möglicherweise werden Sie nie zu einem Abschluß kommen, aber das wäre unwesentlich.*

Das ist nicht wesentlich, ganz richtig. Ich dachte gerade, daß man sowohl im Westen als auch im Osten an jedem Tag seines Lebens in die Fabrik oder ins Geschäft gehen muß. Um 6 oder 8 Uhr aufstehen, fahren, gehen, arbeiten, arbeiten, arbeiten für 50 Jahre. Routine. Und dann herumgestoßen werden, verletzt werden und den Erfolg anbeten. Nur Wiederholung. Und gelegentlich, wenn es angebracht ist, über Gott sprechen und so weiter. Das ist ein monströses Leben. Und dazu erziehen wir unsere Kinder. Und keiner sagt, laßt es uns um Gottes Willen einmal ganz von neuem betrachten. Laßt uns die Vergangenheit aus unseren Augen wischen, anschauen, was wir tun, aufmerksam sein und darauf achten, was wir tun. Es ist also etwas sehr Ernstes, über das wir sprechen, denn das Leben wird entsetzlich ernst. Und es ist nur dieser ernsthafte Mensch, der wirklich lebt, nicht die Leute, die religiöse oder andere Unterhaltung suchen. Ich glaube, wir sind zu sehr in Worten gefangen. Für mich ist das Wort nicht die Sache, die Beschreibung ist nicht das Beschriebene. Für uns zählt allein die Beschreibung, weil wir Sklaven der Wörter sind. Wenn Sie also sagen: »Sehen Sie, die Sache ist wesentlicher als das Wort«, dann antwortet man: »Wie soll ich das Wort loswerden, wie soll ich ohne Wörter kommunizieren?« Sehen Sie, wie Sie sich verdrücken? Sie interessieren sich für das Wort, nicht für die Sache. Die Tür ist nicht die Wort-Tür. Wenn wir also in Worten gefangen sind, wird das Wort Tür außerordentlich wichtig, und nicht die Tür selbst. Das hat die Erziehung erreicht. Ein großer Teil dieser Erziehung ist das Akzeptieren von Worten als eine Abstraktion von der Tatsache, von dem, was ist. Alle Philosophien basieren darauf: Endlose Theorien darüber, wie man leben sollte, und der Philosoph selbst lebt nicht. Das sieht man überall.

*Einige Philosophen sind mir in dieser Beziehung sehr merkwürdig erschienen. Von Zeit zu Zeit habe ich meine Kollegen gefragt, warum sie nicht so handeln, wenn sie das Zeug glauben. Und sie schauen mich an, als ob ich nicht ganz normal sei. Aber wenn Sie diese Frage nicht stellen können, welche Frage ist es dann überhaupt wert, gestellt zu werden?*

*Ich denke an die Geschichte, die Sie über die Äffin erzählt haben; wie Sie sich die Hand gegeben haben, ohne daß man dem Tier vorher gesagt hatte, wie man sich die Hand gibt. Es war nicht etwas, das man ihr durch verbale Kommunikation beigebracht hatte. Es war einfach das Richtige zur rechten Zeit, ohne daß jemand kontrolliert hätte, ob es angemessen war. Wie Sie früher gesagt haben, bezieht sich das direkt auf die Meditation.*

Wir müssen noch Verschiedenes diskutieren: Was ist Liebe, was bedeutet Tod, was ist Meditation, was bedeutet die ganze Bewegung des Lebens? Wir haben noch viel zu tun.

*22. Februar 1974*

# Über das Verletztsein

*Während unserer Gespräche ist mir eines besonders stark aufgefallen. Einerseits haben wir über unsere gestörte Beziehung zum Denken und Wissen gesprochen, aber nicht ein einziges Mal haben Sie gesagt, daß wir uns vom Denken freimachen sollten. Daher kommen wir zur Frage der rechten Beziehung zwischen Intelligenz und Denken, zur Frage, was eine schöpferische Beziehung zwischen Intelligenz und Denken aufrecht erhält – vielleicht frühzeitliche Handlungen, die noch fortdauern. Stimmen Sie darin mit mir überein, daß in der Geschichte der Menschheit der Begriff Gott aus unserer Beziehung zu dieser fortdauernden Handlung entwickelt wurde? Das wirft die Frage nach der Religion selbst auf.*

Wörter wie Religion, Liebe oder Gott haben fast ihre ganze Bedeutung verloren. Man hat diese Worte ungeheuerlich mißbraucht und die Religion ist zu einem gewaltigen Aberglauben geworden, zu einer Kombination aus Propaganda, unfaßlichen Überzeugungen, Aberglaube und Anbetung selbstverfertigter Bilder. Wenn wir also über Religion sprechen, möchte ich bitte klarstellen, daß wir beide das Wort Religion in seinem eigentlichen Sinn verwenden, und weder im christlichen, noch im hinduistischen, noch im buddhistischen, noch im moslemischen Sinne, noch hat das irgendetwas mit all diesen dummen Dingen zu tun, die hier in Amerika und anderswo im Namen der Religion stattfinden.

Für mich bedeutet das Wort Religion jedwede Energie zu sammeln, und zwar auf allen Ebenen, physisch, moralisch und spirituell, so daß daraus große Aufmerksamkeit entsteht. In solcher Aufmerksamkeit gibt es keine Grenze und von dort aus müssen wir uns in Bewegung setzen. Für mich ist dieses die

Bedeutung des Wortes Religion: das Zusammenbringen aller Energie, um das zu verstehen, was das Denken unmöglich erfassen kann. Das Denken ist niemals neu, niemals frei und daher immer geprägt und fragmentarisch. Religion ist also nichts, das durch Denken, Angst oder durch die Jagd nach Befriedigung und Vergnügen zusammengesetzt würde, sondern etwas, das völlig darüber hinausgeht, das nichts zu tun hat mit Romantik, Spekulation, Glauben oder Sentimentalität. Und ich meine, wir sollten uns an die Bedeutung dieses Wortes halten und all den abergläubischen Unsinn ablegen, der im Namen der Religion überall auf der Welt stattfindet, die zu einem wahren Zirkus geworden ist, so schön er auch sein mag. Dann könnten wir von dort aus beginnen, denke ich, wenn Sie der Bedeutung dieses Wortes zustimmen.

*Während Sie sprachen, dachte ich daran, daß es in der biblischen Tradition Aussagen der Propheten gibt, die auf das, was Sie sagen, hinzuweisen scheinen. Diese Dinge kommen mir in den Sinn, wenn Jesaja in der Rolle des Weissagers sagt: »Meine Gedanken sind nicht Eure Gedanken, meine Wege sind nicht Eure Wege, so entfernt wie der Himmel von der Erde sind meine Gedanken von Euren Gedanken, hört also auf, in dieser Weise über mich zu denken. Und versucht nicht, einen Weg zu mir zu finden, den Ihr nur erdacht habt, da meine Wege höher sind als Eure.« Und während Sie über den Akt der Aufmerksamkeit sprachen, über dieses Zusammenbringen aller Energien des ganzen Menschen, da dachte ich an diesen sehr einfachen Satz: »Sei ganz einfach still und wisse, daß ich Gott bin. Sei still.« Wenn man an die Geschichte der Religion denkt, ist es doch höchst erstaunlich, wie wenig Aufmerksamkeit der Stille im Vergleich zu Ritualen geschenkt wurde.*

Also ich glaube, die Priester tauchten auf, als wir die Berührung mit der Natur, mit dem Universum, mit den Wolken, Seen und den Vögeln verloren hatten. Da begannen Aberglaube, Ängste und Ausbeutung. Die Priester wurden die Vermittler zwischen dem Menschen und dem sogenannt Göttlichen. Mir wurde gesagt, daß in der ersten Rig Veda Gott überhaupt nicht erwähnt wird. Es gibt nur die Anbetung von etwas Unermeßlichem, das sich in der Natur, der Erde, den Wolken, den Bäumen und durch die Schönheit des Schauens ausdrückt. Aber dieses Ganz-einfach-Sein, behaupteten die Priester, ist zu einfach, laßt es uns etwas komplizieren. Und so begann es. Ich glaube, es ist von den Alten Veden bis in die heutige Zeit hinein zu verfolgen, wie die Priester die Interpreten, die Vermittler, die Erklärenden, die Ausbeuter wurden, diejenigen, die darüber bestimmten, was richtig und was falsch ist. »Du mußt dies glauben oder du wirst Verdammt.« Der Priester erzeugte Angst, nicht Anbetung von Schönheit, nicht Anbetung des heil und ohne Konflikt gelebten Lebens. Er erzeugte etwas, das sich außerhalb, jenseits und oberhalb befindet, und das er als Gott betrachtete, und wofür er dann Propaganda machte.

Ich glaube also, wir sollten von Anfang an das Wort Religion auf die einfachste Weise benutzen, das heißt als Sammeln aller Energie, so daß sich vollkommene Achtsamkeit ergibt. In dieser Qualität der Achtsamkeit entsteht das Unermeßliche. Wie wir neulich sagten, ist das Meßbare das Mechanische. Der Westen hat es kultiviert, indem er wunderbare Dinge hervorgebracht hat: technische, physikalische, medizinische, biologische, naturwissenschaftliche. Was aber die Welt gleichzeitig auch oberflächlich, mechanisch, weltlich und materialistisch gemacht hat. Und das breitet sich über die ganze Welt aus. Und als Reaktion auf dieses materialistische Verhalten gibt es all diesen Aberglauben, diese inhaltslosen und unsinnigen Religionen. Da ist diese Absurdität der aus Indien kommenden Gurus, die hier im Westen lehren, wie man meditieren und den Atem anhalten soll. Sie sagen: »Ich bin Gott, betet mich an.« Es ist so absurd, so kindisch, so äußerst unreif. All das zeigt uns den Verfall des Wortes Religion und des menschlichen Verstandes, der diese Art von Zirkus und Schwachsinn akzeptieren kann.

*Ich dachte an eine Bemerkung Sri Aurobindos, die er in einer Studie über die Veden gemacht hat, in der er in einem Satz ihren Verfall nachweist. Er sagte, ihr Ursprung lag in der Sprache der Weisen, dann fiel sie den Priestern zu und danach den Gelehrten oder den Akademikern. Aber in dieser Studie fand ich keinerlei Hinweis darüber, auf welche Weise sie den Priestern zufiel.*

Ich glaube, es ist ziemlich einfach, auf welche Weise sich die Priester dieser ganzen Angelegenheit bemächtigt haben. Weil der Mensch so sehr mit seinen eigenen kleinen unbedeutenden Angelegenheiten, seinen unbedeutenden kleinen Wünschen, Ambitionen und Oberflächlichkeiten beschäftigt ist, möchte er etwas, das ein bißchen mehr ist. Er möchte ein bißchen mehr Romantik, ein bißchen mehr Sentimentalität, etwas mehr als die tägliche tierische Routine des Lebens. Also sieht er sich danach um, und die Priester sagen: »Kommt her, wir haben das Richtige für Euch.« Ich glaube, es ist ganz einfach zu verstehen, wie die Priester ins Spiel gekommen sind. Man sieht es in Indien, man sieht es im Westen. Man sieht es überall, wo man beginnt, sich mit dem täglichen Leben auseinanderzusetzen, dem täglichen Geldverdienen für Brot und Butter, für das Haus und all das andere. Der Mensch will mehr als das. Er sagt sich, nach all dem werde ich sterben, aber es muß noch etwas anderes geben. Wenn wir uns also an diese Bedeutung des Wortes Religion halten können, dann taucht die Frage auf: Kann der Geist so vollkommen achtsam werden, daß das Unnennbare entsteht? Wissen Sie, ich persönlich habe niemals die Veden, die Bhagavadgita, die Upanishaden oder die Bibel gelesen, auch keine Philosophie. Aber ich habe alles in Frage gestellt, nicht nur in Frage gestellt, sondern beobachtet. Und man sieht, daß es absolut notwendig ist, einen vollkommen ruhigen Geist zu haben. Denn nur aus der Ruhe heraus nehmen Sie wahr, was geschieht. Wenn ich selbst schwatze, kann ich Ihnen nicht zuhören. Wenn mein Geist ständig daherplappert, werde ich dem, was Sie sagen, keinerlei Aufmerksamkeit schenken. Aufmerksam sein bedeutet, ruhig zu sein.

*Es gab einige Priester, die dadurch in große Schwierigkeiten gerieten, daß sie, wie es scheint, etwas davon begriffen hatten. Ich dachte an Meister Eckharts Worte, daß, wer immer das Buch der Natur zu lesen vermag, überhaupt keine heiligen Schriften braucht.*

*Natürlich geriet er gegen Ende seines Lebens in große Schwierigkeiten. Nach seinem Tod klagte ihn die Kirche an.*

Natürlich. Organisierter Glaube in Form einer Kirche und was dazu gehört ist nicht subtil, er hat nicht die Qualität wirklicher Tiefe und wirklicher Spiritualität. Sie kennen das. Ich frage also, was ist die Qualität eines Geistes – und daher auch des Herzens und des Gehirns – der etwas wahrnehmen kann, das jenseits des Ermessens des Denkens liegt? Worin besteht die Qualität eines solchen Geistes? Denn diese Qualität ist die des religiösen Geistes, die Qualität eines Geistes, der das Gefühl von Heiligsein in sich trägt und darum imstande ist, etwas unermeßlich Heiliges zu schauen.

*Das Wort Hingabe scheint dies zu besagen, wenn es in seiner eigentlichen Bedeutung begriffen wird. Ich meine, außerordentlich still und in sich selbst integriert zu sein, ohne einen Gedanken zu verschwenden an das, was vor oder hinter uns liegt. Einfach da zu sein. Das Wort »da« ist auch nicht gut, weil es andeutet, daß es ein »wo« gibt.*

Richtig. So lassen Sie uns folgende Frage näher untersuchen: Worin besteht die Natur und Struktur des Geistes und daher die Qualität eines Geistes, der nicht nur in sich heilig ist, sondern fähig, etwas Immenses zu schauen. Als wir neulich über persönliches Leid und den Kummer der Welt sprachen, stellten wir fest, daß nicht wir leiden müssen, sondern daß das Leid da ist. Jeder Mensch verbringt eine furchtbare Zeit damit. Und es gibt das Leiden der Welt. Was nicht heißt, daß man hindurchgehen muß, sondern es ist da, und man muß es verstehen und darüber hinausgehen. Und das ist eine der Qualitäten eines religiösen Geistes – im Sinne des Wortes, wie wir es gebrauchen. Er ist unfähig zu leiden. Er ist darüber hinaus gegangen. Was nicht heißt, daß er abgestumpft ist. Im Gegenteil, es ist ein leidenschaftlicher Geist.

*Eines der Dinge, über die ich während unserer Unterhaltungen nachgedacht habe, ist die Sprache selbst. Immer wieder schien mir, daß uns der herkömmliche Sprachgebrauch daran hindert zu sehen, worauf das Wort selbst hinweist. Nehmen wir noch einmal das Wort »Religion«. Gelehrte sind über den Ursprung unterschiedlicher Meinung: einige sagen, es bedeute »binden«, andere sagen, nein, es bedeute das Numinose oder das Strahlende, das sich nicht durch das Denken erschöpft. Es scheint mir, daß es noch einen anderen Sinn für »binden« gibt, keinen negativen, denn wenn man wirklich aufmerksam ist, ist man nicht wie mit Seilen gebunden.*

Wir wollen es noch einmal ganz klar sagen. Wenn wir das Wort Aufmerksamkeit benutzen, gibt es einen Unterschied zwischen Konzentration und Aufmerksamkeit. Konzentration bedeutet Ausschluß. Ich konzentriere mich, heißt, ich bringe alles Denken auf einen bestimmten Gegenstand und damit schließt das Denken anderes aus. Es bildet eine Sperre, so daß es sich ganz auf diesen Brennpunkt konzentrieren kann. Wohingegen Aufmerksamkeit sich völlig von Konzentration unterscheidet. Darin liegt kein Ausschließen, kein Widerstand, kein Anstrengen und daher gibt es keine Grenze, keine Beschränkung. Ich glaube, das Wort »Aufmerksamkeit« ist ein wirklich gutes Wort, denn es versteht sich nicht nur als Konzentration, sieht nicht nur die Dualität des Empfangens, des Empfängers und des Empfangenden, sondern sieht ebenso das Wesen der Dualität und den Konflikt der Gegensätze. Aufmerksamtkeit bedeutet nicht nur, dem Gehirn seine Energie zu geben, sondern ebenso dem Geist, dem Herzen, den Nerven, der ganzen Wesenheit, dem gesamten menschlichen Geist all seine Energie für die Wahrnehmung zur Verfügung zu stellen. Für mich ist dieses die Bedeutung von »aufmerksam sein«, zugegen sein, nicht konzentrieren, sondern zugegen sein.

Wenn ich an etwas anderes denke, kann ich nicht zugegen sein. Wenn ich auf meine eigene Stimme achte, kann ich nicht zugegen sein.

*Es ist interessant, daß im Englischen das Wort für jemanden, der zugegen ist, auch im Sinne von »dienen« benutzt wird. Ich versuche zu ergründen, welche Beziehung der Begriff des Wartens und der Geduld dazu hat.*

Ich meine, daß Warten wieder bedeutet, daß jemand auf etwas wartet. Da gibt es wieder Dualität. Und wenn Sie warten, erwarten Sie etwas. Wieder eine Dualität. Jemand, der darauf wartet, etwas zu erhalten. Wenn wir uns also im Augenblick an das Wort Aufmerksamkeit halten könnten, dann sollten wir untersuchen, worin die Qualität eines Geistes besteht, der so aufmerksam ist, daß er versteht, und der in Verbundenheit und mit verantwortungsvollem Verhalten lebt und handelt, und der keine psychischen Ängste hat, und der daher die Bewegung des Vergnügens versteht. Dann kommen wir zur Frage: Was ist solch ein Geist? Ich glaube, es wäre der Mühe wert, wenn wir über das Wesen des Verletztseins diskutieren könnten.

Warum sind Menschen verletzt? Alle Leute sind verletzt, besonders psychisch. Physisch können wir es tolerieren. Wir können einen Schmerz ertragen und uns sagen, ich werde ihm nicht erlauben, sich in mein Denken einzumischen. Ich lasse ihn die psychische Qualität meines Verstandes nicht angreifen. Der Verstand kann darüber wachen. Aber die psychischen Verletzungen sind viel wichtiger und viel schwerer anzugehen und zu verstehen. Ich glaube, das ist notwendig, denn ein verletzter Geist ist kein unschuldiger Geist. Das englische Wort für unschuldig »innocent« kommt von »innocere«, das heißt

»nicht verletzen«. Ein Geist, der unfähig ist, verletzt zu sein. Darin liegt große Schönheit.

Ich denke, wir sollten, wenn wir über Religion sprechen, das Wesen des Verletztseins sehr tief erforschen, weil ein Geist, der nicht verletzt ist, ein unschuldiger Geist ist. Und man braucht diese Qualität von Unschuld, um vollkommen aufmerksam zu sein. Schon von Kindheit an vergleichen die Eltern ein Kind mit dem anderen. Ist es also möglich, ein Kind, ohne zu vergleichen und ohne nachzuahmen zu erziehen? Auf diese Weise würde das Kind niemals verletzt werden, was das angeht. Und man ist verletzt, weil man von sich selbst ein Bild aufgebaut hat. Das Bild ist eine Form von Widerstand, eine Wand zwischen Ihnen und mir. Und wenn Sie die Wand an ihrer schwächsten Stelle berühren, werde ich verletzt. Also nicht vergleichen in der Erziehung und kein Selbst-Image haben. Es gehört zum Wichtigsten im Leben, kein Bild von sich selbst zu haben. Wenn Sie eines haben, werden Sie unausweichlich verletzt werden. Nehmen wir an, man habe die Vorstellung, man sei sehr gut oder müsse sehr erfolgreich sein, oder man habe große Fähigkeiten und Begabungen. Sie kennen die Bilder, die man aufbaut, unausweichlich wird jemand kommen und sie zerstören. Unausweichlich werden Zufälle und Geschehnisse eintreten, die das Bild zerstören, und man wird verletzt.

Das Kind kann sich ohne das Bild schon allein mit dem Namen identifizieren: Brown, Herr Brown. Damit ist nichts verbunden. Aber in dem Moment, in dem er sich ein Bild macht – daß nämlich Herr Brown sozial oder moralisch anders, besser oder schlechter ist oder aus einer sehr alten Familie kommt oder zu einer gewissen höheren Klasse gehört, zur Aristokratie oder was immer –, wenn das einsetzt und durch das Denken, durch Snobismus ermutigt und gestützt wird, dann werden Sie unausweichlich verletzt.

*Was Sie sagen, verstehe ich so: die radikale Verwirrung hier besteht in der Vorstellung, man selbst sei der Name.*

Ja. Identifizierung mit dem Namen, mit dem Körper, mit der Idee, daß Sie sich sozial unterscheiden, daß Ihre Eltern, Ihre Großeltern Grafen waren, oder dies oder das. Sie kennen den ganzen Snobismus in England und all die verschiedenen Arten von Snobismus hier in Amerika. Und in Indien ist es der Brahmane, der Nichtbrahmane, und das ganze Drum und Dran. Wir haben uns also bedingt durch Erziehung, durch Tradition und Propaganda ein Bild von uns selbst aufgebaut.

*Gibt es hier eine Beziehung zur Religion und der Weigerung in der hebräischen Tradition, den Namen Gottes auszusprechen?*

Das Wort ist sowieso nicht die Sache. Sie können es also aussprechen oder nicht aussprechen. Wenn Sie wissen, daß das Wort niemals die Sache ist, die Beschreibung niemals das Beschriebene, dann tut es nichts zur Sache. Kann also ein Kind dazu erzogen werden, niemals verletzt zu werden? Ich habe Professoren und Gelehrte sagen hören, ein Kind muß verletzt werden, um in dieser Welt leben zu können. Als ich einen aber fragte, ob er wolle, daß sein eigenes Kind verletzt werde, blieb er stumm. Er hatte also rein theoretisch gesprochen. Wir sind leider durch Erziehung, durch die soziale Struktur und die Beschaffenheit der Gesellschaft, in der wir leben, verletzt worden. Wir haben Vorstellungen über uns selbst, die verletzt werden. Ist es also möglich, überhaupt keine Bilder aufzubauen? Ich weiß nicht, ob ich mich verständlich ausdrücke. Nehmen wir einmal an, ich habe ein Bild von mir – was ich glücklicherweise nicht habe. Wenn ich also ein Bild habe, ist es dann möglich, es zu löschen, es zu verstehen und darum aufzulösen und niemals ein neues Selbst-Image aufzubauen? Indem ich in einer Gesellschaft lebe und in dieser erzogen werde, habe ich unweigerlich ein Bild aufgebaut. Kann nun dieses Bild gelöscht werden? Die Aufmerksamkeit als Mittel zu nutzen, um es zu löschen – das funktioniert nicht. Aufmerksamkeit entsteht nur durch das Verstehen des Bildes, durch das Verstehen der Verletzungen, durch das Verstehen der eigenen Erziehung, der

Art wie wir in der Familie und in der Gesellschaft aufgezogen wurden, indem wir das alles verstehen. Aus diesem Verstehen heraus entsteht Aufmerksamkeit, nicht erst Aufmerksamkeit und dann das Löschen. Sie können gar nicht wirklich anwesend sein, wenn Sie verletzt sind. Wenn ich verletzt bin, wie kann ich wirklich zugegen sein? Weil dieses Verletztsein mich bewußt oder unbewußt von dieser vollkommenen Aufmerksamkeit abhalten wird. Hierin sind also zwei Fragen enthalten: Können die Verletzungen geheilt werden, ohne eine Narbe zurückzulassen? Und können zukünftige Verletzungen vollkommen vermieden werden, ohne einen Widerstand zu leisten? Das sind zwei Probleme. Und sie können nur verstanden und gelöst werden, wenn ich dem Verstehen meiner Verletzungen volle Aufmerksamkeit schenke, wenn ich sie anschaue, sie nur anschaue – worauf wir schon beim Problem der Wahrnehmung hingewiesen haben –, meine Verletzungen nur anschauen: die Verletzungen, die ich hinnehmen mußte, die Beleidigungen, das Nichtbeachtetwerden, die hingeworfenen Worte, die Gesten, all diese Verletzungen. Und die Sprache, die man benutzt, besonders in diesem Land. Wie kann man ganz sein, wenn man verletzt ist? Es ist außerordentlich wichtig, diese Frage zu verstehen.

*Ja, das ist es. Aber ich denke gerade an ein Kind, das schon angefüllt mit Verletzungen zur Schule kommt, ich denke also nicht an ein kleines Kind in der Wiege, sondern an eines, das bereits verletzt wurde, und wieder verletzt ist, weil es verletzt wurde. Das vervielfacht sich endlos.*

Natürlich. Durch diese Verletzung ist es gewalttätig. Durch diese Verletzung ist es ängstlich und introvertiert. Durch diese Verletzung wird es neurotisch handeln. Durch diese Verletzung wird es alles akzeptieren, was ihm Sicherheit gibt: Gott. Seine Idee von Gott ist ein Gott, der niemals verletzen wird. Liebe haben wir nie bekommen. Eltern lieben ihre Kinder nicht. Sie mögen über Liebe sprechen. Denn in dem Moment, in dem sie die Jungen mit den Älteren vergleichen, verletzen sie das Kind. Dein Vater war so klug, und Du bist ein so dummer Junge. Damit fängt es an. Dann bekommen sie in der Schule Zeugnisse, die verletzen. Es sind keine Zensuren, es sind absichtliche Verletzungen. Und das wird in der Erinnerung gespeichert, und dadurch entsteht Gewalttätigkeit. Da gibt es jede Art von Aggression. Ein solcher Verstand kann also nicht heil gemacht werden oder heil sein, wenn dieses nicht zutiefst verstanden wird. Der Mensch wird verletzt und verletzt selbst immerzu. Das Kind ist schon fertig, gequält. Darin liegt die Tragödie, das meine ich. Das ist Teil der Erziehung, das ist Teil der Kultur. Unsere Zivilisation ist verletzend. Man sieht dieses überall auf der Welt, ständigen Vergleich, ständige Nachahmung. Ständig wird gesagt: Du bist so oder so, und ich muß wie Du sein, ich muß wie Krishna sein, wie Buddha, wie Jesus. Das ist Verletzung. Religionen haben die Menschen verletzt.

*Verletzten Eltern wird ein Kind geboren. Es wird zur Schule geschickt, wo es von einem verletzten Lehrer unterrichtet wird. Jetzt fragen Sie, ob es einen Weg gibt, dieses Kind so zu erziehen, daß es sich davon erholt?*

Ich sage, es ist möglich, wenn der Lehrer, der Erziehende erkennt, daß er verletzt ist und daß auch das Kind verletzt ist. Wenn er seiner eigenen Verletzung und der des Kindes gewahr ist, dann verändert sich die Beziehung. Dann wird er sich beim Unterrichten von Mathematik oder was auch immer, nicht nur selbst von seiner Verletzung befreien, sondern auch dem Kind helfen, von seiner Verletzung freizukommen. Das ist Erziehung: Zu sehen, daß ich, der Lehrer, verletzt bin; ich bin durch die Qualen der Verletzungen gegangen und ich möchte diesem Kind helfen, nicht verletzt zu sein, obwohl es bereits verletzt in die Schule gekommen ist. Also sage ich: »In Ordnung, mein Freund, wir sind beide verletzt, laß uns einander helfen, es zu beseitigen.«

Das ist eine Handlung aus Liebe. Es gibt niemanden, der nicht an seinen Verletzungen trägt, außer sehr, sehr wenigen. Sehen Sie, mir persönlich sind sehr viele Dinge zugestoßen, aber ich bin niemals verletzt worden. Ich sage dies in aller Demut im wahrsten Sinne des Wortes. Ich weiß nicht was es bedeutet, verletzt zu sein. Vieles ist nur geschehen. Leute haben mir alles mögliche angetan, mich gerühmt, mir geschmeichelt, mich herumgestoßen, alles mögliche. Es ist möglich, nicht verletzt zu sein. Und als Lehrer, als Erzieher liegt es in meiner Verantwortung, darüber zu wachen, daß das Kind nie verletzt wird, und nicht nur irgendein verzwicktes Thema zu unterrichten. Das ist weit wichtiger.

*Ich glaube, ich verstehe in etwa, was Sie meinen. Ich glaube nicht, daß ich sagen könnte, ich sei niemals verletzt worden. Obwohl ich schon als Kind Schwierigkeiten hatte, Verletzungen zu behalten. Ich erinnere mich, daß ein Kollege in einer Diskussion über einen persönlichen Konflikt mit einiger Gereiztheit zu mir sagte: »Das Problem mit Dir ist, daß Du nicht hassen kannst.« Die Unfähigkeit, im andern den Feind zu sehen und nur den Feind, wurde als anomal, als Mangel betrachtet.*

Geistige Gesundheit wird für ungesund gehalten. Die Frage ist also: Kann ein Erzieher seine eigenen Verletzungen beobachten, ihrer gewahr werden und in seiner Beziehung zu dem Schüler seine eigenen und des Studenten Verletzungen auflösen? Das ist das eine Problem. Es ist möglich, wenn der Lehrer wirklich, im tiefsten Sinne des Wortes ein Erzieher ist, also kultiviert ist. Und die nächste Frage, die daraus hervorgeht, lautet: Ist der Verstand, der weiß, daß er verletzt wurde, fähig, nicht verletzt zu werden, so daß keine weiteren Verletzungen hinzukommen? Ich habe diese zwei Probleme: verletzt zu sein (das ist die Vergangenheit) und nie wieder verletzt zu werden. Das bedeutet nicht, daß ich eine Mauer des Widerstandes aufbaue, daß ich mich zurückziehe, daß ich in irgendein Kloster gehe oder ein Drogenabhängiger werde oder etwas ähnlich Dummes, sondern es gibt einfach keine Verletzungen mehr. Ist das möglich? Sehen Sie die beiden Fragen? Was ist nun Verletztsein? Was ist es, das verletzt wird? Wir sagten, daß die physische Verletzung nicht dasselbe ist wie die psychische. Wir haben es also mit psychischer Verletzung zu tun. Was ist das, was verletzt wird? Die Psyche? Das Bild, das ich von mir selbst habe? Das habe ich in mir selbst angelegt. Warum sollte ich in mir selbst etwas anlegen? Was ist dieses Selbst, in dem ich etwas anlegen muß? Was ist dieses Selbst? All die Wörter, die Namen, die Werte, die Erziehung, die Bankkonten, die Möbel, das Haus und die Verletzungen, all das bin »ich selbst«. Hätte ich zu unterrichten, dann wäre dieses das erste, womit ich beginnen würde, nicht mit irgendeinem Fach. Ich würde sagen: »Schau her. Du bist verletzt und ich bin verletzt. Wir sind beide verletzt.« Und ich würde darauf hinweisen, was Verletzung anrichtet, wie sie Menschen tötet, wie sie Menschen zerstört; daraus entsteht Gewalttätigkeit, daraus entsteht Brutalität, daraus entsteht, daß ich Menschen verletzen möchte. Verstehen Sie? All das gehört dazu. Ich würde jeden Tag zehn Minuten damit verbringen, auf unterschiedliche Weise darüber zu sprechen, bis wir es gemeinsam erkennen. Als Erzieher würde ich dann das richtige Wort verwenden und auch der Schüler wird das richtige Wort benutzen, wir lassen uns beide darauf ein. Genau das tun wir aber nicht. In dem Moment, in dem wir in die Klasse kommen, nehmen wir ein Buch in die Hand und los geht's. Wenn ich ein Erzieher wäre, entweder mit älteren oder mit jüngeren Leuten, würde ich diese Beziehung herstellen. Das ist meine Pflicht, das ist mein Job, das ist meine Funktion. Ich bin nicht nur dazu da, Informationen zu vermitteln.

*Ja, das ist wirklich etwas sehr Tiefgreifendes. Einer der Gründe, warum das, was Sie sagten, für einen Erzieher mit akademischem Hintergrund so schwierig ist: Wir wollen nicht nur hören, daß diese Transformation möglich ist, sondern wir wollen sie auch durch Demonstration bewiesen wissen und darum nicht nur als Möglichkeit, sondern als Gewißheit. Und dann fallen wir wieder in das ganze Chaos zurück. Könnten wir nächstes Mal all dieses in Beziehung zu Liebe bringen. Es scheint mir . . .*

. . . als fügte sich alles zusammen.

*25. Februar 1974*

# Liebe, Sex und Vergnügen

*In unserem letzten Gespräch haben wir über Religion in Beziehung zur Transformation eines jeden Menschen gesprochen, einer Transformation, die nicht von Wissen oder Zeit abhängt, und Sie sprachen über die Bedeutung von wahrer Religion, über ihre Beziehung zum Akt der Aufmerksamkeit und darüber, wie dieser Akt der Aufmerksamkeit einfach zunichte wird, wenn die ganze persönliche Geschichte mit ihren Verletzungen noch vorhanden ist. Er kann nicht zustandekommen. Vielleicht könnten wir jetzt das Thema Liebe untersuchen.*

Wenn Sie das Wort »untersuchen« benutzen, verwenden Sie es dann intellektuell, untersuchen Sie mit dem Intellekt? Oder suchen Sie in Beziehung zum Wort und sehen darin den Spiegel, der uns selbst enthüllen wird? Das bedeutet, daß das Wort der Spiegel ist in dem ich als Mensch beobachte. Das Wort »untersuchen« bedeutet wirklich, mich selbst in dem Spiegel des Wortes, das Sie benutzt haben, zu beobachten. Das Wort wird dann also die Sache. Es bleibt nicht nur das Wort selbst. Und darum ist es keine intellektuelle, keine theoretische Untersuchung. Das »Untersuchen« bedeutet auch, daß der Verstand sehr ernsthaft sein muß, nicht in dem bloßen Wunsch gefangen ist, etwas zu erreichen – zu wissen, wie man die Liebe seines Nachbarn erlangt. Also glaube ich, wenn wir das Wort »Liebe« erforschen, seine Bedeutung und Wichtigkeit untersuchen, müssen wir damit sehr, sehr ernsthaft umgehen, weil dieses Wort so vage gebraucht wird, es ist so korrupt geworden – als Liebe zu Gott, Liebe zur Ehefrau, Liebe zum Besitz, Liebe zum Land, Liebe zum Lesen oder zum Kino. Und eine unserer Schwierigkeiten ist, daß moderne Erziehung uns nicht ernsthaft macht. Wir werden Spezialisten – ein erstklassiger Doktor, ein erstklassiger Chirurg, ein erstklassiger Physiker. Aber der Spezialist wird auf diese Weise zu einer Bedrohung.

Erziehung heißt, wie wir schon früher sagten, ermutigen, bewirken, daß der menschliche Verstand ernsthaft ist, ernsthaft, um herauszufinden, was es bedeutet zu leben und nicht nur ein Spezialist zu werden. Wenn man das nun alles versteht, was ist dann Liebe? Ist Liebe Vergnügen? Ist Liebe der Ausdruck für Verlangen? Ist Liebe erfüllter sexueller Appetit? Ist Liebe die Jagd nach einem erwünschten Ziel? Die Identifizierung mit einer Familie, mit einer Frau, mit einem Mann? Ist Liebe etwas, das kultiviert werden kann, das man zum Wachsen bringen kann, wenn man keine Liebe hat? Denke ich also darüber nach, tue alle möglichen Dinge, so daß ich weiß, wie ich meinen Nachbarn lieben kann? Ist Liebe also Vergnügen? Es sieht so aus. Das ist es, was wir Liebe nennen. Liebe zu Gott. Ich weiß nicht, was Gott ist, und doch soll ich ihn lieben. Und darum übertrage ich mein weltliches Vergnügen an Gegenständen und an Sex auf eine höhere Ebene, die ich Gott nenne. Es ist immer noch Vergnügen. Was ist also Vergnügen im Zusammenhang mit Liebe? Was ist Sicherfreuen im Zusammenhang mit Liebe? Was ist Freude, das unbewußte Gefühl der Freude? In dem Moment, in dem ich Freude erkenne, ist sie vorbei. Und in welchem Zusammenhang stehen Freude, Erfreuen und Vergnügen mit Liebe? Wenn wir das nicht verstehen, können wir nicht verstehen, was Liebe ist. Sehen wir, was geschieht. Liebe ist mit Sex, mit sexueller Liebe, mit »Liebe machen« identifiziert worden. Es ist eine schreckliche Sache. Der Ausdruck versetzt mir einen Schock, »Liebe machen«, als ob das Liebe wäre. Die westliche Zivilisation hat dies durch Kinos, Bücher, durch Pornographie, durch alle Arten von Werbung über die ganze Welt verbreitet. Der Sinn für Liebe wird gleichgesetzt mit Sex, der im Grunde nur Vergnügen ist.

Kann also der Verstand – wir müssen wieder auf diesen Punkt zurückkommen –, kann der Verstand das Wesen des Vergnügens und seine Beziehung zur Liebe verstehen? Kann der Verstand, der dem Vergnügen nachjagt, ein ehrgeiziger

Verstand, ein wetteifernder Verstand, ein Verstand, der sagt: »Ich muß etwas aus meinem Leben machen, ich muß mich selbst und andere belohnen, ich muß konkurrieren«, kann ein solcher Verstand lieben? Er kann sexuell lieben. Aber ist die sexuelle Liebe das einzige? Warum haben wir aus dem Sex eine so enorme Angelegenheit gemacht? Ganze Bände sind darüber geschrieben worden. Ohne dieses sehr, sehr tief zu ergründen, ist es nicht möglich, das andere zu verstehen. Wir können endlos theoretisch darüber reden, was Liebe ist, und was Liebe nicht ist. Wenn wir jedoch das Wort Liebe als einen Spiegel benutzen, um zu sehen, was innerlich geschieht, muß ich unausweichlich die Frage stellen, ob es nicht doch Vergnügen in einer seiner vielfältigen Formen ist? Kann ein Mann in leitender Position, die er durch Energie, durch Aggression, durch Täuschung, durch Unbarmherzigkeit erreicht hat, kann solch ein Mann wissen, was Liebe ist? Kann der Priester, der andauernd von Gott redet, der den Ehrgeiz hat, Bischof oder Erzbischof zu werden, oder was auch immer – vielleicht möchte er neben Jesus sitzen –, kann dieser Priester wissen, was Liebe ist? Kann also dieser Priester, der darüber spricht, wissen, was Liebe ist?

Unsere ganze soziale, moralische Struktur ist unmoralisch. Das hat etwas Erschreckendes. Und niemand will es ändern. Im Gegenteil, sie sagen, laßt uns so weitermachen, gebt ihr einen neuen Anstrich, in anderen, etwas angenehmeren Farben. Wenn also jemand wirklich interessiert ist herauszufinden, was Liebe ist, muß er den Stellenwert des Vergnügens erkennen, ob es nun intellektuelles Vergnügen ist, oder das Vergnügen am Erwerb von Wissen, das Erlangen einer Machtstellung, und muß das alles negieren. Wie kann ein Verstand, der trainiert, konditioniert und in dieser verrotteten sozialen Prägung gestützt worden ist, wie kann er sich selbst befreien, bevor er von Liebe spricht? Er *muß* sich erst davon befreien, sonst spricht man nur von Liebe, und es ist eben nur ein weiteres Wort, das keine Bedeutung hat.

*Wir scheinen besonders in der westlichen Kultur sehr sexge-*

*bunden zu sein. Einerseits fürchten wir uns davor, unglücklich zu sein, wenn wir sexuell nicht erfolgreich sind. Doch auf der anderen Seite konzentriert sich die klinische Psychologie während ihrer gesamten Geschichte genau auf das Krankhafte der Sexualität. Als sei sie fähig, uns durch Forschung davon zu befreien. Die Wechselbeziehung zwischen diesen, beiden Aktivitäten, dem Wunsch erfolgreich zu sein auf der einen Seite, und der Notwendigkeit zu studieren, was an diesem Trieb falsch sei auf der anderen Seite, schafft Lähmung.*

Sie sehen also, daß der Sex überall auf der Welt so außerordentlich wichtig geworden ist. In Asien verschleiern sie es. Sie sprechen dort nicht darüber. Wenn Sie dort über Sex sprechen, ist das etwas Schlimmes. Hier spricht man pausenlos darüber. Aber dort spricht man über gewisse Dinge nicht. Man kann im Schlafzimmer darüber reden, oder vielleicht noch nicht einmal dort. Man tut es eben einfach nicht. Wenn ich in Indien spreche, bringe ich das Thema auf. Sie sind dann ein bißchen geschockt, denn ein religiöser Mann sollte sich nicht mit solchen Dingen befassen. Er sollte nicht darüber reden. Warum ist Sex so wichtig geworden? Sehen Sie, letzten Endes ist Liebe die totale Abwesenheit des »Ich«, meines Ego, meiner Ambitionen, meiner Gier, vollkommene Verneinung all dessen, Verneinung, nicht brutales Leugnen, nicht chirurgische Eingriffe, sondern das Verstehen all dessen. Wenn das »Ich« nicht ist, ist das andere. Ganz offensichtlich. Es ist so einfach. Wissen Sie, mir wurde erzählt, daß das Zeichen der Christen, das Kreuz, ein sehr, sehr altes vorchristliches Symbol sei. Es bedeute, das »Ich« auszustreichen.

*Das habe ich nie gehört.*

Streiche das Ich aus. Wenn wir also die Frage der Liebe erforschen, müssen wir das Vergnügen untersuchen, das Vergnügen in all seinen Variationen und seine Beziehung zur Liebe, die man nicht herbeiführen kann. Die Welt hat aus dem Sex eine riesengroße Angelegenheit gemacht. Und überall auf der Welt haben ihn die Priester geleugnet. Sie werden niemals eine Frau ansehen, obwohl sie innerlich vor Lust brennen. Sie schließen die Augen. Und sie sagen, daß nur ein enthaltsam lebender Mensch als Vollkommener zu Gott kommen kann. Sehen Sie die Absurdität einer solchen Behauptung. Demnach ist jeder, der jenseits der vorgegebenen Normen Sex ausübt, für immer verdammt. Die ganze Idee von der Jungfrau Maria, die eine Farce ist. Warum also haben wir den Sex zu einer so phantastischen, romantischen und sentimentalen Angelegenheit gemacht? Ist es, weil wir intellektuell verkrüppelt sind? Wir sind Menschen aus zweiter Hand. Ich wiederhole, was Plato, Aristoteles, Buddha oder irgend jemand gesagt hat, daher ist mein Geist intellektuell gesehen drittklassig. Er ist niemals frei. So bin ich intellektuell betrachtet ein Sklave, und emotional werde ich romantisch, sentimental. Und die einzige Ausflucht ist Sex. Dabei bin ich frei. Wenn die Frau oder der Mann zustimmt, wenn sie zueinander passen, dann ist es die einzige Tür, durch die ich gehen kann und die es mir ermöglicht zu sagen: um Gottes willen, wenigstens hier bin ich frei. Im Büro werde ich schikaniert, in der Fabrik drehe ich nur die Räder. Also ist es meine einzige Zuflucht. Für den armen Bauern und Dorfbewohner in Indien ist es das einzige, was sie haben und Religion wird als etwas anderes angesehen: »Ich gebe zu, wir sollten keusch leben, wir sollten dies und das, aber laßt uns um Gottes willen bei unseren Vergnügungen, bei unserem Sex in Ruhe.« So sieht es also aus: Wir sind intellektuell, moralisch und spirituell verkrüppelte, degenerierte Menschen, und Sex ist das einzige, was uns etwas Befreiung, etwas Freiheit gibt.

Auf anderen Gebieten haben wir keine Freiheit. Ich muß jeden Tag ins Büro oder in die Fabrik gehen, muß dreimal in der Woche ins Kino gehen oder irgend etwas tun, was immer es auch sei, und wenigstens hier bin ich ein Mann, bin ich eine Frau. Also habe ich Sex zu einer enormen Angelegenheit gemacht. Und wenn ich nicht sexuell interessiert bin, muß ich herausfinden, warum ich es nicht bin. Ich verbringe Jahre damit, es herauszufinden. Ganze Bücher werden darüber geschrieben. Es ist widerlich und dumm geworden. Und ebenso müssen wir im Zusammenhang damit herausfinden, was Keuschheit ist. Jede Religion hat bislang verlangt, enthaltsam zu bleiben. Die Christen sprechen von der Heiligen Jungfrau, und die Buddhisten haben auch irgend so eine Geschichte über den Buddha, weil sie nicht wollen, daß Sex mit Religion in Verbindung gebracht wird. Und dennoch brennen Priester vor Verlangen. Also wird von ihnen gefordert, keusch zu leben. Und sie legen das Gelübde des Zölibats ab. Und was ist Keuschheit? Ist sie da drinnen, in ihrem Herzen, in ihrem Geist? Oder bezieht sie sich lediglich auf den Akt? Was ist nun der Zölibat? Ist die Handlung oder der Geist keusch? Der Geist ist keusch, was einen außerordentlich einfachen Geist bedeutet – aber nicht einfach im Sinne von Strenge und im Sinne rücksichtsloser Anerkennung eines Prinzips –, einen Geist, der sich kein Bild von der Frau, von dem Mann oder der Handlung macht, keine dieser Vorstellungen macht.

*Das ist sehr wesentlich. Ich weiß, daß ich in unseren Gesprächen immer wieder Dinge erwähne, die ich gelesen und studiert habe, weil ich damit den größten Teil meines Lebens beschäftigt war. Und was mich so tief berührt, wenn ich Ihnen zuhöre, ist, daß so viele Dinge, die im Laufe von Jahrhunderten gesagt und geschrieben wurden, eigentlich in dem Sinne hätten verstanden werden sollen, wie Sie sie darstellen. In der Tradition der christlichen Theologie heißt es sogar, daß der Fall des Menschen mit der Vorstellung begann. Und dennoch scheint mir dieses nicht korrekt verstanden worden zu sein. Denn wäre es das, befänden wir uns nicht in diesem immensen Konflikt.*

Die Christen haben zuerst die Sünde und all das erfunden. Kann also der Geist keusch sein? Und nicht: kann der Geist das Gelübde auf den Zölibat ablegen trotz glühenden Verlangens. Neulich sprachen wir über Verlangen. Wir brennen vor Verlangen. All unsere Drüsen sind voll davon. Keuschheit bedeutet also einen Geist der an keiner Verletzung trägt, der kein Bild, keinerlei Vorstellung von sich selbst und seinem Verlangen hat. Kann solch ein Geist in dieser Welt existieren? Andernfalls gibt es keine Liebe. Ich kann endlos über Liebe zu Jesus, Liebe zu diesem, Liebe zu jenem sprechen, aber es wird so schäbig. Ist Liebe also Vergnügen? Ich kann nur sagen, daß sie es nicht ist, wenn ich verstanden habe, was Vergnügen ist, und nicht nur verbal verstanden, sondern tiefinnerlich, seine Natur gesehen habe, seine Brutalität, seine trennende Wirkung. Denn Vergnügen ist immer trennend. Sich-Erfreuen und Freude schaffen niemals Uneinigkeit. Nur das Vergnügen schafft Uneinigkeit. Hören sie einem Araber zu, wenn er über Öl spricht es ist sein ganzer Stolz. Sie sehen es ihm an, und Sie sehen es den Ministern, den Politikern an, diese Arroganz, diese Macht.

Und gleichzeitig sprechen sie von Liebe, von Liebe zu meinem Land, und meine Liebe wird dich töten. Wir müssen auch dieses Töten verstehen. Die westliche Zivilisation hat das Töten zu einer perfekten Kunst und den Krieg zu einer Wissenschaft gemacht. Sie haben es die ganze Welt gelehrt. Und wahrscheinlich sind die Christen nach den Muslim die größten Mörder. Ich glaube, die ersten aufrichtigen religiösen Buddhisten waren wirkliche Nicht-Mörder. Sie sagten: Töte nicht. Ich muß Ihnen diese reizende Geschichte erzählen. Ich war vor einigen Jahren in Ceylon, und ein buddhistisches Paar besuchte mich. Sie sagten, sie seien praktizierende Buddhisten, sie würden nicht töten, aber sie äßen Fleisch. Ich fragte: »Wie meinen Sie das?« Er antwortete: »Wir wechseln unsere Schlachter, darum sind wir nicht verantwortlich, und wir mögen Fleisch.« Ich fragte: »Ist das Ihre Frage an mich?« Er antwortete: »Nein, überhaupt nicht. Unser Problem ist: Sollten wir ein befruchtetes Ei essen, es erhält doch Leben?«

Wenn wir also über Liebe sprechen, müssen wir auch über Gewalt und Töten sprechen. Wir töten, wir haben die Erde zerstört, wir haben die Erde verschmutzt. Wir haben Tier- und Vogelarten ausgelöscht, wir töten Seehundbabies, haben Sie das im Fernsehen gesehen? Wie kann ein Mensch so etwas tun? Damit irgendeine Frau diesen Pelz anziehen kann. Und der Mörder kommt nach Hause und sagt: »Ich liebe meine Frau.«

Wir werden zum Töten erzogen. All die Generale bereiten endlos Methoden vor, um andere zu töten. Das ist unsere Zivilisation. Und kann ein Mann, der ehrgeizig ist, lieben? Nein. Darum Schluß mit dem Ehrgeiz. Aber die Menschen werden damit nicht Schluß machen, denn sie wollen beides. Also, töte nicht, unter gar keinen Umständen, töte kein Tier, um zu essen. Ich habe niemals in meinem Leben Fleisch gegessen, ich weiß nicht, wie es schmeckt. Nicht, daß ich darauf stolz wäre oder so etwas, aber ich könnte es nicht. Töten ist zu einer Industrie geworden. Tiere töten, um Menschen zu füttern.

*Während Sie über Keuschheit sprachen, kam mir in den Sinn, daß ein keuscher, ein unschuldiger Geist ein ungespaltener Geist sein müßte. Das Ausmaß dessen, was Sie ansprachen, ist wirklich bestürzend, und ich würde gern für einen Moment dabei bleiben. Ich habe sehr aufmerksam zugehört. Ihr radikaler Rat, dieses zu beenden, ist in sich selbst so extrem, daß er eine Art von Ernsthaftigkeit erfordert, deren Bedeutung wir nicht wirklich verstehen. Die Beziehung zwischen Ernsthaftigkeit und Liebe ist mir hier zu Bewußtsein gekommen.*

Ja, wenn ich ernsthaft bin, werde ich niemals töten, und Liebe ist dann zu wirklichem Mitgefühl geworden. Leidenschaft für alles bedeutet Mitgefühl für alles. Nehmen wir einmal an, meine Schwester – ich habe keine –, meine Schwester würde angegriffen, ein Mann versuchte, sie zu vergewaltigen. Ich würde augenblicklich handeln. Weil ich liebe, weil ich Mitgefühl habe, dieses Mitgefühl schafft Intelligenz, und diese Intelligenz handelt in dem Moment. Wenn Sie mich jedoch fragen, was würden Sie tun, wenn Ihre Schwester angegriffen würde, müßte ich sagen, ich weiß es nicht. Ich werde es dann wissen. Neulich sah ich im Fernsehen eine enorme Interkontinentalrakete auf dem Roten Platz, die blind töten würde, wenn sie abgeschossen würde. Und die Amerikaner haben sie, die Inder haben sie, die Franzosen haben sie.

Kann also der Geist von diesem Drang zu töten frei sein? Was bedeutet, kann der Geist frei von Verletzung sein? Solange es Verletzungen gibt, tut er alle möglichen neurotischen Dinge. Ist Vergnügen Liebe? Ist Verlangen Liebe? Aber wir haben das Vergnügen, das Verlangen zu Liebe gemacht. Ich verlange nach Gott. Ich muß etwas über Gott lernen. Sie kennen das alles. Gott ist meine Erfindung, meine Vorstellung, aus meinen Gedanken heraus habe ich diese Vorstellung geschaffen und daher bewege ich mich im Kreise. Ich muß also wissen, was Freude ist. Ist ein Sich-Erfreuen ein Sich-Vergnügen? Wenn ich mich an einem guten Essen erfreue oder an einem Sonnenuntergang, oder ich sehe einen wunderschönen Baum oder eine Frau oder sonst etwas, und das endet nicht im selben Moment, dann wird das zum Vergnügen. Wenn das Denken diese Freude in den nächsten Tag mit hinübernehmen und wiederholt haben möchte, dann wird sie zum Vergnügen, dann ist sie keine Freude mehr. Ich freue mich und damit ist es zu Ende.

*William Blake hat auf sehr schöne Weise darauf hingewiesen. Und natürlich wurde er als Verrückter angesehen. In einer seiner Strophen heißt es: »Wer die Freude im Fluge küßt, lebt im Sonnenaufgang der Ewigkeit.« Es ist die Freude, die er im Fluge küßt, die Freude, und nicht das Vergnügen. Und was Sie gesagt haben ist, wenn man sie nicht fliegen läßt, sie festhält, fällt man aus diesem Akt der Freude in die*

. . . Jagd nach dem Vergnügen.

*Eine endlose, sich wiederholende und am Ende traurige, langweilige Angelegenheit.*

Und ich denke, genau das passiert in diesem Land, ebenso wie in Europa und Indien, aber hauptsächlich in diesem Land. Das Verlangen nach sofortiger Erfüllung, das Prinzip der Jagd nach dem Vergnügen, Unterhaltung um jeden Preis, Fußball oder sonstwas: Unterhaltung muß sein. Sowie ich Gefahr sehe, handle ich. Ich sehe, daß das Fortführen der Gedanken beim Vergnügen gefährlich ist; ich sehe die Gefahr darin und beende es daher sofort. Wenn ich die Gefahr nicht sehe, mache ich weiter. Wenn ich die Gefahr der Nationalität nicht erkenne – ich benutze das hier als sehr einfaches Beispiel, dann mache ich weiter, mordend, trennend, im Streben nach meiner Sicherheit. Aber wenn ich die Gefahr erkenne, hat das ein Ende.

*Könnten wir hier Liebe mit Erziehung in Verbindung bringen? Ich denke an den Studenten, der zum Lehrer kommt und sagt: »Ich muß einfach mein Leben ändern.« Das heißt, manchmal trifft man einen Studenten, der es bis obenhin satt hat, wie wir sagen. Die erste Frage, die er normalerweise an uns stellt, lautet: »Was muß ich tun?« Das ist natürlich eine Falle, denn sie suchen nach einer Methode, wenn sie das sagen. Ich erkenne das jetzt mit viel größerer Klarheit als vorher. Hier sprechen wir nicht über eine Methode.*

Die Methode ist das Ende. Lassen Sie uns zuerst die Frage stellen. Sie lautet: Was habe ich in dieser Welt zu tun? Welches ist mein Platz in dieser Welt? Zunächst einmal: Die Welt ist ich, ich bin die Welt. Das ist eine absolute Tatsache. Und was soll ich tun? Die Welt ist korrupt, unmoralisch, mörderisch. Es gibt keine Liebe, es gibt Aberglauben. Verstand und Hand sind Idole geworden. Es gibt Krieg. Das ist die Welt. Welche Beziehung habe ich zu ihr? Meine Beziehung zur Welt existiert nur, *wenn ich das alles bin.* Wenn ich das alles nicht bin, habe ich keinerlei Beziehung zu ihr. Für mich ist die Welt korrupt, auf Töten eingestellt. Und ich werde nicht töten. Was für eine Beziehung habe ich zu dem Mann, der ein Seehundbaby tötet? Mein Gott, sage ich, wie können Sie so etwas tun? Ich möchte deswegen weinen und ich tue es. Wie kann man diesen Mann erziehen oder eine Gesellschaft, die so etwas geschehen läßt? Sehen Sie, was geschieht, sehen Sie, was geschieht. Vor allem sind wir ernsthaft, wirklich ernsthaft. Zweitens haben wir das Töten, die Korruption beendet. Also stehen wir allein – allein, nicht isoliert. Denn wenn der Geist all das *nicht* ist, dann ist er allein. Er hat sich nicht zurückgezogen, er hat sich nicht selbst abgeschnitten, er hat sich keinen Elfenbeinturm gebaut, er lebt nicht in Illusionen. Er sagt: Das ist falsch, das ist korrupt, ich werde das nicht anrühren, psychisch, meine ich. Ich werde diese Falschheit und diese Korruptheit innerlich, psychisch, nicht berühren. Darum ist mein Geist vollkommen allein. Daher ist er rein, wenn er allein ist. Und Reinheit kann in Millionen Stücke geschnitten werden und bleibt dennoch immer rein. Es ist nicht meine Reinheit, oder Ihre Reinheit, es ist Reinheit. So wie reines Wasser reines Wasser bleibt.

Sie sehen also, was bei unserem Gespräch herausgekommen ist, ist sehr interessant. Die Sache ist – wir haben Angst allein zu sein, was bedeutet, wir fürchten isoliert zu sein. Aber durch jede Handlung isoliert der Mensch sich selbst, das heißt, sein Ehrgeiz isoliert ihn. Wenn er nationalistisch ist, isoliert er sich. Wenn er von »meiner Familie« spricht, isoliert er sich. »Ich will mich vervollkommnen« ist wiederum Selbstisolierung. Wenn Sie das alles negieren, nicht gewaltsam, sondern die Dummheit darin sehen, dann sind Sie allein. Und darin liegt unendliche Schönheit. Und diese Schönheit können Sie überall verbreiten, dennoch bleibt sie allein. Das ist das Wesen der Leidenschaft. Aber Leidenschaft ist kein Wort, sie geschieht, sie kommt mit der Intelligenz. Im selben Moment, in dem meine Schwester angegriffen wird, wird mir diese Intelligenz diktieren, was zu tun ist. Aber es ist nicht intelligent wenn man fragt: »Was tust du, wenn . . .« Solch eine Frage und auch eine Antwort darauf ist unintelligent. Es ist nicht intelligent zu sagen: »Ich werde mich darauf vorbereiten, all diese Menschen zu töten, die meine Feinde sind.« Die bewaffneten Streitkräfte aller souveränen Regierungen bereiten sich darauf vor. Liebe ist also etwas, das wirklich unberührt rein ist. Unberührtheit ist das Wesen des Alleinseins und daher niemals verletzt.

*Es ist interessant, daß man in dieser einen Handlung weder sich selbst noch einen anderen verletzt. Es ist die totale Enthaltung von Verletzung.*

Einen Moment. Ich habe Ihnen all mein Geld gegeben, weil ich Ihnen vertraue. Aber Sie wollen es mir nicht zurückgeben. Ich sage: »Bitte, geben Sie mir ein bißchen davon.« Aber Sie tun es nicht. Was soll ich tun? Was ist jetzt eine intelligente Handlung? Die Handlung aus Zuneigung, aus Leidenschaft, was wird sie bewirken? Verstehen Sie meine Frage? Ein Freund von mir befand sich während des zweiten Weltkrieges in der Schweiz. Er hatte sehr viel Geld. Und er hatte einen sehr guten, langjährigen Freund aus seiner Kindheit. Er erklärte seinem Freund, daß er das Land wegen des Krieges sofort zu verlassen habe. Er nahm also all sein Geld und bat seinen Freund: »Bitte bewahre es für mich auf, ich komme zurück, wenn der Krieg vorbei ist.« Nach dem Krieg kam er zurück und bat um sein Geld. Der Freund antwortete: »Welches Geld?« Verstehen Sie, Sir? Was sollte er also tun? Nicht theoretisch. Stellen Sie sich vor, Sie seien in dieser Lage. Sie vertrauen mir etwas an und ich sage: »Ganz recht, Sie haben es mir gegeben, aber jetzt können Sie es in den Schornstein schreiben.« Was ist Ihre Verantwortung? Gehen Sie einfach weg?

*Nein. Wenn es ein Mittel gäbe, es zurückzubekommen, dann würde man sofort etwas tun. Die Intelligenz würde übernehmen.*

Das ist es, was ich sage. Liebe ist nicht Vergebung – verstehen Sie? Ich vergebe und gehe weg. Liebe ist Intelligenz. Und Intelligenz bedeutet Empfindsamkeit, einer Situation gegenüber empfindsam sein. Und wenn Sie ohne Empfindung sind, wird Ihnen die Situation sagen, was zu tun ist. Wenn Sie unempfindsam sind, wenn Sie bereits entschieden haben, was Sie tun wollen, wenn Sie schon verletzt sind durch das, was geschehen ist, dann findet eine unempfindsame Handlung statt.

Darum müssen wir erforschen, was Bewußtsein ist. Wir werden das an einem anderen Tag tun: Was ist Bewußtsein und was ist Gewissen, und was ist es, das uns sagt, was zu tun oder nicht zu tun ist?

*Bewußtsein und Beziehung sind Themen, die ich gern mit Ihnen zusammen ergründen würde. Ich hoffe, daß wir in unserem nächsten Gespräch dazu Gelegenheit haben werden.*

Wir müssen auch die Frage von Leben, Liebe und dieser immensen Angelegenheit, die wir Tod nennen, diskutieren. Stehen sie in einer Wechselbeziehung zueinander oder sind sie getrennt? Ist Liebe von Existenz, von Leben zu trennen?

*25. Februar 1974*

# Eine andere Art zu leben

*Am Ende unseres letzten Gesprächs haben wir uns die Beziehung zwischen Leben, Liebe und Tod näher angesehen. Ich hoffe, wir können heute damit fortfahren und es zur Transformation des Menschen, unserem ständigen Anliegen, in Beziehung setzen.*

Wie immer, ist dies eine vielschichtige Frage: Leben – was es bedeutet und was es tatsächlich ist –, Liebe und dieses enorme Problem des Todes. Jede Religion hat einen tröstenden Glauben, hat tröstende Ideen angeboten in der Hoffnung, sie würden für die Angst, den Kummer und alles, was mit dem Tod zusammenhängt, eine Lösung sein. Ich denke, wir sollten mit der Frage beginnen, was Leben ist, und von dort aus auf Liebe und Tod übergehen. Sollten wir nicht eigentlich das betrachten, was wir heutzutage Leben nennen, was tatsächlich stattfindet? Was wir Existenz, Leben nennen, diese zwei Worte decken das ganze Feld des menschlichen Bemühens ab, sich selbst zu bessern. Nicht nur technisch, sondern ebenso psychisch möchte der Mensch sich verändern, möchte er mehr sein als er ist. Wenn wir den Menschen in irgendeinem Land betrachten, welcher Rasse oder Religion er auch immer angehören mag, sehen wir: Es ist ein unablässiges Ringen vom Augenblick der Geburt bis zum Augenblick des Todes. Es ist ein Kampf, nicht nur in den intimen oder anderen Beziehungen zu anderen Menschen, sondern auch wirtschaftlich, sozial und moralisch ist es eine große Schlacht. Ich denke, dem stimmt jeder zu. Es ist offensichtlich. Der Konflikt, das Ringen, das Leiden, der Schmerz, die Frustration, die Seelenqual, die Verzweiflung, die Gewalt, die Brutalität, das Töten, all das ist es, was wirklich vor sich geht.

Vierzig oder fünfzig Jahre in einem Büro oder in einer Fabrik verbringen, gelegentliche Ferien für einen Monat, und das auf abenteuerliche Weise, weil Ferien die Reaktion auf ein eintöniges Leben sind. Man sieht sie überall in Europa: Amerikaner, die von einem Museum zum anderen gehen, sich dieses ansehen, jenes ansehen, herumrennen auf der Flucht vor der Eintönigkeit ihrer täglichen Routine. Und sie fahren nach Indien. Ich glaube, da gibt es ungefähr 15 000 merkwürdig gekleidete sogenannte Hippies in verschiedenen Klöstern und Städten, wo sie die phantastischsten Dinge tun. Einige von ihnen verkaufen Drogen, ziehen sich indische Kleider an oder verkleiden sich als Mönche. Es ist eine Art großer romantischer, sentimentaler Flucht vor ihrem täglichen eintönigen routinierten Leben. Das nennen wir Leben: den Kampf innerhalb der Beziehung, den Kampf im Geschäftsleben, im wirtschaftlichen Umfeld. Es ist ein ständiges Ringen.

*Aber was Sie gesagt haben, scheint im Leben selbst enthalten zu sein. Es gibt den Spruch: »Das Leben ist ein Kampf«, und wir interpretieren ihn so, wie Sie es ausdrückten.*

Und niemand scheint sich zu fragen, warum es so ist? Wir alle haben es akzeptiert. Wir sagen: »Ja, das gehört zu unserer Existenz. Wenn wir nicht kämpfen, werden wir zerstört. Es ist Teil unseres natürlichen Erbes. Beim Tier sehen wir, wie es kämpft, und wir sind teilweise noch Tier, teilweise noch Affe und so müssen wir also weiter kämpfen, kämpfen, kämpfen.« Wir haben uns nie gefragt, ob das richtig ist! Ist das die Art zu leben? Ist das die Art, sich zu verhalten, die Schönheit des Lebens zu würdigen?

*Gewöhnlich geht es nur darum, wie der Kampf noch effektiver geführt werden kann.*

Effektiv oder erfolgreich, mit möglichst geringem Schaden, unter geringster Anstrengung, ohne Herzversagen ... Aber der Boden ist für den Kampf vorbereitet. Die Mönche machen es so, die religiösen Leute tun es, die Geschäftsleute, die Künstler, die Maler, jeder Mensch, in welche Schublade er auch immer passen mag, befindet sich im Kampf. Und das nennen wir Leben. Und jemand, der das auf intelligente Weise betrachtet, würde sagen: Um Gottes willen, das ist nicht die richtige Art zu leben, laßt uns herausfinden, ob es eine andere Art zu leben gibt. Aber keiner fragt das. Ich habe mit vielen Politikern und vielen Gurus überall auf der Welt gesprochen. Ich habe mit Künstlern, mit Geschäftsleuten, mit Handwerkern, mit Arbeitern und mit sehr, sehr armen Leuten gesprochen. Es ist ein ständiger Kampf, bei den Reichen, den Armen, der Mittelklasse, den Wissenschaftlern. Und niemand sagt, das ist falsch, das ist kein Leben. Es ist zum Verrücktwerden. Manche jungen Leute haben sich die Frage gestellt, werden aber Außenseiter: entweder sie treten einer Kommune bei oder werden Hindu, gehen in irgendein altertümliches Land und geben sich einfach auf, tun nichts, denken nichts, leben dahin. Es ist also eine berechtigte Frage, die eine triftige Antwort erfordert. Man theoretisiert nicht, sondern sagt sich: Ich werde anders leben, ich werde ohne Konflikt leben. Sehen Sie, was das bedeutet. Ich frage mich, ob man von der Gesellschaft vernichtet wird, wenn man nicht kämpft. Ich persönlich habe nie gekämpft. Mir ist es niemals in den Sinn gekommen, mit mir selbst oder einem anderen zu kämpfen. Ich glaube also, eine Frage dieser Art darf nicht nur verbal gestellt werden, sondern muß erkennen lassen, ob es für jeden von uns möglich ist, auf andere Weise zu leben, nämlich ohne einen einzigen Konflikt. Das heißt ohne Teilung – Konflikt bedeutet Teilung.

Konflikt heißt Kampf der Gegensätze. Konflikt bedeutet: du und ich, wir und sie, Amerikaner und Russen, Teilung, Teilung, Teilung – nicht nur innere, sondern auch äußere Zersplitterung. Wo es Zersplitterung gibt, muß es Kampf geben. Ein Fragment übernimmt die Macht und dominiert die anderen Fragmente.

Ein intelligenter Mensch – falls es einen solchen gibt, muß eine Art zu leben finden, die nicht bedeutet halb zu schlafen, zu vegetieren, die nicht Flucht in irgendeine schwärmerischer mystische Vision und dieses ganze Zeug ist, sondern eine alltägliche Lebensweise, in der jede Art von Konflikt ein Ende gefunden hat. Es ist möglich. Ich habe all diese Kämpfe um mich herum während der letzten fünfzig Jahre beobachtet, die spirituellen, die wirtschaftlichen und die sozialen, die Kämpfe der Diktaturen, der Faschisten, der Kommunisten, der Nazis und einer Klasse, welche die andere bekämpft. Dies alles hat seine Wurzeln in Anhalten zum Gehorsam, Abhalten vom Gehorsam, Nachahmung, Anpassung, Gehorchen: in jeder Art von Kampf. Das Leben ist also ein Kampf geworden. Und für mich persönlich bedeutet diese Lebensweise, auf die zerstörerischste, unschöpferischste Art zu leben. Ich werde so nicht leben. Ich würde lieber verschwinden.

*Ich glaube, einige Verwirrung in unseren Köpfen entsteht, wenn wir uns mit diesem Kampf, so wie Sie ihn beschreiben, identifizieren. Wenn wir anfangen, über die Frage nachzudenken, ob dies so weitergehen soll, und wir dabei das Bild eines Kampfes vor Augen haben, dann stellen wir uns vor, es sei die menschliche Entsprechung zu dem, was in der Natur als »sich mit Zähnen und Klauen verteidigen« bezeichnet wird. Wenn ich Sie jedoch richtig verstanden habe, ist das ein kardinaler Fehler, denn Sie haben in unseren früheren Gesprächen sehr klar darauf hingewiesen, daß wir zwischen Angst und Gefahr unterscheiden müssen. Bei Gefahr reagieren Tiere in ihrer eigenen Umgebung sofort und eindeutig. Wir scheinen jedoch einen Fehler zu machen, wenn wir uns dem Problem des menschlichen Konflikts durch diese Analogie nähern. Sie ist, wenn ich Sie richtig verstanden habe, hier nicht anwendbar.*

Nein, das ist sie nicht. Wir studieren die Tiere und die Vögel, um die Menschen zu verstehen, während man doch den Menschen studieren kann, der man selbst ist. Sie brauchen nicht die Tiere heranzuziehen, um den Menschen kennenzulernen. Dieses ist wirklich eine sehr wichtige Frage, denn ich habe, wenn ich ein bißchen über mich selbst sprechen darf, all das beobachtet. Ich habe es in Indien beobachtet an Sannyasins, Mönchen, Gurus, ihren Jüngern und an den Politikern auf der ganzen Welt – irgendwie ergibt es sich, daß ich sie alle treffe –, an bekannten Schriftstellern, einigen Malern. Die meisten haben mich aufgesucht. Und sie haben tiefe Angst, daß sie ein Nichts sind, wenn sie nicht kämpfen. Sie werden Versager sein. Das heißt, für sie ist dieses die einzige und richtige Art zu leben.

Und das wird uns von Kindheit an beigebracht. Das *ist* unsere Erziehung: Kämpfen, nicht nur mit uns selbst, sondern mit dem Nächsten und ihn trotzdem lieben, nicht wahr? Es wird so lächerlich. Gibt es also, nachdem wir dies klargelegt haben, einen Weg, ohne Konflikt zu leben? Ich sage, es gibt ihn. Ganz offensichtlich, nämlich, indem wir die Teilung verstehen, den Konflikt verstehen, erkennen, wie zersplittert wir sind und nicht versuchen, die Fragmente zusammenzufügen, was unmöglich ist. Denn das Handeln aus dieser Wahrnehmung heraus unterscheidet sich vollkommen von einem Integrieren. Das Erkennen der Zersplitterung, die Konflikt hervorruft, die Teilung hervorruft, die diesen ständigen Kampf, die Angst, die Anspannung und das Herzversagen verursacht; dies ist es, was geschieht. Es erkennen, es wahrnehmen. Dieses Wahrnehmen bringt ein Handeln hervor, das sich vollkommen von dem Handeln im Konflikt unterscheidet. Denn das Handeln aus einem Konflikt heraus hat seine eigene Energie, schafft seine eigene Energie, die wiederum Teilung verursacht, die zerstörerisch und gewalttätig ist. Aber die Energie des Wahrnehmens und Handelns ist vollkommen anders. Und diese Energie ist die Energie der Schöpfung. Alles, was aus der Schöpfung entsteht, kann sich nicht in Konflikt befinden. Ein Künstler, der sich in Konflikt mit seinen Farben befindet, ist kein schöpferischer Mensch, obwohl er mag handwerklich und technisch perfekt sein, eine Anlage zum Malen haben.

Unsere Lebensweise ist die unbrauchbarste, unsinnigste Art zu leben. Und wir wollen diese unsinnige Weise praktischer machen. Das verlangen wir immer. Wir sagen niemals: Laßt uns eine Lebensweise finden, die ganz ist und daher gesund, vernünftig und heilig. Wenn man auf diese Weise das Leben wahrnimmt, ist das Handeln die Freisetzung totaler Energie, die nicht zersplittert ist, und daher nichts zu tun hat mit dem Künstler, dem Geschäftsmann, dem Politiker, dem Priester oder Laien. Um nun einen solchen Geist hervorzubringen, solch eine Lebensweise, muß man beobachten, was wirklich äußerlich und innerlich stattfindet, in uns und außerhalb von uns. Es anschauen, nicht versuchen, es umzugestalten, nicht versuchen, irgendeine Anpassung vorzunehmen, sondern wirklich die Tatsachen sehen: Ich schaue einen Berg an, ich kann ihn nicht verändern, nicht einmal mit einem Bulldozer kann ich ihn verändern. Aber wir wollen das, was wir sehen, verändern. Der Beobachter *ist* das Beobachtete. Darum gibt es nichts daran zu verändern. Wobei es bei der Wahrnehmung keinen Beobachter gibt. Es gibt nur das Sehen und darum das Handeln.

*Das spiegelt eines unserer früheren Gespräche wider, in dem Sie über Schönheit, Leidenschaft, Leiden und Handeln sprachen. Ich erinnere mich, Sie gefragt zu haben, ob man, um die richtige Beziehung unter ihnen wiederzufinden, mit dem Leiden beginnen muß, das Leidenschaft erzeugt, wenn es so wahrgenommen wird, wie es wahrgenommen werden sollte. Man muß gar nichts dazu tun. Es geschieht. Und im selben Moment entfalten sich Schönheit und Liebe. Also ist die Leidenschaft in sich Mitgefühl, Mitleid. Das »mit« erscheint gemeinsam mit der Leidenschaft.*

Wenn Sie als Professor oder Lehrer oder als Eltern auf die Realitätsferne unserer Art zu leben hinweisen könnten, auf seine zerstörerische Gewalt und auf die enorme Gleichgültigkeit der Erde gegenüber – wir zerstören alles, was wir berühren. Das zu tun und eine Lebensweise aufzuzeigen, in der es keinen Konflikt gibt, scheint mir die wichtigste Aufgabe in der Erziehung zu sein.

*Ja, mir scheint, dies erfordert, daß der Lehrer selbst ohne Konflikt ist. Das ist ein ganz anderer Ausgangspunkt als das, was in unserem allgemeinen Erziehungsprogramm geschieht. Ich habe beobachtet, welche enorme Bedeutung meine Kollegen der Technik der Erziehung beimessen.*

Ich muß mich zuerst transformieren, damit ich lehren kann. Wissen Sie, es gibt etwas dabei, was nicht ganz klar ist: Ich muß warten, bis ich mich verändere. Warum kann ich mich als Erzieher nicht im Moment des Unterrichtens ändern? Die Jungen, die Mädchen, die Studenten leben in Konflikt; der Erzieher lebt in Konflikt. Wenn ich ein Erzieher mit vielen Schülern wäre, würde ich als erstes sagen: »Ich lebe in Konflikt, ihr lebt in Konflikt, laßt uns in einer Diskussion, in der uns unsere Beziehung klar wird, herausfinden, ob es für mich und für euch nicht möglich wäre, diesen Konflikt aufzulösen. Das ist dann Handeln. Aber wenn ich warte, bis ich frei von jedem Konflikt bin, kann ich bis zum jüngsten Tag warten. Das ist das erste, was ich diskutieren würde, nicht die technischen Fächer. Denn das ist *Leben.* Und auch beim Unterrichten eines technischen Faches würde ich sagen: »Gut, laßt uns sehen, wie wir dies angehen und daraus lernen«, so daß sowohl die Schüler als auch der Erzieher ihre Konflikte kennen und engagiert sind, sie aufzulösen. Und darum sind sie außerordentlich interessiert. Das schafft eine außergewöhnliche Beziehung. Ich habe es beobachtet. Ich besuche mehrere Schulen in Indien und in England, und dort findet es statt. Die Energie, die durch Konflikt geschaffen wird, ist zerstörerisch. Die Energie, die durch Konflikt, Anstrengung und Kampf entsteht, produziert Gewalt, Hysterie und neurotisches Handeln. Wogegen die Handlung durch Wahrnehmung total ist, nicht fragmentarisch, und daher ist sie gesund und vernünftig. Sie bringt intensivste Fürsorge und Verantwortung mit sich. Das also ist der Weg zu leben: Sehen, handeln, sehen, handeln, zu jeder Zeit. Ich kann nicht sehen, wenn sich der Beobachter vom Beobachteten unterscheidet. Der Beobachter ist das Beobachtete.

Sie sehen also, daß der gesamte Inhalt unseres Bewußtseins Kampf ist, ein Schlachtfeld, und das nennen wir Leben. Und wie kann in diesem Kampf Liebe existieren? Wenn ich Sie schlage, wenn ich Ihnen Konkurrenz mache, wenn ich versuche, Sie zu überrunden, wenn ich erfolgreich und unbarmherzig bin, wie soll dann die Flamme der Liebe oder des Mitleids, der Zartheit, der Güte entstehen? Sie entsteht nicht. Und darum hat unsere Gesellschaft, so wie sie jetzt ist, keinen Sinn für moralische Verantwortung hinsichtlich des Handelns oder der Liebe. Sie existiert nicht. Liebe kann nur existieren, wenn der Wahrnehmende das Wahrgenommene ist und handelt. Wenn das verstanden ist und wir danach handeln, dann wird diese Flamme sein, dieses Mitleid, dieses Gefühl, die Erde in den Armen zu halten, denn das ist die Basis, die wir in uns selbst herstellen müssen. Nachdem wir dies in uns hervorgebracht oder in uns beobachtet haben, werden wir zur Frage nach dem Tod übergehen, denn das Problem des Todes ist etwas Unermeßliches. Für mich sind Leben, Liebe und Tod nicht zu trennen. Sie sind eine Bewegung. Es ist nicht der Tod dort drüben, dem ich in zwanzig Jahren oder morgen begegnen werde. Der Tod ist anwesend, zusammen mit der Liebe und dem Leben. Es ist eine fortlaufende unteilbare Bewegung. Auf diese Weise lebe ich, denke ich, fühle ich. Das ist mein Leben. Ich meine das so. Es sind nicht nur Worte für mich.

Bevor wir uns jedoch mit der Frage des Todes befassen, müssen wir uns mit der Frage beschäftigen, was Bewußtsein ist. Denn wir müssen verstehen, was Bewußtsein ist, nicht die Beschreibung oder Erklärung, nicht das Wort verstehen, sondern die Wirklichkeit des Bewußtseins. Bin ich als Mensch jemals bewußt? Und was heißt es: bewußt zu sein? Was ist das: wahrnehmen? Nehme ich ganz und gar wahr oder nur gelegentlich, wenn eine Krise aufkommt, ansonsten schlafe ich? Darum ist es sehr wichtig herauszufinden, was Bewußtsein ist. Was also ist Bewußtsein? Das Bewußtsein ist sein Inhalt. Ich drücke es sehr einfach aus. Ich ziehe es vor, über diese Dinge auf sehr einfache Weise zu sprechen, ohne umständliche, sprachkundliche Beschreibungen, Theorien und Vermutungen. Das hat für mich persönlich keine Bedeutung. Das Bewußtsein ist sein Inhalt, der Inhalt ist das Bewußtsein. Sie sind nicht voneinander zu trennen. Das heißt, die Gedanken, die Ängste, die Identifizierungen, die Konflikte, die Bindungen, die Trennungen, die Furcht, das Vergnügen, die Qual, das Leiden, die Glaubensüberzeugungen, die neurotischen Handlungen, das alles ist mein Bewußtsein, denn das ist sein Inhalt.

*Das sagt dasselbe aus wie: ich bin die Welt und die Welt ist ich.*

Das ist richtig. Also, das sind meine Möbel, das ist mein Gott, das ist mein Glaube in all seinen Nuancen und mit all seinen Spitzfindigkeiten. All das ist Teil meines Bewußtseins, das sagt: ich bin. Das bin ich, ich bin die Möbel. Wenn ich sage, das sind meine Möbel, wenn ich mich damit identifiziere, dann bin ich daran gebunden, ich bin sie. Ich bin das Wissen, das ich erlangt habe, mit dem ich aufgewachsen bin, mit dem ich Erfolg hatte, das nur große Bequemlichkeit gegeben hat, ein Haus, eine Position und Macht. Das Haus bin ich. Der Kampf, den ich durchlebt habe, das Leiden, die Qual, bin ich. Es ist mein Bewußtsein. Also ist Bewußtsein sein Inhalt. Es gibt keine Trennung in ein Bewußtsein und seinen Inhalt. Ich kann das Bewußtsein ausdehnen oder erweitern, horizontal oder vertikal, aber es ist immer noch innerhalb dieses Feldes. Ich kann es ausdehnen, indem ich sage, Gott ist unermeßlich. Das ist mein Glaube. Und ich habe mein Bewußtsein erweitert, indem ich mir vorstelle, es sei erweitert. Was immer das Denken in der Welt erschaffen hat, in meinem Innern befindet sich der Inhalt. Die ganze Welt, besonders im Westen, basiert auf dem Denken. Ihre Aktivitäten, ihre Forschungen, ihre Errungenschaften, ihre Religionen sind im wesentlichen das Resultat des Denkens, mit all seinen Bildern. Das ist also der Inhalt des Bewußtseins.

Daraus entspringt die Frage: Was ist Tod? Ist der Tod das

Ende des Bewußtseins mit seinem Inhalt? Oder ist der Tod eine Fortdauer dieses Bewußtseins? Ihr Bewußtsein unterscheidet sich nicht von meinem. Es mag kleine Unterschiede, kleine Veränderungen geben, ein wenig Erweiterung, etwas Verkleinerung. Aber im wesentlichen ist Bewußtsein sowohl Ihres als auch meines, denn ich bin an mein Haus gebunden und Sie an Ihres. Ich bin an mein Wissen, an meine Familie gebunden. Ich bin verzweifelt, ob ich in Indien, England oder in Amerika lebe, wo auch immer, so daß das Bewußtsein gemeinsam ist. Dies ist unwiderlegbar. Sehen Sie, was geschieht. Ich habe diesen Inhalt niemals geprüft. Ich habe ihn niemals aus der Nähe betrachtet, und ich habe Angst. Angst vor etwas, das ich den Tod nenne, das Unbekannte. Lassen Sie es uns für einen Moment das Unbekannte nennen. Ich habe also Angst. Es gibt darauf keine Antwort. Jemand kommt vorbei und sagt: »Ja, mein Freund, es gibt ein Leben nach dem Tode. Ich habe Beweise dafür. Ich weiß, daß es existiert, denn ich bin meinem Bruder, meinem Sohn begegnet.« Wir werden gleich darauf eingehen. Ich also, ängstlich, besorgt, furchtsam, krank, akzeptiere das sofort freudig und sage: »Ja, es gibt Reinkarnation. Ich werde im nächsten Leben wiedergeboren, und dieses Leben ist mit Karma verbunden.« Das Wort Karma bedeutet handeln, nichts weiter, nicht das ganze Geschwätz, das damit verbunden ist, lediglich handeln. Und nun sehen Sie, was dazugehört – das heißt, wenn ich an Reinkarnation glaube –, das ist dieses Bewußtsein mitsamt seinem Inhalt, welches das Ich, mein Ego, mein Selbst, meine Aktivitäten, meine Hoffnungen und mein Vergnügen ist. All das ist mein Bewußtsein. Und dieses Bewußtsein – das mein und dein, sein und ihr gemeinsames Bewußtsein ist – wird im nächsten Leben wiedergeboren werden. *Das* wird im nächsten Leben wiedergeboren. Und sie sagen, wenn du dich jetzt anständig benimmst, wirst du im nächsten Leben belohnt werden. Das ist Teil der Kausalität, Ursache und Wirkung. Benimm dich also, sonst wirst du im nächsten Leben bestraft werden. Du wirst belohnt, wenn du dich wohlverhältst. Die ganze östliche Welt basiert auf Reinkarnation und glaubt daran. Was geschieht also? Ich habe Trost gefunden in einem Glauben, der mir sagt, verhalte dich jetzt richtig, sei jetzt ein guter Mensch, verletze jetzt niemanden, aber in Wirklichkeit führe ich es nicht durch. Ich kann es hinauszögern, es verschieben und mich schlimm benehmen.

*Denn wir sind ja alle dazu ausersehen, es am Ende doch zu schaffen. Was bedeutet, daß die Unmittelbarkeit und Dringlichkeit des Handelns überhaupt nicht begriffen worden ist.*

Das ist richtig. Die Hindu waren wahrscheinlich die Urheber dieser Idee von Ursache und Wirkung. Die Wirkung wird durch die nächste Ursache verändert werden, und so entsteht diese endlose Kette. Und wenn sie endlos ist, werden wir sie irgendwann unterbrechen. Darum ist es egal, was Sie jetzt tun. Solch ein Glaube spendet großen Trost, denn er verspricht uns unser Weiterleben. Wir werden unseren Bruder, unsere Frau oder unseren Mann, oder wen auch immer, wiedersehen. Und in der Zwischenzeit beunruhige dich nicht allzu sehr und nimm das Leben nicht allzu ernst. Amüsiere dich gut, genieße es. Oder tu, wozu du Lust hast, bezahle ein bißchen dafür im nächsten Leben, aber mach weiter so.

*Ich sprach darüber mit einem sehr bekannten Hindu-Lehrer und habe genau diesen Punkt, den Sie eben betonten, erwähnt und meinte, es würde ihn beeindrucken. Ich sagte, es gäbe keine Hoffnung, dieses Wiederholen zu stoppen, wenn nicht sofortiges Handeln stattfindet. Und darum könne es hinsichtlich des Bewußtseinsinhaltes eines ganzen Volkes, das sich in diesem Begriff sonnt, kein wirkliches Interesse daran und nur endlose Wiederholung geben. Er hat nur gelacht, als ob ich irgendetwas wahrgenommen hätte, worüber die meisten sich offensichtlich ihre Köpfe nicht zerbrechen. Aber das Außergewöhnliche für mich war, daß er keinerlei Beunruhigung über das zeigte, was er mit seinem Intellekt erkannt hatte.*

Es sind Heuchler, wenn sie das glauben und völlig konträr handeln.

*Ja, im strikten biblischen Sinne. Wir könnten in unserem nächsten Gespräch mit dem Thema Tod fortfahren.*

26. Februar 1974

# Der Tod

*Wir begannen, über die Beziehung des Bewußtseins zum Tod zu sprechen, zum Tod, der zusammen mit dem Leben eine einzige totale Bewegung ist. Zum Schluß haben wir sogar das Thema Reinkarnation berührt . . .*

Ein Punkt bei der Frage des Todes ist, daß wir schon vor dem Wort selbst soviel Angst haben. Niemand spricht darüber. Es gehört nicht zur alltäglichen Unterhaltung. Es ist etwas, das vermieden werden muß, etwas das unausweichlich ist. Also weisen wir es um Gottes willen so weit wie möglich von uns fort. Das ist das Allerabsurdeste. Was wir jetzt besprechen, ist das Verstehen des Todes, seine Beziehung zum Leben und zu dem, was wir Liebe nennen. Man kann unmöglich die Unermeßlichkeit – und es ist Unermeßlichkeit – dessen, was man Tod nennt, verstehen, wenn es nicht wirkliche Freiheit von Angst gibt. Darum haben wir kürzlich über das Problem Angst gesprochen. Ohne daß sich der Geist nicht selbst wirklich von Angst befreit, gibt es keine Möglichkeit, die außerordentliche Schönheit, Kraft und Vitalität des Todes zu verstehen.

*Das ist eine sehr bemerkenswerte Art, es auszudrücken – die Vitalität des Todes. Normalerweise betrachten wir ihn als die totale Negation des Lebens.*

Als Negation des Lebens, das ist richtig. Wenn wir nun also die Frage des Todes untersuchen, dann darf keinerlei Angst in uns existieren. Dann kann ich weiterforschen. Dann kann ich herausfinden, was Tod bedeutet. Wir haben die Reinkarnation ganz kurz angesprochen, den Glauben, an dem der Osten festhält, und der keine Realität im täglichen Leben hat. Es ist, als ginge man jeden Sonntag zur Kirche und wäre die restlichen sechs Tage der Woche boshaft. Wenn jemand, der wirklich ernsthaft und wirklich aufmerksam ist, diese Frage des Todes erforscht, muß er seine Bedeutung, seine Qualität und nicht das Enden verstehen. Und das werden wir jetzt ein wenig untersuchen.

Die alten Ägypter, die Pharaonen verschiedener Dynastien, haben sich auf den Tod vorbereitet. Sie sagten, wir werden den Fluß mit all unseren Gütern, all unseren Triumphwagen, all unserem Besitz und unserem Eigentum überqueren. Und darum waren ihre Höhlen und ihre Gräber mit allen notwendigen Dingen des täglichen Lebens, Getreide usw. gefüllt. Das Leben war also nur der Weg zum Sterben. Das ist die eine Art, es zu sehen. Die andere ist die Reinkarnation, die Anschauungsweise der Inder, der Asiaten. Und es gibt die christliche Idee der Wiedererweckung. Man wird wieder geboren und vom Erzengel Gabriel zur Belohnung in den Himmel getragen. Was aber ist Tatsache? Dieses sind alles Theorien, Vermutungen, Glaube und Nicht-Tatsachen. Ich meine, jemand – angenommen als Jesus geboren – entsteigt körperlich wiedererstanden seinem Grab. Es ist einfach ein Glaube. Es gab keine Kameras. Zehn Leute behaupteten, es gesehen zu haben. Es ist etwas, das sich einige einbildeten. Da ist also dieses Leben und die Vorbereitung auf den Tod, wie bei den alten Ägypern. Dann ist da die Reinkarnation. Und dann gibt es die Wiederauferstehung.

Wenn man aber keine Angst hat, was ist dann der Tod? Was ist es, das stirbt, abgesehen vom Organismus? Wenn Sie sehr sorgsam damit umgehen, mag der Organismus für 80, 90 oder 100 Jahre Bestand haben. Wenn Sie keine Krankheit, keine Unfälle haben, wenn sie vernünftig, gesund leben, werden Sie vielleicht 100 oder 110 Jahre überdauern. Und was dann? Sie leben 100 Jahre – wofür? Für diese Art von Leben – Kampf, Hader, Zank, Verbitterung, Ärger, Eifersucht, Oberflächlichkeit, ein bedeutungsloses Dasein. So wie wir jetzt leben, ist es ein bedeutungsloses Dasein. Was stirbt also? Und wovor habe ich

Angst? Was ist es, das uns vor dem Tod Angst macht? Das Verlieren von dem, was wir kennen? Meine Frau verlieren? Mein Haus verlieren? Die Dinge verlieren, die ich erworben und angeschafft habe? Den Inhalt meines Bewußtseins verlieren? Meine Frage lautet also: Kann der Inhalt des Bewußtseins vollkommen ausgeräumt werden? Verstehen Sie, was Leben bedeutet? Wenn der Inhalt vollkommen ausgeräumt ist, bedeutet das Sterben Leben, das heißt keinerlei Bindung. Es ist kein brutales Abschneiden, sondern das Verstehen von Bindung, von Abhängigkeit, von Besitz, von Macht, von Stellung, von Angst. Das Leerwerden von all diesem ist der wirkliche Tod. Und darum bedeutet das Leeren des Bewußtseins, daß das Bewußtsein, welches seine eigene Begrenzung durch seinen Inhalt geschaffen hat, zu einem Ende kommt. Ich frage mich, ob Ihnen das klar ist?

*Ja, ich habe Ihnen sehr aufmerksam zugehört, und es scheint mir eine grundlegende Beziehung zwischen Geburt und Tod zu geben. Aber die beiden werden nicht auf der tiefen Ebene begriffen, über die Sie gerade zu sprechen beginnen, wenn sie als zwei Momente in einem Kreislauf betrachtet werden.*

So ist es. Der Tod wird also zu etwas Lebendigem, wenn der Inhalt des Bewußtseins, das seine eigene Grenze, seine eigene Begrenzung schafft, zu einem Ende kommt. Das ist keine Theorie, keine Spekulation, kein intellektuelles Begreifen, sondern das wirkliche Wahrnehmen von Bindung – lassen Sie uns das als ein Beispiel benutzen: an irgend etwas gebunden sein, an Besitz, Mann, Frau, das Buch, das ich geschrieben habe, oder das Wissen, das ich erworben habe. Bindung und der Kampf darum, ungebunden zu sein, denn Bindung bringt Schmerz. Darum sage ich mir, ich muß ungebunden sein, und der Kampf beginnt. Und das ist der ganze Inhalt meines Bewußtseins, dieser Kampf, den wir eben beschrieben haben. Kann nun dieser Inhalt sich selbst ausräumen oder durch einen Akt der Wahrnehmung ausgeräumt werden? Kann dieser ganze Inhalt einschließlich seines unbewußten Anteils beobachtet werden? Ich kann bewußt den Inhalt meines Bewußtseins wahrnehmen, mein Haus, meinen Besitz, meine Frau, meine Kinder, meinen Job, die Dinge, die ich erworben, die ich erlernt habe. Ich kann all diese Dinge bewußt wahrnehmen. Es gibt aber auch einen verborgenen Inhalt in den tiefsten Winkeln meines Bewußtseins, der rassisch, kollektiv, anerzogen ist, all die Dinge, die ich unbewußt angesammelt habe, die Einflüsse, der Druck, die Anspannungen des Lebens in einer Welt, die korrupt ist. All das ist eingesickert, all das hat sich darin angesammelt.

*Sowohl persönlich als auch unpersönlich. Das schließt sowohl das ein, was die Tiefenpsychologen das kollektive Unbewußte nennen, wie auch das persönliche Bewußtsein.*

Das Kollektive auch. Kann das nun alles enthüllt werden? Denn das ist sehr wichtig. Denn wenn der Verstand wirklich die volle Bedeutung des Todes verstehen und begreifen will, seine ungeheure Größe, die hohe Qualität eines Geistes, der sagt: »Ja, das ist beendet«, dann gibt ihm das eine enorme Vitalität und Energie. Meine Frage lautet also: Kann der Geist den gesamten Inhalt vollständig wahrnehmen, den versteckten wie den offenliegenden, den kollektiven, den persönlichen, den rassischen, den flüchtigen – das Ganze? Wir behaupten gewöhnlich, es sei durch Analyse möglich. Ich habe gesagt: Analyse ist Paralyse, ist Lähmung. Denn jede Analyse muß perfekt, muß abgeschlossen sein. Und man hat Angst, sie könne nicht abgeschlossen sein. Und wenn man sie nicht vollständig abgeschlossen hat, nimmt man sie als Erinnerung mit, die dann den nächsten Zwischenfall analysiert. Jede Analyse bringt daher ihre eigene Unvollständigkeit mit sich. Darum ist sie völlig lähmend.

*Mich berührt sehr, daß eine sehr klare Beziehung zwischen dem Tod, wie wir ihn normalerweise betrachten, und dem besteht, was Sie über die endlose Folge von analytischen Hand-*

*lungen sagten. Wir betrachten den Tod als Endpunkt einer Linie. Wir denken lateral. Im Gegensatz dazu sagten Sie, man müsse dies vertikal sehen. Und wenn wir den Tod nun aus dieser neuen Perspektive betrachten, sehen wir den Tod nicht länger nur als einen Moment des Endens. Es findet hier ein totaler qualitativer Wandel statt. Es kommt nicht etwas zu einem Ende, das wir bedauern müssen, als hätten wir etwas Wertvolles verloren.*

Ja, ich verlasse meine Frau und meine Kinder und meinen Besitz, mein Bankkonto. Wenn man sich sehr tiefgehend damit befaßt, dann gibt es diesen Inhalt, der mein erworbenes, ererbtes, aufgebürdetes, beeinflußtes Bewußtsein ist, mit allem an Propaganda, Bindung, Lösung, Angst, Furcht, Vergnügen und auch den versteckten Dingen. Ich sehe, da Analyse in Wirklichkeit Paralyse ist – dies ist nicht eine intellektuelle Vermutung, sondern es ist wirklich eine unvollständige Handlung –, kann sie niemals eine vollständige Handlung hervorbringen. Schließlich bedeutet das Wort Analyse Zerlegung. Deshalb lehne ich sie vollständig ab. Ich werde nicht analysieren, denn ich sehe die Dummheit, den lähmenden Prozeß darin. Was soll ich also tun? Denn das ist die Tradition: Selbstbetrachtung oder Analyse durch mich selbst oder einen Fachmann, was jetzt in Mode ist. Wenn der Verstand also die Wahrheit darin erkennt, und darum die Analyse wegfällt, was soll der Verstand dann mit dem Inhalt tun? Wir kennen den Inhalt. Wir müssen das nicht ausführlich beschreiben. Was muß man also tun? Er muß ausgeräumt werden, sonst ist es nur ein Weitermachen. Analyse umfaßt den Analysierenden und das Analysierte. Ich analysiere meinen Ärger. Wer ist der Analysierende? Er ist ein Teil des Fragments, das Ärger ist. Der Analysierende behauptet also, vom Analysierten getrennt zu sein. Wenn ich aber die Wahrheit erkenne, daß nämlich der Analysierende das Analysierte ist, dann findet eine vollkommen andere Handlung statt. Dann gibt es keinen Konflikt zwischen dem Analysierenden und dem Analysierten. Dann gibt es sofortiges Handeln, eine

Wahrnehmung, die das »was ist« beendet und darüber hinausgeht. Schließlich ist der Beobachter das Wissen. Analyse beinhaltet den Analysierenden und das Analysierte. Der Analysierende ist das Analysierte. Und ebenso beinhaltet die Analyse Zeit, Dauer. Ich brauche Zeit, um aufzudecken, auszugraben, und es wird mich für den Rest meines Lebens beschäftigen.

Der wahrnehmende Verstand legt die Analyse vollkommen ab. Nicht, weil sie sich nicht lohnt, nicht weil sie mich nicht dorthin führt, wohin ich möchte, sondern weil ich sehe, daß das Bewußtsein sich unmöglich seines Inhalts entledigen kann, wenn der Verstand sich ihm auf dieser Schiene nähert. Der Analysierende und die Zeit: Ich sehe die völlige Sinnlosigkeit der Tatsache, daß ich nach vierzig Jahren immer noch analysiere. Aber der Verstand muß seinen Inhalt erkennen, muß seiner vollkommen gewahr sein, nicht nur einiger Bruchstücke. Wie ist das nun möglich? Denn das ist in Beziehung zum Tod sehr wichtig. Denn der Inhalt meines Bewußtseins ist Bewußtsein. Dieses Bewußtsein bin ich, mein Ego, mein Reden von »ich und du«, »wir und sie« – ganz gleich ob »sie« nun die Kommunisten, die Katholiken, die Protestanten oder die Hindus sind – »wir und sie«. Es ist also sehr wichtig herauszufinden, ob es möglich ist, daß das Bewußtsein sich seines Inhalts entledigt, und herauszufinden, was das Sterben des Ich bedeutet. Denn das *ist* das »Ich«. Ich, der ich so gearbeitet habe, der ich ein rechtschaffenes oder ein nichtrechtschaffenes Leben gelebt habe, der soviel getan hat, Böses oder Gutes, der ich mich so abgemüht habe mich zu bessern, der ich so nett gewesen bin, so sanft, so ärgerlich, so bitter. Und wenn Sie sagen, leeren Sie Ihr Bewußtsein, heißt das, daß Sie mich bitten, all dem zu sterben. Da berühren Sie die Wurzel der Angst selbst, die Wurzel des Entsetzens vor dem Nichtsein. Das ist es. Und ich möchte dieses Ich unsterblich machen. Ich tue das, indem ich ein berühmtes Buch schreibe, oder indem ich male, durch irgendwelche Werke, durch gute Taten, durch Bauten oder sonstwas. Ich mache mich unsterblich.

*Das hat einen sehr schädlichen Effekt innerhalb der Familie, denn wir müssen einen Sohn haben, um den Namen rechtzeitig unsterblich zu machen.*

Darum wird die Familie zur Gefahr. Sehen Sie, was wir getan haben. Die alten Ägypter machten sich unsterblich, machten ihr Leben unsterblich durch den Gedanken, sie könnten bis in alle Ewigkeit weiterleben wie bisher, und die Räuber kommen und reißen alles in Stücke.

Tut-ench-Amun ist nur noch eine Maske, eine goldene Maske und eine Mumie. Der Mensch hat also durch Werke Unsterblichkeit gesucht, hat auf alle mögliche Weise versucht zu finden, was unsterblich ist, nämlich das, was jenseits des Sterbens liegt.

*Es ist sehr bemerkenswert, daß das Wort »unsterblich« selbst eine Verneinung ist. Es sagt nicht, was es ist.*

Wir werden herausfinden, was es ist. Dieses ist etwas sehr, sehr Ernstes: Es ist kein Spiel zwischen zwei Menschen, die eine Diskussion genießen. Es ist etwas außerordentlich Wichtiges. Was also ist Unsterblichkeit? Nicht das Buch, nicht das Gemälde, das ich gemacht habe, nicht die Reise auf den Mond, und das Aufrichten irgendeiner idiotischen Flagge dort, nicht: ein rechtschaffenes Leben zu führen oder ein nichtrechtschaffenes. Was ist also Unsterblichkeit? Kathedralen sind wunderschön, aber dann kommt ein Erdbeben, und weg sind sie. Michelangelo meißelte aus Marmor etwas Wunderbares, dann kommt ein Feuer und vernichtet es, oder aber irgendein Geistesgestörter kommt mit einem Hammer und zerstört es. Also ist Unsterblichkeit in nichts davon, weil es zerstörbar ist. Jede Statue, jedes Gedicht, jedes Gemälde wird zu etwas Totem. Dann fragt man also, was ist Unsterblichkeit? Sie ist nicht in dem Gebäude. Erkennen Sie das. Sie ist nicht in der Kathedrale, sie ist nicht in dem Erlöser, den man erfunden hat, den das Denken erfunden hat, nicht in den Göttern, die der

Mensch nach seiner eigenen Vorstellung geschaffen hat. Was ist dann Unsterblichkeit? Denn sie steht in Beziehung zu Bewußtsein und Tod. Wenn ich das nicht herausfinde, ist der Tod ein Schrecken.

Ich habe versucht, mich unsterblich zu machen, unsterblich zu werden durch die Vorstellung, es gebe Brahman, gebe einen Gott, gebe die Ewigkeit, gebe etwas Namenloses, und ich werde alles tun, mich ihm zu nähern. Darum werde ich ein rechtschaffenes Leben führen. Darum werde ich beten, ich werde betteln, ich werde gehorchen, ich werde ein Leben in Armut führen, in Keuschheit, um diese unsterbliche Wirklichkeit bei mir zu haben. Aber ich weiß, daß das alles dem Denken entsprungen ist. Ich sehe also, daß das Denken und seine Produkte die Kinder unfruchtbarer Frauen sind.

Sehen Sie, was stattfindet. Was ist dann Unsterblichkeit? Die Schönheit in der Kirche – ich habe sie nicht gebaut –, die Schönheit in der Kathedrale, die Schönheit in dem Gedicht, die Schönheit in der Skulptur, die Schönheit selbst, nicht der Gegenstand der Schönheit. Sie selbst. Sie ist unsterblich. Und ich kann es nicht begreifen, der Verstand kann es nicht begreifen, denn Schönheit befindet sich nicht im Bereich des Bewußtseins.

*Wieder stellt das, was Sie gesagt haben, alles auf den Kopf. Wir denken, wenn etwas Schönes stirbt, das wir geschätzt haben, sterbe die Schönheit in gewisser Weise mit dem Vergänglichen. Eigentlich habe ich das Gefühl, durch den Tod dieser Schönheit beraubt zu sein, zu der Zugang zu haben ich als mein Privileg betrachtete. Ich glaube, sie sei zunichte geworden, nicht einfach nur verloren, denn was verloren ist, ist dazu bestimmt, wiedergefunden zu werden. Aber zunichte werden bedeutet, vollkommen ausgelöscht zu werden. Und daher sitzt der Glaube sehr tief, außerordentlich tief in bezug auf das, was wir mit zunichtewerden meinen. Tatsächlich wird das Wort nicht sehr oft benutzt, es ist ein sehr abschreckendes Wort. Wir sprechen stets davon, etwas zu verlieren, kaum jemals sagen wir, etwas werde zunichte. Nun zurück zu dem, uns ich über das Auf-den-Kopf-Stellen sagte. Mir kam folgendes Bild als Metapher in den Sinn – ich hoffe, es ist nicht eines der Bilder, über die wir gerade gesprochen haben – nämlich: daß Schönheit lieber losläßt, als eingekerkert zu werden und null und nichtig zu werden, wenn etwas zugrundegeht. In gewisser Hinsicht hat Schönheit das, was sie zum Ausdruck bringt, losgelassen. Das ist das Gegenteil dessen, was man gewöhnlich denkt. Und sie hat sich genau zur rechten Zeit gelöst. Das ist es, was so wunderbar ist.*

Das ist richtig. Also ist Unsterblichkeit Denken innerhalb des Bereiches von Zeit, und der Tod liegt dann ebenso im Bereich der Zeit, denn ich habe durch das Denken die zeitlichen Dinge geschaffen. Und der Tod ist das Ende oder der Beginn eines Zustandes, der zeitlos ist. Davor habe ich Angst. Ich will also alles im Bereich der Zeit erhalten. Und das ist es, was wir unsterblich nennen – die Statue, das Gedicht, die Kirche, die Kathedrale. Ich sehe auch, daß all das Schaden nimmt, durch einen Unfall oder ein Erdbeben zerstört werden kann, und dann ist alles weg. Unsterblichkeit befindet sich also nicht innerhalb des Bereiches von Zeit. Und Zeit ist Denken. Also muß alles, was das Denken schafft, im Bereich der Zeit liegen. Und doch versucht das Denken Unsterblichkeit zu erreichen, was seine eigene Unsterblichkeit ist und die der Dinge, die es geschaffen hat. Das Problem ist dann also: Kann der Verstand all das erkennen, es sehen? Und sich nicht nur vorstellen, daß er es sieht?

Der Verstand muß, wenn er dies alles wahrnimmt, wenn er wachsam ist, wenn er während unserer Diskussion fortwährend aufmerksam war, unausweichlich ohne irgendeine Anstrengung den gesamten Inhalt enthüllt sehen. Es ist wie das Lesen einer Landkarte. Sie breiten sie aus und schauen. Wenn Sie jedoch in eine bestimmte Richtung gehen wollen, schauen Sie auch nicht die ganze Landkarte an. Dann sagen Sie, ich möchte von hier nach dort gehen, die Richtung ist dort, soundsoviele Kilometer, den Rest schauen Sie gar nicht erst an. Worauf wir hinweisen ist: wählen Sie keine Richtung, schauen Sie einfach. Schauen Sie ohne Absicht, ohne Wahl auf den Inhalt Ihres Bewußtseins. Nehmen Sie ihn wahr, ohne sich um Beurteilung zu bemühen.

Nehmen Sie diese außergewöhnliche Landkarte wahr, ohne zu wählen. Denn dieses Gewahrsein ohne jede Absicht gibt Ihnen diese ungeheure Energie, darüber hinauszugehen. Aber Sie benötigen Energie, um darüber hinauszugehen.

*Das läßt mich wieder an den Begriff der Reinkarnation denken, über die wir früher gesprochen haben. Ich sehe die dämonische Wurzel darin.*

Reinkarniere im nächsten Leben. Niemand sagt: Inkarniere jetzt. Sie können nur jetzt inkarnieren, wenn Sie dem Inhalt Ihres Bewußtseins sterben. Sie können wiedergeboren, vollkommen regeneriert werden, wenn Sie diesem Inhalt sterben. Was geschieht also? Als Mensch weiß ich nicht, wie das Bewußtsein zu leeren ist. Ich bin nicht einmal daran interessiert. Ich habe nur Angst. Ich ängstige mich zu Tode. Und so bewahre ich etwas, und ich sterbe, werde verbrannt oder beerdigt. Der Inhalt besteht weiter. Wie wir schon sagten, ist mein Inhalt auch Ihr Inhalt, er unterscheidet sich nicht wesentlich. Leicht verändert, leicht verstärkt und mit besonderen Tendenzen, die von Ihrer prägenden Umgebung abhängen, ist es im wesentlichen dasselbe Bewußtsein. Wenn der Mensch dieses Bewußtsein nicht leert, besteht dieses Bewußtsein weiter wie ein Fluß – das Ansammeln, das Anhäufen, alles geht weiter. Und aus diesem Fluß heraus äußert oder manifestiert sich jener, den wir verloren haben. Spiritistische Medien sagen in Séancen: dein Bruder, dein Onkel, deine Frau ist hier. Was ist geschehen? Sie haben sich aus diesem Strom heraus manifestiert. Aus diesem Strom, der das kontinuierliche Bewußtsein ist, das aus Ringen, Schmerz, Unglücklichsein und all dem besteht.

Ein Mensch, der das Bewußtsein beobachtet, anschaut und

leert, gehört in keiner Hinsicht mehr zu diesem Fluß. Dann lebt er in jedem Moment aufs neue, denn er stirbt in jedem Moment: Das »Ich« kann nichts mehr ansammeln, das sich ausdrücken muß. Er stirbt jede Minute. Er lebt jede Minute und stirbt jede Minute. Darum gibt es darin – wie soll ich sagen –, es gibt keinen Inhalt. Es ist wie eine enorme aktive Energie.

*Dies gibt dem, was wir mit dem Leben nach dem Tode bezeichnen eine vollkommen andere Bedeutung. Einerseits gibt es diese Fortdauer des ungeordneten Inhalts des Bewußtseins, . . .*

Es ist völlig ungeordnet, das ist richtig.

*. . . das in seinem Wesen qualitativ nicht wesentlich betroffen wird, nur weil jemand für immer aufgehört hat zu atmen. Nein. Es ist unterwegs und darum bewirkt der Versuch, der so oft nach dem Tod eines Menschen unternommen wird, mit dem Bewußtseinsfluß in Kontakt zu kommen, nur seine Verstärkung innerhalb des eigenen persönlichen Lebens. Und es tut dem weiterbestehenden Bewußtseinsinhalt etwas Schreckliches an, da man ihm weitere Nahrung gibt.*

Das ist richtig. Mich besuchte jemand, dessen Frau gestorben war. Und er glaubte wirklich, sie zu lieben. Er sagte also: »Ich muß meine Frau wiedersehen. Können Sie mir helfen?« Ich antwortete: »Welche Frau möchten Sie sehen? Diejenige, die gekocht hat? Diejenige, die die Kinder geboren hat? Diejenige, mit der Sie geschlafen haben? Diejenige, die mit Ihnen gezankt hat? Diejenige, die Sie unterdrückt, geängstigt hat?« Er sagte: »Ich möchte keine von denen sehen. Ich möchte das Gute von ihr sehen.« Die Vorstellung des Guten, die er sich von ihr gemacht hat, nicht die häßlichen Dinge oder das, was er für häßlich hält, sondern die Idee des Guten, das er in ihr gesehen hat, das ist das Bild, das er gern treffen möchte. Ich sagte: »Seien Sie nicht kindisch. Sie sind vollkommen unreif, denn daß Sie mit ihr geschlafen haben, daß Sie mit ihr böse waren, all das wollen Sie nicht. Sie wollen nur das Bild, das Sie von ihrer Güte haben.« Und wissen Sie, er fing an zu weinen, zum ersten Male weinte er richtig. Hinterher sagte er: »Ich habe geweint, als sie starb, aber das waren Tränen des Selbstmitleids, meine Verlassenheit, mein Gefühl, etwas zu vermissen. jetzt weine ich, weil ich erkenne, was ich getan habe.« Um also den Tod zu verstehen, darf es keine Angst geben. Die Angst und der Schrecken des Todes existieren nur, wenn der Inhalt des Bewußtseins nicht verstanden ist. Und dieser Inhalt ist das Ich. Und das Ich ist der Stuhl, ist alles, woran ich gebunden bin. Es ist so dumm. Und ich habe Angst, die Familie oder das Bankkonto zu verlieren. Wenn man also in dieser Angelegenheit nicht wirklich zutiefst ernsthaft ist, kann man im eigentlichen Sinne des Wortes jetzt nicht inkarnieren. Und darum liegt die Unsterblichkeit im Buch, in der Statue, in der Kathedrale, in den Dingen, die wir zusammengesetzt haben, die wir durch das Denken zusammengesetzt haben. Das ist alles im Bereich der Zeit.

*Mir fiel gerade ein, was wir Plato durch den dauernden Versuch einer wissenschaftlichen Analyse seiner Texte angetan haben. Plato sagte ohne Umschweife, die Aufgabe eines Philosophen – nämlich eines Menschen, dem es um einen radikalen Wandel und eine Wiedergeburt geht wie sie mit Weisheit verbunden ist – sei die Praxis des Sterbens. Mit dieser Praxis ist wohl weder eine Routine noch Wiederholung gemeint, sondern ein Nichtnachlassen. Es ist möglich, aus der Praxis des Sterbens heraus in den Schrecken und den dämonischen Fluß der Zeit zu fallen. Im Tun jedoch ist das Ganze eine fortwährende Bewegung . . .*

Also steht die Zeit still. Sehen Sie die Schönheit darin. Und es ist diese Schönheit, die unsterblich ist, nicht die Dinge, die das Denken geschaffen hat. Also ist Leben Sterben. Und Liebe ist im Grunde genommen das Sterben des Ich. Sie ist nicht das, wovon das Denken behauptet, es sei Liebe, wie Sex und Vergnügen. Der Zeit sterben ist Liebe. Leben, Liebe und Tod sind also eins, nicht gespalten, nicht getrennt, nicht entzweit, nicht im Bereich der Zeit, sondern ein lebendiges, bewegliches, unteilbares Ganzes. Und *das* ist unsterblich.

Die meisten von uns sind falsch erzogen worden. Von Kindheit an sind wir nicht zur Ernsthaftigkeit erzogen worden. Von Kindheit an hat man uns die Kultivierung des Denkens nahegebracht, die Ausdrucksformen und den Glanz des Denkens. Unsere ganze Philosophie, unsere Bücher, alles basiert darauf. Und wenn Sie sagen: »Stirb all dem«, erzeugen Sie den Schrekken vor dem Nichtwissen. Dieses Wissen gibt mir doch Sicherheit. Dann wird das Wissen zum Bereich meiner Sicherheit. Und Sie fordern mich auf, das alles aufzugeben, all dem zu sterben. Und ich sage, Sie sind wahnsinnig. Wie kann ich all dem sterben, es ist ein Teil von mir.

*Es gibt einen sehr schönen Zen-Spruch, der sich hierauf zu beziehen scheint, wenn er richtig verstanden wird. Er handelt davon, mit geöffneten Händen vom Kliff zu springen. Die Hände greifen immer nach der Vergangenheit oder recken sich der Zukunft entgegen, und wir kommen niemals von diesem horizontalen Gleis weg.*

Dann stellt sich die Frage, was bedeutet es, in der Gegenwart zu leben? Tod ist Zukunft. Und ich habe vierzig Jahre lang gelebt und all das angesammelt. Was also ist die Gegenwart? Die Gegenwart ist der Tod des Bewußtseinsinhalts. Es liegt ungeheure Schönheit darin. Denn es bedeutet keinen Konflikt, kein Morgen. Wenn Sie jemandem, der liebt, jemandem, der sich morgen seines Mannes oder seiner Frau erfreuen will, sagen, daß es kein Morgen gibt, wird er sagen, worüber reden Sie eigentlich? Darum: Können wir unsere Kinder, unsere Schüler lehren, vollkommen anders zu leben – zu leben, zu verstehen und zu handeln mit einem Verständnis für den Inhalt des Bewußtseins und für die Schönheit, die in all diesem liegt? Wenn

Sie die Schönheit darin erkennen, findet es statt. Es ist nicht das Ergebnis eines Denkvorgangs. Es ist nicht das Ergebnis menschlichen Denkens, Denkens, Denkens. Es ist die tatsächliche Wahrnehmung dessen, »was ist«.

*Es ist erstaunlich, daß es sich an der Wurzel um dieselbe Energie handelt. Es betrifft doch nicht eine andere Energie, die Gott genannt wird.*

Nein, das brächte etwas von außen Wirkendes herein. Es ist dieselbe verschwendete, verstreute Energie, die nicht länger verschwendet und verstreut wird.

*Daher erfolgt ein totaler Wandel. Die Transformation eines jeden Individuums ist total.*

Und sie findet nicht innerhalb des Bereiches von Zeit und Wissen statt. Sie sehen, wie sie zueinander in Beziehung stehen.

*Es scheint mir nicht in der Verantwortung des einen gegenüber dem anderen zu liegen, etwas zu tun. Wir beginnen zusammen zu schauen, nur ganz ruhig zu schauen. Und diese Aktivität ist nicht geplant – sie erblüht, um Ihr schönes Wort zu gebrauchen. Es bedarf keines Kunstgriffes, keiner Anleitung. Sie wächst irgendwie aus sich selbst heraus. Die Einheit von Tod, Leben und Liebe war eine wundervolle Offenbarung. Ich hoffe, daß wir dieses im Zusammenhang mit Erziehung in unserem nächsten Gespräch noch weiterverfolgen können.*

26. Februar 1974

# Religion und Autorität

*Wir haben über den Zusammenhang von Tod und Leben und Liebe gesprochen. Wir wollten dies im Hinblick auf die Erziehung weiterverfolgen.*

Ich würde gern fragen, warum wir erzogen werden? Was bedeutet diese Erziehung, welche die Menschen erhalten? Offensichtlich verstehen sie nichts vom Leben, nichts von der Angst, nichts vom Vergnügen, nichts von all dem, was wir diskutiert haben, und nichts von der elementaren Angst vor dem Tod und dem Schrecken, nicht zu sein. Liegt es daran, daß wir so vollkommen materialistisch geworden sind, daß wir nur an guten Jobs, Geld, Vergnügen und oberflächlicher Unterhaltung interessiert sind, ob es sich nun dabei um Religion oder um Fußball handelt. Liegt es daran, daß unser ganzes Wesen so vollkommen sinnlos geworden ist? Wenn wir auf diese Weise erzogen werden, ist es natürlich furchterregend, sich plötzlich der Realität gegenüberzusehen.

Wie wir schon sagten, werden wir nicht dazu erzogen, uns selbst zu betrachten. Wir werden nicht dazu erzogen, den gesamten Ablauf des Lebens zu verstehen, nicht dazu erzogen zu schauen und zu sehen, was geschieht, wenn wir dem Tod gegenüberstehen. Religion ist nicht nur ein trennender Prozeß geworden, sondern ist auch äußerst sinnleer. Sie hat nach 2000 Jahren Christentum, 5000 oder 3000 Jahren Hinduismus oder Buddhismus ihre Substanz verloren. Wir untersuchen niemals, was Religion, was Erziehung, was das Leben und das Sterben, was dieser ganze Bereich beinhaltet. Wir fragen niemals, was das alles bedeutet. Und wenn wir fragen, sagen wir uns: »Nun ja, das Leben hat eine sehr geringe Bedeutung.« Und so wie wir es leben, hat es eine sehr geringe Bedeutung, und daher flüchten wir uns in allen möglichen phantastischen, romantischen Unsinn, den wir nicht diskutieren oder logisch untersuchen können, der nur Flucht aus dieser vollkommenen Leere des Lebens ist, das wir führen. Ich weiß nicht, ob Sie neulich im Fernsehen sahen, wie eine Gruppe von Leuten einen Menschen anbetete und die phantastischsten Dinge tat; das ist es, was sie Religion, was sie Gott nennen. Sie scheinen jegliche Vernunft verloren zu haben. Offensichtlich hat Vernunft keinerlei Bedeutung mehr.

*Ich habe eine Sendung gesehen, in der eine Begegnung zwischen dem Publikum und diesem jungen, fünfzehnjährigen Guru gezeigt wurde. Es war sonderbar.*

Abstoßend.

*Es war in vieler Hinsicht widerwärtig.*

Und das nennen sie Religion. Sollen wir also mit der Religion beginnen und von dort aus fortfahren? Wissen Sie, der Mensch hat schon immer etwas herauszufinden versucht, das über das alltägliche Leben, die alltägliche Routine, die alltäglichen Vergnügungen, die Alltäglichkeit des Denkens hinausgeht, er wollte mehr. Ich weiß nicht, ob Sie schon einmal in kleinen indischen Dörfern gewesen sind. Man legt dort einen kleinen Stein unter einen Baum, markiert ihn, am nächsten Tag bringen sie Blumen und für die Leute dort ist dieser Stein zur Gottheit geworden, er ist etwas Religiöses geworden. Dasselbe Prinzip setzt sich in den Kathedralen fort. Genau dasselbe in den Messen und in all den indischen Ritualen. All das beginnt mit dem Wunsch des Menschen, etwas Größeres zu finden als das, was das Denken zusammengesetzt hat. Unfähig, es zu finden, romantisieren sie es, schaffen sie sich Symbole, oder sie beten jemand an, der sich dazu eignet. Und um all das herum zelebrieren sie die unterschiedlichsten Rituale, wie Puja. Das wird Religion genannt, was absolut nichts mit unserem Verhalten, mit unserem täglichen Leben zu tun hat. Sowohl in der westlichen als auch in der östlichen Welt, im Islam, im Buddhismus und in den anderen Religionen läuft alles nach demselben Prinzip ab: das Anbeten eines Bildes, das sie selbst geschaffen haben, sei es Buddha oder Christus. Es ist immer der menschliche Verstand, der dieses Bild geschaffen hat. Sie beten das Bild an, das ihr eigenes ist. Mit anderen Worten, sie beten sich selbst an. Wenn man also danach fragt, was Religion ist, muß man all das offensichtlich verneinen, nicht durch brutales Abschneiden, sondern durch Verstehen. Man muß daher alle Religionen verneinen, Indiens Religion mit seinen vielen Göttern und Göttinnen und die Religion des Christentums hier, die ein Bild ist, das Menschen geschaffen haben, ein Götzendienst. Sie mögen es nicht Götzendienst nennen, aber das ist es. Es ist ein Götzendienst des Verstandes. Der Verstand hat die Vorstellung geschaffen, und durch die Hand schafft der Verstand die Statue, das Kreuz.

Wenn man also herausfinden will, was Religion ist, muß man all das wirklich beiseitelegen – wenn man es kann –, den Glauben, den Aberglauben, die Anbetung einer Person oder einer Idee, die Rituale und die Tradition. Das Gehirn braucht Sicherheit, sonst kann es nicht funktionieren. Es findet also Sicherheit in einem Glauben, in einem Bild, in Ritualen, in der Propaganda von 2000 oder 5000 Jahren. Und darin liegt ein Gefühl von Sicherheit, Trost, Schutz, Wohlbefinden. Jemand kümmert sich um mich. Da ist das Bild eines Größeren als ich, der sich um mich kümmert. Er ist verantwortlich. Wenn Sie einen Menschen auffordern, all das zu verneinen, sieht er sich einem ungeheuren Gefühl von Angst gegenüber, er gerät in Panik. All das zu sehen, die Absurdität aller gegenwärtigen Religionen, ihre völlige Bedeutungslosigkeit, und sich der Tatsache gegenüber zu sehen, vollkommen ungeschützt und dennoch nicht ängstlich zu sein. Verneinung heißt, das Falsche zu leugnen, ohne die Wahrheit zu kennen, das Falsche im Falschen zu sehen und das Wahre im Falschen zu sehen. Es ist die Wahrheit, die das Falsche leugnet. Sie erkennen, was falsch ist, und dieses Erkennen-was-falsch-ist ist die Wahrheit. Die Wahrheit ist es, die leugnet, sie fegt das alles hinweg. Verneinung kann nur stattfinden, wenn der Verstand das Falsche sieht. Die eigentliche Wahrnehmung des Falschen ist die Verneinung des Falschen. Und wenn Sie erkennen, daß die Religionen auf Wundern beruhen, auf persönlicher Anbetung, auf der Angst, daß Sie selbst, daß Ihr eigenes Leben so minderwertig, leer und bedeutungslos ist und daß Sie so vergänglich sind, daß Sie in wenigen Jahren verschwunden sein werden, dann formt der Verstand ein Bild, das ewig, großartig und himmlisch ist. Und Sie identifizieren sich damit und beten es an. Denn der Verstand braucht im Grunde das Gefühl von Sicherheit. Er hat all diesen oberflächlichen Unsinn, diesen Zirkus geschaffen. Es ist ein Zirkus.

Kann also der Verstand dieses Phänomen beobachten und sein eigenes Verlangen nach Schutz, Trost, Sicherheit und Beständigkeit erkennen und all das leugnen? Leugnen im Sinne von Erkennen, auf welche Weise das Gehirn, das Denken ein Gefühl von Beständigkeit und Ewigkeit schafft, oder wie auch immer Sie es nennen mögen. Um das alles zu erkennen, muß man daher viel tiefer in die Frage des Denkens eindringen, denn sowohl im Westen als auch im Osten ist das Denken die wichtigste Bewegung im Leben geworden. Das Denken, welches diese wunderbare Welt der Technik, die wunderbare Welt der Naturwissenschaft und all das geschaffen hat, und das Denken, welches die Religionen, all die wunderbaren Gesänge, sowohl die Gregorianischen als auch die Sanskrit-Gesänge geschaffen hat, das Denken, welches die schönen Kathedralen gebaut hat, das Denken, welches das Bild der Erlöser, der Meister, der Gurus und das Bild des Gottvaters geschaffen hat. Wenn man das Denken, den Vorgang des Denkens, nicht wirklich versteht, werden wir dasselbe Spiel in einem anderen Bereich immer weiterspielen. Schauen Sie sich an, was in diesem Land geschieht. Diese Gurus kommen aus Indien, rasieren sich den Kopf bis auf einen kleinen Haarschopf, den sie hängen lassen, ziehen indische Kleider an, und wiederholen unaufhörlich, was jemand anders gesagt hat. Die neuen Gurus.

Die Gurus der Vergangenheit sind die katholischen und protestantischen Priester, sie hat man abgelehnt und die neuen dafür akzeptiert. Die neuen sind so tot wie die alten, denn sie wiederholen nur die Tradition: wie man zu sitzen hat, wie man meditieren soll, wie den Kopf halten, wie man atmen soll. Schließlich tun Sie, was Ihnen der alte oder der neue Guru sagt. Genau dasselbe hat in der katholischen und der protestantischen Welt stattgefunden. Sie leugnen das eine und doch akzeptieren sie das andere. Weil sie Sicherheit wollen, brauchen sie jemand, der ihnen sagt, was sie tun sollen, niemals jedoch, *wie* sie denken sollen.

*Hier stellt sich eine Frage, die das Wort »Erfahrung« betrifft. Es ist verblüffend, wie oft dieses Wort heutzutage benutzt wird, um auf etwas hinzuweisen, das ich unbedingt brauche, etwas das außerhalb meiner selbst liegt. Ich brauche die Erfahrung religiösen Erwachens. Es ist nicht das Erwachen, das ich brauche, sondern es ist die Erfahrung dieser religiösen Erweckung. Die ganze Idee der Religion als Erfahrung scheint mir ein sehr sorgsames Untersuchen zu erfordern.*

Richtig. Wenn ich also fragen darf, warum verlangen wir nach Erfahrung? Warum gibt es dieses Verlangen nach Erfahrung? Wir haben sexuelle Erfahrung, Erfahrungen aller Art in unserem Leben: Beleidigungen, Schmeicheleien, Ereignisse, Zwischenfälle, Einflüsse, was Leute sagen, was sie nicht sagen, Bücher. Immerzu machen wir Erfahrungen. Das langweilt uns. Also suchen wir jemanden auf, der uns die Erfahrung von Gott vermitteln wird. Was beinhaltet das nun? Was ist in dem Verlangen nach unserer Erfahrung und dem Erfahren dieses Verlangens enthalten? Ich erfahre, was dieser Guru oder Meister oder irgend jemand mir erzählt. Wie weiß ich, daß es wahr ist? Und ich sage, ich erkenne es. Sehen Sie, ich erfahre etwas, und ich kann nur wissen, daß ich es erfahren habe, wenn ich es wiedererkannt habe. Erkennen bedeutet, daß ich es bereits gekannt habe. Ich erfahre also das, was ich schon gekannt habe, darum ist es nichts Neues. Alles was Sie tun ist Selbsttäuschung.

*Es ist eigentlich eine Sucht. Das Verlangen danach ist außergewöhnlich stark. Ich habe es an vielen Schülern beobachtet, die in extremem Maße Entbehrungen auf sich nahmen. Manchmal denken wir, daß junge Leute heutzutage allzu leichtsinnig in ihrem Verhalten sind. Nun, einige sind es wohl, aber das war seit undenklichen Zeiten so. Ich glaube, es wird selten erkannt, daß viele junge Leute heute außerordentlich ernsthaft bemüht sind, etwas zu erwerben, das jemand besitzt und das sie nicht haben. Und wenn jemand behauptet, es zu besitzen, wollen sie es voller naiver Begeisterung auch für sich selbst haben.*

Ja, all das habe ich gesehen. Wie Sie schon darauf hingewiesen haben, ist das der Grund, warum man beim Erforschen dieses Wortes so vorsichtig sein und sehen muß, warum der Verstand, warum ein Mensch nach mehr Erfahrung verlangt, wenn sein ganzes Leben bereits eine ungeheure Erfahrung ist, die ihn langweilt. Er glaubt, es sei eine neue Erfahrung, aber wie kann der Verstand bei der Erfahrung des Neuen, dieses als neu erkennen, wenn er es nicht schon gekannt hat? Wie wir schon neulich sagten, kann Schönheit nur bei totaler Aufgabe des Selbst sein. Vollkommenes Ausräumen des Bewußtseinsinhalts, der das Ich ist. Dann gibt es eine Schönheit, die etwas vollkommen anderes ist als die Bilder oder die Gesänge. Und wahrscheinlich suchen die meisten dieser jungen Leute und ebenso die älteren Leute Schönheit im Pomp der Kirche, in Gesängen, im Lesen des alten Testaments mit all seinen schönen Worten und Bildern, und all das gibt ihnen ein Gefühl tiefer Befriedigung. Mit anderen Worten, was sie suchen, ist in Wirklichkeit Befriedigung durch Schönheit – Schönheit der Worte, Schönheit der Gesänge, Schönheit all der Gewänder und des Weihrauchs, und das Licht, das durch diese wunderschönen Kirchenfenster fällt. Sie haben all das in den Kathedralen von Notre Dame und Chartres gesehen, wunderbar. Und es gibt ihnen ein Gefühl von Heiligkeit, ein Gefühl von Glücklichsein und Getröstetsein. Wenigstens gibt es hier einen Platz, zu dem ich gehen kann, um zu meditieren, still zu sein, mit etwas in Kontakt zu kommen. Und dann kommen Sie daher und sagen, schauen Sie, es ist alles Unsinn, es hat keinerlei Bedeutung. Was Bedeutung hat, ist auf welche Weise Sie Ihr tägliches Leben *leben.*

Dann wirft man mit Steinen auf Sie. Der springende Punkt ist also folgender: Erfahrung ist eine Falle und alle Leute wollen diese merkwürdige Erfahrung, welche die Gurus zu besitzen glauben.

*Diese Erfahrung – und das ist interessant – wird immer »Wissen« genannt.*

Sehr interessant.

*Ich dachte dabei an unsere vorangegangenen Gespräche über Selbsttransformation, die nicht vom Wissen abhängt, nicht von Zeit abhängt und in hohem Maße Verantwortung erfordert.*

Wir wollen auch nicht arbeiten. Wir arbeiten sehr angestrengt für unseren Lebensunterhalt. Schauen Sie sich an, was wir Jahr für Jahr und Tag für Tag tun: die Brutalität, die Häßlichkeit von alledem. Aber hier, innerlich, psychisch wollen wir nicht arbeiten. Wir sind zu faul dazu. Laß den anderen arbeiten, vielleicht hat er gearbeitet und vielleicht gibt er mir etwas ab. Jedoch sage ich niemals, ich werde es herausfinden, werde alles leugnen und es herausfinden.

*Nein, man nimmt an, daß es die Aufgabe des Priesters ist zu arbeiten* um *zu wissen, so daß ich davon befreit bin. Oder wenn ich mit zuwenig Verstand auf die Welt gekommen bin, brauche ich nur seinen Anweisungen zu folgen; es ist sein Fehler, wenn er sie durcheinanderbringt.*

Denjenigen, der behauptet: »Ich weiß, ich habe die Erfahrung gemacht«, fragen wir niemals: Was wissen Sie eigentlich? Was haben Sie erlebt? Wenn Sie sagen: »Ich weiß«, wissen Sie lediglich etwas, das tot, das vergangen, das beendet, das Vergangenheit ist. Sie können etwas, das lebendig ist, nicht kennen. Etwas Lebendiges können Sie niemals kennen, es ist ständig in Bewegung. Es ist niemals dasselbe. Und so kann ich niemals sagen, ich kenne meine Frau oder meinen Mann, meine Kinder, denn sie sind alle lebendige menschliche Wesen. Diese Burschen jedoch kommen daher, besonders aus Indien, und sagen: »Ich weiß, ich habe die Erfahrung gemacht, ich habe das Wissen, und ich werde es auf dich übertragen.« Und ich sage: Was für eine Unverschämtheit, was für eine herzlose Gleichgültigkeit zu behaupten, du weißt, und ich weiß nicht. Und was weißt du eigentlich?

*Es ist verblüffend, was hier in der Beziehung zwischen Männern und Frauen vor sich gegangen ist, denn eine ganze Mythologie ist daraus erwachsen. Zum Beispiel sagt unsere Sexualität, die Frau sei mysteriös. Aber das wird niemals als Frische des Lebens verstanden, die alles mit einschließt, nicht nur die Frau.*

Darum finde ich, daß die Erziehung, so wie sie jetzt stattfindet, die Menschen zerstört. Es ist eine Tragödie. Wenn ich einen Sohn hätte – den ich Gott sei Dank nicht habe –, würde ich sagen: Wo soll ich ihn erziehen lassen? Was soll ich mit ihm tun? Ihn wie alle anderen werden lassen? Wie die Allgemeinheit? Da viele Leute vor diesem Problem gestanden haben, haben wir uns gesagt: Laßt uns eine Schule gründen, so wie wir sie in Indien haben, und was ich in Ojai, Californien vorhabe. Laßt uns eine Schule gründen, in der wir vollkommen anders denken, wo wir anders unterrichtet werden, ohne die Routine – Routine: das Akzeptieren, das Ablehnen, das Reagieren.

Daraus ergibt sich eine andere Frage: Warum gehorcht der Verstand? Ich gehorche den Gesetzen des Landes, ich gehorche, indem ich auf der linken oder rechten Seite der Straße bleibe.

Ich tue das, was der Doktor mir sagt. Ich persönlich komme Ärzten nicht zu nahe, und wenn ich es tue, dann bin ich sehr vorsichtig mit dem, was sie mir sagen. Ich bin aufmerksam und akzeptiere nicht alles sofort. Politisch würden die Leute in der sogenannten demokratischen Welt keinen Tyrannen akzeptieren. Sie sagen: keine Autorität! Freiheit! Aber spirituell, innerlich, akzeptieren sie jeden Hinz und Kunz – besonders wenn er aus Indien kommt. Neulich habe ich den Londoner BBC eingeschaltet und jemand interviewte gerade eine Gruppe von Leuten. Ein Junge und ein Mädchen sagten: »Wir gehorchen unserem Guru vollkommen.« Und der Interviewer fragte: »Wird er euch auffordern zu heiraten?« »Wenn er das sagt, werde ich heiraten. Wenn er sagt, ich müsse fasten, werde ich fasten.« Ein Sklave. Und doch wird sich gerade diese Person der politischen Tyrannei widersetzen. Einerseits würde er die Tyrannei eines armseligen kleinen Guru mit seinen phantastischen Ideen akzeptieren und andererseits würde er politisch eine Tyrannei oder Diktatur ablehnen. Warum unterteilt der Verstand das Leben in das Akzeptieren von Autorität der einen Art und in das Ablehnen von Autorität der anderen Art.

Worin liegt die Bedeutung von Autorität? Wie Sie wissen, bedeutet das Wort Autorität »derjenige, der hervorbringt«. Was haben diese Priester, Gurus, Führer, spirituellen Prediger hervorgebracht? Sie wiederholen die Tradition. Tradition ist etwas Totes, sei es Zen-Tradition, Chinesische oder Hindu-Tradition. Und diese Leute wiederholen das Tote. Neulich sah ich einen Mann, der erklärte, wie man meditieren soll – legen Sie Ihre Hände hierher, schließen Sie Ihre Augen. Tun Sie dies, tun Sie das. Und die Leute akzeptieren das. Darum muß man fragen, was hinter dem Akzeptieren dieser Autorität steckt. Hinter der Autorität des Gesetzes, der Autorität des Polizisten, des Priesters, dieser Gurus, was steckt hinter dem Akzeptieren von Autorität? Ist es Angst – Angst, spirituell falsch zu liegen, nicht das Richtige zu tun, um Erleuchtung, Wissen und das Höchste Bewußtsein zu erlangen, was auch immer das sein mag? Ist es Angst oder Verzweiflung?

Oder ist es ein Gefühl äußerster Verlassenheit, äußerster Unwissenheit? Ich benutze das Wort Unwissenheit in seinem tieferen Sinn. Diese läßt mich sagen: Dort ist ein Mann, der von sich sagt, er weiß. Ich werde ihn akzeptieren. Ich argumentiere nicht. Ich frage nicht, was wissen Sie? Was bringen Sie uns, was geben Sie mir? Ist es Ihre eigene Tradition aus Indien? Wen interessiert das? Sie bringen etwas Totes, nichts Ursprüngliches, nichts Wirkliches, sondern Sie wiederholen, wiederholen, wiederholen, was andere getan, getan haben – und was man in Indien selbst bereits verwirft.

Was also liegt hinter diesem Akzeptieren von Autorität? Wenn Sie das sehen, möchten Sie weinen. All die jungen Leute, die zu diesen Gurus gehen, ihren Kopf rasieren, sich in indische Gewänder kleiden, in den Straßen tanzen und phantastische Dinge tun. Alles aufgrund einer Tradition, die tot ist. Jede Tradition ist tot. Und wenn Sie das erkennen, sagen Sie sich, mein Gott, was ist geschehen? Ich komme daher auf die Frage zurück, warum akzeptieren wir? Warum werden wir von diesen Leuten beeinflußt? Warum werden wir beeinflußt, wenn es eine ständige Wiederholung in der Werbung gibt: »Kaufen Sie dieses, kaufen Sie jenes.« Es ist genau dasselbe. Warum akzeptieren wir? Ein Kind akzeptiert, das verstehe ich. Armes Ding, es weiß nichts, es braucht Sicherheit, braucht seine Mutter, muß auf ihrem Schoß sitzen und Zuwendung haben, braucht Fürsorge und Schutz, Freundlichkeit und Zärtlichkeit. Ein Kind braucht das. Glauben die Leute denn, daß ein Guru ihnen all das geben kann? Durch Worte, durch Rituale, durch die Wiederholung ihrer absurden Übungen? Verstehen Sie? Akzeptiere ich es, so wie ich als Kind meine Mutter akzeptiert habe? Ich akzeptiere es, um mich wohlzufühlen, um das Gefühl zu haben, daß sich schließlich doch jemand um mich kümmert.

*Dies bezieht sich auf etwas, das Sie in einem früheren Ge-*

*spräch über die Angst gesagt haben. Die Reaktion eines Kindes ist unmittelbar, ohne das Dazwischentreten einer Idee. Es erkennt einfach, daß es ein Bedürfnis hat und das ist keine Vorstellung, sondern ein grundlegendes Bedürfnis. Es muß gefüttert und liebevoll gehalten werden. Wenn es älter wird, beginnt es, über die Quelle seiner Bedürfnisbefriedigung nachzudenken. Es gewinnt von sich eine Vorstellung, die zwischen das Gefühl der Gefährdung und die unmittelbare Handlung tritt. Ich selbst habe das auch getan. Nicht, weil mich irgend etwas dazu gezwungen hätte. Es gleicht dem Ruf einer Sirene, der uns in allen Kulturen erreicht.*

Das ist mein Anliegen. Warum akzeptieren wir Autorität? In einer demokratischen Welt meiden wir jeden politischen Diktator. In religiöser Hinsicht jedoch sind sie alle Diktatoren. Und warum akzeptieren wir das? Warum akzeptiere ich den Priester als einen Vermittler von etwas, das er zu wissen behauptet? Und das zeigt also, daß wir aufhören, vernünftig zu denken. Politisch denken wir vernünftig, wir erkennen, wie wichtig es ist, frei zu sein, Redefreiheit, alles so frei wie nur irgend möglich. In spiritueller Hinsicht empfinden wir kein Bedürfnis nach Freiheit. Darum akzeptieren wir jeden Hans und Franz. Es ist entsetzlich. Ich habe Intellektuelle, Professoren und Wissenschaftler gesehen, die auf diesen Unsinn hereinfallen. Weil sie in ihrer wissenschaftlichen Welt vernünftig gedacht haben, sind sie des vernünftigen Denkens überdrüssig geworden und sagen sich, endlich kann ich mich zurücklehnen ohne zu argumentieren und kann mir etwas sagen lassen, kann mich trösten lassen, glücklich sein. Er wird alle Arbeit für mich tun, ich muß überhaupt nichts tun, er wird mich über den Fluß bringen. Ich bin entzückt. Daher akzeptieren wir aus Ignoranz, in der kein vernünftiges Denken funktioniert, in der die Intelligenz aufgegeben ist.

Freiheit, Intelligenz, vernünftiges Denken: all das braucht man, wenn es um das wirklich Geistige geht. Sonst? Irgendein Guru kommt daher und erzählt Ihnen, was Sie tun sollen, und

Sie wiederholen, was er sagt. Sehen Sie, wie zerstörerisch, wie verkommen das ist. Das ist es, was geschieht. Ich glaube nicht, daß diese Gurus erkennen, was sie tun. Sie unterstützen den Verfall.

Das führt zu einer sehr wichtigen Frage – kann es eine Erziehung geben, in der es keinerlei Autorität gibt? Ich bin seit mehr als vierzig Jahren mit Schulen verbunden, und wenn man mit den Schülern über Freiheit, Autorität und Akzeptanz spricht, sind sie vollkommen verloren. Sie wollen Sklaven sein: »Mein Vater sagt dies, also muß ich es tun.« Oder: »Mein Vater sagt das, also werde ich es nicht tun.« Es ist dasselbe.

*Mir scheint, wir haben in unseren Gesprächsfolgen einen besonders kritischen Punkt erreicht. Wir berührten das Problem der Autorität, nicht nur hinsichtlich der Außenwelt, sondern auch auf einer tieferen Ebene, in uns selbst. Und wenn ich bei der Selbsterforschung tief in mich hineingehe, halte ich an einem Punkt inne, an dem wirklich Angst und Erschütterung aufkommt. Sie kamen auf die Bedeutung dieses Zögerns im religiösen Leben.*

Warum zögern wir? Darauf läuft das, was Sie sagen, hinaus. Warum wagen wir den entscheidenden Schritt nicht? Warum treten wir nur bis an die Schwelle, um uns dann zurückzuziehen und wegzulaufen. Warum sehen wir die Dinge nicht so, wie sie sind und handeln? Liegt es an unserer Erziehung, die das Funktionieren kultiviert hat, die dem Funktionieren – als Ingenieur, als Professor, als Doktor – außerordentliche Bedeutung beimißt, dem Funktionieren in einer bestimmten Technik? Aber die Erforschung der Frage, was Intelligenz ist, haben wir nie gefördert oder ermutigt. Wo es Intelligenz gibt, wird es dieses Zögern nicht geben. Dort gibt es *Handlung.* Wenn man sehr feinfühlend ist, *handelt* man. Diese Sensibilität ist Intelligenz. Wie ich hier und in Indien und in anderen Teilen der Welt beobachtet habe, ist Erziehung lediglich ein Training des Verstandes, um gemäß dem Diktat der Gesellschaft zu funktionieren. So viele Ingenieure werden gesucht, so viele Doktoren werden gesucht. Wenn Sie in einen Beruf hineinkommen, in dem es nur wenige gibt, können Sie mehr Geld verdienen. Werden Sie kein Wissenschaftler, es gibt genügend davon. Wir werden also zum Funktionieren innerhalb unserer Karrieren ermutigt und darauf trainiert. Und jetzt zögern wir, den entscheidenden Schritt auf etwas hin zu tun, das keine anteilige sondern unsere gesamte Aufmerksamkeit verlangt, denn wir haben keinen Vergleich und kein Maß dafür. Wir verstehen es, die Funktion zu messen. Hier jedoch haben wir keinen Maßstab. Darum bin ich abhängig. Darum werde ich hier nicht argumentieren, denn ich weiß nicht, wie ich argumentieren soll. Zu einem Mann, der sagt: »Ich weiß«, sage ich nicht: »Was weißt du denn? Du weißt lediglich etwas, das vergangen, beendet, tot ist. Du kannst nicht sagen, ich kenne etwas, das lebt.« So wird der Geist allmählich träge und ruhelos. Seine Neugier ist nur auf das Funktionieren ausgerichtet. Er hat keine Kapazität zum Erforschen. Zum Erforschen muß man zunächst einmal Freiheit haben, sonst kann ich nicht forschen. Wenn ich Vorurteile habe, kann ich nicht forschen. Wenn ich bereits feste Ansichten über etwas habe, kann ich es nicht untersuchen. Darum muß es zum Forschen Freiheit geben. Und das wird geleugnet, weil wir, Gesellschaft und Kultur dem Funktionieren enorme Bedeutung beimessen. Das Funktionieren hat seinen eigenen Status.

So lebe ich auf dieser Ebene, in dieser Struktur und wenn ich untersuchen will, was Religion, was Gott, was Unsterblichkeit, was Schönheit ist, so kann ich das nicht. Ich bin abhängig von Autorität. Und für vernünftige Argumente auf diesem weiten Gebiet der Religion fehlt mir die Basis. Es ist daher zum Teil der Fehler unserer Erziehung, zum Teil unsere Unfähigkeit, etwas objektiv zu betrachten: einen Baum zu betrachten ohne Geschwätz, Wissen, Schleier, Blockierungen, ohne alles, was mich hindert, den Baum wirklich anzuschauen. Ich schaue meine Frau nie wirklich an, wenn ich eine habe, oder meine Freundin. Niemals schaue ich wirklich hin. Ich sehe sie oder ihn durch das Bild an, das ich von ihr oder von ihm habe. Das Bild ist etwas Totes. Daher sehe ich niemals etwas Lebendiges, ich sehe niemals das Wunder, die Schönheit der Natur, ihre Form, ihre Lieblichkeit. Vielmehr übertrage ich sie mir immer, versuche sie zu malen oder zu beschreiben oder zu genießen.

Daraus ergibt sich die Frage, warum akzeptiere ich, warum akzeptieren die Menschen Autorität? Warum gehorchen sie? Ist es, weil sie auf der Ebene des Funktionierens trainiert sind, wo man gehorchen muß, um zu lernen, wo man nichts anderes tun kann? Dort gibt es eigene Gesetze, eigene Disziplinen, eigene Wege. Da ich auf diese Weise geschult worden bin, übertrage ich das auf die Ebene der Religion, auf die Ebene von etwas, das Freiheit verlangt – Freiheit nicht am Ende, sondern direkt am Anfang. Der Verstand muß von Anfang an frei von Autorität sein, wenn ich herauszufinden suche, was Gott ist – nicht daß ich an Gott glaube, denn das hat keine Bedeutung –, ob es Gott gibt oder ob es ihn nicht gibt. Ich will es wirklich herausfinden. Ich nehme das außerordentlich ernst. Und wenn ich wirklich ernsthaft bin, wenn ich wirklich an Gott interessiert bin, wenn ich verstehen und lernen will, ob es Gott gibt, dann muß ich jeden Glauben vollkommen beiseitelegen, alle Strukturen, alle Kirchen, alle Priester, die Bücher, alles, was das Denken als Religion zusammengesetzt hat. Freiheit und Autorität können unmöglich nebeneinander existieren. Freiheit und Intelligenz passen zusammen. Und Intelligenz hat ihre eigene angeborene, natürliche, einfache Disziplin, nicht im Sinne von Unterdrückung, Kontrolle und Nachahmung, sondern Disziplin, die ein ständiger Akt des Lernens in Aufmerksamkeit ist.

*Diese Intelligenz, von der Sie sprechen, ist mit Erhellung verbunden, nicht wahr? Sie wirkt unmittelbar und nicht allmählich.*

Ja, natürlich. Die Wahrnehmung ist Intelligenz und darum Handeln. Kann der Verstand die ganze Struktur des Denkens völlig beiseitelegen, wenn es um Religion geht? Er kann die

Funktion des Denkens auf dem Gebiet des Wissens nicht beiseitelegen. Das haben wir verstanden. Das ist sehr klar. Aber es gibt hier etwas, das ich nicht kenne, das wir nicht kennen. Wir geben nur vor zu wissen. Wenn jemand behauptet, Jesus sei der Heiland oder sonstwer, so ist das eine Anmaßung. Es besagt: »Ich weiß, und du weißt nicht.« Was weiß er um Himmelswillen, er weiß nichts, er wiederholt lediglich, was er von irgend jemandem gelernt hat. Kann also der Verstand alle Strukturen, die um Religion herum gebildet wurden, beiseitelassen? Religion ist nämlich das Sammeln aller Energie durch ein Aufmerksamsein von besonderen Qualität. Und es ist jene Qualität des Aufmerksamseins, die den Menschen regeneriert, die eine wirkliche Transformation des Menschen hervorbringt in seinem Verhalten, seinem Benehmen, in der ganzen Art seiner Beziehungen. Religion ist dieser Faktor, nicht diese Albernheiten, die da vor sich gehen. Um also forschen zu können, muß der Verstand die ganze Struktur des Denkens, die um das Wort Religion herumgebildet wurde, beiseitelegen. Kann man das tun? Wenn nicht, dann machen wir uns was vor, wenn wir über Gott sprechen, egal ob wir sagen, es gibt ihn oder nicht. Dieser ganze Unsinn, der da vor sich geht. Also lautet die erste Frage: Kann der Verstand frei von Autorität eines anderen sein, wie groß, wie erhaben, wie göttlich oder nichtgöttlich sie auch immer sein mag?

*Und weil eine Handlung erforderlich ist, um diese Frage zu beantworten, muß jeder einzelne es selbst tun.*

Sonst lebt er nur weiterhin in der Routine seiner Tätigkeit, und darum flüchtet er in den Zirkus, den er Religion nennt. Es ist mein Glück oder Pech gewesen, zu vielen Menschen zu sprechen. Und jeder kommt zu diesem Punkt. Sie sagen: »Bitte, was soll ich tun, ich habe diesen Punkt erreicht und kann nicht darüber hinausgehen.« Wenn ich vorschlagen darf, betrachten Sie es auf diese Weise: Wenn ich unterrichten würde, würde ich nicht als erstes über das Buch sprechen. Ich würde über

Freiheit sprechen. Ich würde sagen: »Sie sind Menschen aus zweiter Hand. Behaupten Sie bitte nicht, es nicht zu sein. Sie sind nachlässige, erbärmliche Secondhand-Menschen. Und Sie versuchen, etwas zu finden, das ursprünglich ist – Gott ist es, die Wirklichkeit ist ursprünglich. Sie ist durch keinen Priester dieser Welt gefärbt, sie ist ursprünglich. Darum müssen Sie einen ursprünglichen Geist haben, was einen freien Geist bedeutet. Nicht ursprünglich im Sinne des Malens neuer Bilder. Das ist alles Unsinn. Sondern einen freien Geist, der auf dem Gebiet des Wissens funktionieren kann, und der schauen, beobachten, lernen kann. Wie können Sie einander nun helfen? Oder ist es nicht möglich einander zu helfen, frei zu sein?

Sehen Sie, ich habe mich nie mit etwas identifiziert. Ich habe keine Kirche, keinen Glauben, nichts. Jemand, der herauszufinden wünscht, ob es das Ewige, das Namenlose jenseits allen Denkens gibt, muß alles beiseitelegen, was auf Denken beruht: den Heiland, die Meister, die Gurus, das Wissen, all das. Gibt es Leute, die das tun? Wird irgend jemand diese Reise unternehmen? Oder werden Sie sagen: »Erzählen Sie mir einfach alles darüber, alter Junge. Ich werde mich bequem hinsetzen und Sie erzählen es mir.«

Ich sage: »Ich werde es nicht beschreiben. Ich werde Ihnen nichts darüber erzählen. Das in Worte zu kleiden, würde es zerstören. Lassen Sie uns also sehen, ob Sie nicht frei sein können. Wovor haben Sie Angst? Angst vor Autorität? Angst, etwas falsch zu machen? Aber Ihre Art zu leben ist vollkommen falsch, auf diese Weise weiterzumachen ist restlos dumm, es ist sinnlos. Leugnen Sie jegliche Art spiritueller Autorität. Wovor haben Sie Angst? Spirituell den falschen Weg einzuschlagen? Die anderen haben unrecht, nicht Sie, denn Sie lernen nur. Die anderen haben sich in ihrer Unwahrhaftigkeit etabliert. Also, warum folgen Sie ihnen? Warum akzeptieren Sie sie? Sie sind degeneriert. Können Sie frei von alldem sein, so daß ihr Verstand durch Meditation herausfinden kann, was es bedeutet, frei zu sein, was es bedeutet, all das beiseitezufegen, was Menschen Ihnen aufgebürdet haben? So daß Sie unschuldig sind,

Ihr Geist niemals verletzt wird, unfähig ist, verletzt zu werden. Das ist es, was Unschuld bedeutet. Und von hier aus forschen Sie – lassen Sie uns von hier aus eine Reise unternehmen –, indem Sie alles verneinen, was das Denken zusammengesetzt hat. Denn Denken ist zeitlich, Denken ist materiell. Wenn Sie im Bereich des Denkens leben, wird es niemals Freiheit geben. Sie leben in der Vergangenheit. Sie mögen glauben, in der Gegenwart zu leben, aber in Wirklichkeit leben Sie, wenn das Denken in Tätigkeit ist, in der Vergangenheit, denn Denken ist Erinnerung, Reaktion auf Erinnerung, Wissen, im Gehirn gespeicherte Erfahrung. Bevor Sie das verstehen und die Begrenzung des Denkens kennen, können Sie niemals auf die Ebene gelangen, die wir Religion nennen.«

Wenn den Schülern dies nicht erzählt, wiederholt und gezeigt wird, können Sie endlos über Bücher sprechen. Dies kommt zuerst, dann können Sie die Bücher lesen. Buddha hat niemals ein Buch gelesen. Er hörte zu, beobachtete, schaute, betrachtete, fastete. Er betrachtete all das als Unsinn und verwarf es.

*Ich war beeindruckt davon, daß Sie sagten: Man muß das wiederholen, auf unterschiedliche Weise und immer wieder. Ich spreche jetzt über das Unterrichten. Dieser Punkt des Zögerns ist gerade der Punkt, an dem etwas geboren oder nicht geboren wird. Sie haben in einem früheren Gespräch einen schönen Ausdruck benutzt: inkarniere jetzt. Jetzt sind wir an der Schwelle – mit den Worten Ortegas – »schaukeln wir am Rande eines neuen Ereignisses vor und zurück und gehen nicht über die Linie hinaus.« Gegen den Schrecken eines Menschen, der dies hört, kann keiner von uns an diesem Punkt etwas tun, mich selbst eingeschlossen. Ich sondere mich nicht von dem Schüler ab, da ich in dieser Aktivität selbst ein Schüler bin, Schüler unter Schülern. Und da ist diese Angst und das Zittern, und man kann nichts anderes tun, als ihnen einfach nur Mut zu machen.*

Und ihnen zu sagen: »Warte, *bleibe jetzt dabei.* Es macht nichts, wenn du zitterst. Zittere weiter, aber laufe nicht weg.«

*Dieses wird auf verschiedene Weise immer und immer wieder gesagt. Jetzt verstehe ich, was Sie meinen, wenn Sie sagen, lassen Sie uns am Anfang des Unterrichts zehn Minuten hiermit verbringen. Wir öffnen das Buch nicht, sondern beginnen hiermit. Und wenn das Buch dann geöffnet ist, wird sich vielleicht der Sinn des Wortes zur Abwechslung selbst offenbaren.*

Das ist richtig.

*Weil die Intelligenz durchgebrochen ist.*

Das ist richtig. Sehen Sie, Studenten hetzen von einer Klasse in die andere, weil die Unterrichtszeit kurz ist, rennen sie von Mathematik zu Geographie, von Geographie zu Geschichte, Chemie, Biologie, rennen, rennen. Wenn ich einer der Lehrer wäre, würde ich sagen: »Setzen Sie sich, seien Sie für fünf Minuten ruhig, seien Sie ganz ruhig. Wenn Sie mögen, schauen Sie aus dem Fenster. Sehen Sie die Schönheit des Lichtes auf dem Wasser oder das Blatt, betrachten Sie dieses oder jenes, aber seien Sie ruhig.« Sie werden darauf trainiert, zu funktionieren und auf nichts sonst zu achten, Affe zu sein. Und das eigene Kind ziehen sie so auf. Es ist entsetzlich. Ich sage also: »Sitzen Sie ganz ruhig.« Danach spreche ich zunächst hierüber. Ich habe es in Schulen so gehalten, habe über Freiheit, Autorität, Schönheit, Liebe und über alles gesprochen, was wir diskutiert haben. Nehmen Sie dann das Buch zur Hand, aber Sie haben bereits viel mehr gelernt als durch das Buch. Das Buch wird zu etwas aus zweiter Hand, deshalb habe ich persönlich nie ein Buch dieser Art gelesen, weder die Bhagavadgita noch die Upanishaden noch was Buddha gesagt hat. Es hat mich irgendwie gelangweilt, es bedeutete mir nichts. Was mir etwas bedeutet hat, war: zu beobachten, die ganz Armen in Indien zu beobachten, die Reichen zu beobachten, die Diktatoren, die Mussolinis, die Hitlers, die Chruschtschows, die Breschnews. Ich habe die Politiker beobachtet. Und dabei lernen Sie eine ganze Menge. Denn das wirkliche Buch sind Sie. Wenn Sie Ihr Buch lesen können, das Buch, das Sie selbst sind, dann haben Sie außer dem funktionellen Wissen alles gelernt. Wenn also Selbsterkenntnis vorhanden ist, hat Autorität keine Bedeutung. Ich werde die nicht akzeptieren. Warum sollte ich diese Leute akzeptieren, die »die Wahrheit« aus Indien bringen? Sie bringen keine Wahrheit, sie bringen eine Tradition, sie bringen ihren Glauben. Kann also der Geist alles beiseitelegen, was der Mensch gelehrt oder erfunden, sich über Religion und Gott, dies oder das vorgestellt hat? Das heißt, kann dieser Geist, der der Geist der Welt ist, der der Geist des allgemeinen Bewußtseins ist, kann dieses Bewußtsein sich von all den Dingen, die der Mensch über die Wirklichkeit gesagt hat, befreien?

Was entdecke ich? Was andere Leute gesagt haben? Was Buddha und Christus gesagt haben? Warum sollte ich das akzeptieren? Also ist Freiheit eine absolute Notwendigkeit. Aber niemand von ihnen *sagt* das. Im Gegenteil, sie behaupten: »Freiheit wird erst viel später für Sie kommen. Bleiben Sie für den Rest Ihres Lebens im Gefängnis und wenn Sie dann sterben, werden Sie Freiheit haben.« Das ist es, was sie im wesentlichen predigen. Kann also der Geist, das Herz, der Speicher des Gehirns von allen Dingen frei sein, die der Mensch über Religion gesagt hat? Das ist eine wundervolle Frage.

Ich war einmal in Kashmir in den Bergen. Eine Gruppe von Mönchen kam, um mich zu sehen, frisch gebadet und alles. Sie hatten alle Zeremonien hinter sich. Sie erzählten mir, sie seien gerade von einer Gruppe weltentrückter Menschen, Supermönchen, gekommen, die hoch oben in den Bergen lebten. Und sie erzählten, diese seien vollkommen unweltlich. Ich fragte: »Was meinen Sie mit dem Wort?« Sie antworteten, daß sie gerade die Welt verlassen hätten, daß sie von der Welt nicht mehr in Versuchung geführt werden könnten, und daß sie enormes Wissen über die Welt hätten. Und ich sagte: »Haben sie, als sie die Welt verließen, auch die Erinnerung an die Welt zurückgelassen, die Erinnerung, das Wissen, das die Welt geschaffen hat, und das die Gurus zusammengesetzt haben, um uns zu lehren?« und erhielt zur Antwort: »Das ist Weisheit, wie kann man die Weisheit verlassen?« Ich sagte: »Meinen Sie, daß Weisheit gekauft wird? Durch ein Buch, von einem Lehrer, von einem anderen, durch Opfer, durch Qualen, durch Entsagung?« Verstehen Sie deren Idee, nämlich, daß Sie Weisheit von jemandem kaufen können? All das Gepäck der Welt haben Sie abgelegt, aber dafür tragen Sie sein Gepäck. Es ist also tatsächlich von großer Bedeutung, wenn der Verstand wirklich sehr ernsthaft herauszufinden versucht, was Religion ist, nicht all diesen Unsinn zu tun (ich wiederhole es immer wieder, denn der Unsinn scheint anzuwachsen), sondern den Geist von all diesem Gewachsenen, diesen Verkrustungen zu befreien. Das bedeutet, die Verkrustungen zu erkennen, all die Absurditäten zu erkennen.

Kann der Geist vollkommen allein sein? Nicht isoliert, nicht zurückgezogen, nicht mit einer um sich her errichteten Mauer, um dann zu sagen: ich bin allein. Sondern allein in dem Sinne des Alleinseins, das mit dem Ablegen all der Dinge des Denkens kommt. Denn das Denken ist so schlau, so listig. Es kann eine wunderbare Struktur bilden und sie dann Wirklichkeit nennen. Aber das Denken ist eine Antwort auf die Vergangenheit, also gehört es der Zeit an. Denken, das der Zeit angehört, kann nicht etwas schaffen, das zeitlos ist. Das Denken kann auf dem Gebiet des Wissens funktionieren. Das ist notwendig, jedoch nicht auf dem anderen Gebiet. Dies bedarf keiner Tapferkeit. Es bedarf keines Opfers. Es bedarf keiner Tortur. Es bedarf nur der Wahrnehmung des Falschen. Das Falsche zu erkennen heißt, die Wahrheit im Falschen zu sehen und zu erkennen: was als Wahrheit angesehen wird, ist falsch.

Meine Augen sind also von allem Falschen befreit, so daß es keinerlei innere Täuschung mehr gibt, denn es gibt keinen Wunsch, etwas zu sehen, etwas zu erreichen. Denn in dem Augenblick, in dem der Wunsch entsteht, etwas zu erfahren, zu erreichen, Erleuchtung zu erlangen und all das, wird eine Illusion entstehen, etwas, das der Wunsch geschaffen hat. Darum muß der Geist frei davon sein, dem Verlangen zu folgen und seine Erfüllung zu suchen, und muß die Struktur des Verlangens verstehen. Wir haben ausführlich darüber gesprochen. Es läuft also auf folgendes hinaus: kann der Geist frei sein, von allem frei sein, das aus Furcht, Wunsch und Vergnügen geboren wird? Das heißt, daß man sich selbst zutiefst verstehen muß.

Ich glaube, wir sollten, nachdem wir an diesen Punkt gekommen sind, sehr tief auf die Frage der Meditation eingehen, denn Religion – in dem von uns besprochenen Sinne – und Meditation gehören zusammen. Das heißt, Religion ist nicht Idee, sondern Ihr Verhalten im täglichen Leben. Ihre Gedanken, Ihre Sprache, Ihr Verhalten sind die eigentliche Essenz von Religion; ohne sie kann Religion nicht existieren. Sie können herumgehen und viele Worte abspulen, in verschiedene Zirkuszelte gehen, aber das ist keine Religion.

Nachdem man das also tief in sich verankert hat, und innerlich versteht, was Religion ist, das nächste: Was ist Meditation? Das ist von außerordentlicher Bedeutung, denn Meditation ist etwas, das bei rechtem Verstehen das Außergewöhnlichste ist, das ein Mensch haben kann. Meditation ist nicht vom täglichen Leben getrennt. »Medeo« heißt denken, nachdenken, sich befassen mit etwas, mehr sich kümmern als sorgsam sein. Sehen Sie, als wir Verhalten von Religion trennten, und das haben wir –, als wir Beziehungen von Religion trennten – und das haben wir –, als wir Tod von Religion trennten – und das haben wir –, als wir Liebe von Religion trennten – und das haben wir und haben Liebe zu etwas Sinnlichem, zu einem Vergnügen gemacht –, da verschwand Religion, die der Faktor der Regeneration ist, aus dem Menschen. Darum sind wir so degeneriert. Wenn Sie nicht diese Qualität eines Geistes haben, der wirklich religiös ist, dann ist ein Degenerieren unausweichlich. Sehen Sie sich die Politiker an, deren Aufgabe es ist, Herrscher, Leiter, Helfer der Leute zu sein. Sie sind degeneriert. Sie sehen, was in diesem Land und überall geschieht. Sie sind so korrupt und wollen Ordnung schaffen. Dabei sind sie so unreligiös. Sie mögen zur Kirche gehen oder in einen Tempel und sind doch tatsächlich unreligiös, denn sie verhalten sich nicht religiös. So wird der Mensch immer degenerierter, denn Religion ist der Faktor, der eine neue Qualität von Energie schafft. Es ist dieselbe alte Energie, aber sie hat eine neue Qualität bekommen. Das Gehirn erneuert sich sonst nicht und wenn wir älter werden, neigen wir zum Degenerieren. Das Gehirn würde nicht degenerieren, wenn es frei von dem Sicherheitsstreben des Ich wäre.

Die Priester überall in der Welt haben die Religion zu etwas Ertragreichem gemacht, sowohl für die Anbeter als auch für die Vermittler. Sie ist zu einer geschäftlichen Angelegenheit geworden, zu einem intellektuellen Geschäft, oder zu etwas Kommerziellem, nicht nur physisch, sondern innerlich: Tu dies und du wirst jenes erreichen. Wenn wir diesem also kein Ende setzen, werden wir immer weiter und weiter degenerieren. Das ist der Grund, warum ich mich persönlich so ungeheuer verantwortlich fühle, außerordentlich verantwortlich gegenüber der Zuhörerschaft, zu der ich spreche. Wenn ich zu den verschiedenen Schulen in Indien spreche, fühle ich mich verantwortlich für diese Kinder. Ich sage: »Seid um Gottes willen anders, wachst nicht auf diese Weise auf. Seht her!« Ich gehe sehr, sehr gründlich darauf ein, ich spreche viel darüber und sie beginnen zu sehen. Aber die Welt ist zu stark für sie. Sie müssen ihren Lebensunterhalt verdienen. Sie müssen ihren Eltern widerstehen, die von ihnen erwarten, daß sie sich niederlassen und einen guten Job bekommen, heiraten, ein Haus haben. Sie kennen das, es ist das Übliche. Und die öffentliche Meinung ist viel zu stark. Ich sage also: Lassen Sie uns herausfinden, ob es einige wenige gibt, eine »Elite« – das Wort Elite in Anführungszeichen, wenn ich dieses Wort ohne jeden Snobismus benutzen darf –, lassen Sie uns einigen wenigen die Chance geben, einigen, die wirklich betroffen sind, einigen Lehrern, einigen Studenten. Selbst das wird sehr schwierig sein, denn die meisten Lehrer sind auf anderen Gebieten nicht gut und werden darum Lehrer. Also ist alles gegen Sie. Alles. Die Gurus sind gegen Sie, die Priester sind gegen Sie, die Geschäftsleute, die Lehrer, die Politiker, jeder ist gegen Sie. Da können Sie sicher sein. Sie werden Ihnen kein bißchen weiterhelfen. Sie wollen, daß Sie denselben Weg gehen wie sie. Sie haben ihre übernommenen Interessen.

*Ja, das sehe ich ganz klar. Könnten wir in unserem nächsten Gespräch die Aktivität der Meditation im Zusammenhang mit diesem ganzen Schrecken, den wir beschrieben haben, erkunden?*

27. Februar 1974

# Meditation

*Unser letztes Gespräch führte uns bis zum Thema Meditation.*

Ich weiß nicht, ob Ihnen all die unterschiedlichen Meditations-Schulen geläufig sind, die es in Indien, in Japan, in China, als Zen und als verschiedene christliche kontemplative Orden gibt, wo man unentwegt Tag für Tag betet oder darauf wartet, die Gnade Gottes zu erlangen. Wir sollten damit beginnen, was Meditation ist, und nicht damit, was die richtige Art der Meditation ist. Wir können dann weiter vorgehen und die Frage gemeinsam untersuchen und miteinander teilen, was Meditation ist. Das Wort selbst bedeutet nachsinnen, zusammenhalten, umfassen, sehr tiefgehend betrachten. Alle diese Bedeutungen sind in dem Wort Meditation enthalten. Aber könnten wir nicht damit beginnen, daß wir sagen, wir wissen in Wirklichkeit nicht, was Meditation ist? Wenn wir die orthodoxe, traditionell christliche, hinduistische oder buddhistische Meditation akzeptieren – und natürlich gibt es bei den Muslims die Sufi-Meditation –, wenn wir das akzeptieren, basiert alles auf Tradition, auf der Erfahrung einiger anderer. Sie legen die Methode oder das System fest, mit dem eingeübt wird, was sie erreicht haben. Und daher gibt es wahrscheinlich Tausende von Meditations-Schulen. Sie schießen in diesem Land wie Pilze aus dem Boden: Meditieren Sie dreimal täglich, denken Sie an ein Wort, einen Slogan, ein Mantra. Dafür bezahlen Sie 35 oder 100 Dollar und dann erhalten Sie irgendein Sanskrit-Wort oder irgendein griechisches, das Sie wiederholen, wiederholen, wiederholen. Dann gibt es diese Leute, die die unterschiedlichen Arten des Atmens praktizieren oder die Zen praktizieren. All das ist eine Form der Festlegung einer Routine und einer Praktik, die im Grunde genommen den Verstand abstumpfen wird. Denn wenn Sie immerzu üben, üben, wird Ihr Verstand mechanisch. Daher habe ich persönlich niemals etwas dieser Art getan, wenn ich ein bißchen über mich selbst sprechen darf. Ich habe selbst unterschiedliche Gruppen besucht und beobachtet, nur um zu schauen. Und ich sagte mir, das ist es nicht. Ich habe es sofort verworfen. Wenn wir doch all das abwerfen könnten – die Meditation der Hindus, der Buddhisten, der Christen und die unterschiedlichen Importe der Meditation durch die Gurus aus Indien, die kontemplativen Übungen, alles was eine Fortsetzung der Tradition ist, eine Übertragung der Aussagen anderer, der Erleuchtung anderer –, wenn wir all das vergessen könnten, ihre Methoden, ihre Systeme, ihre Praktiken, ihre Disziplinierungen. Denn sie alle sagen, die Wahrheit oder Gott, oder wie immer sie es zu nennen belieben, sei etwas, das dort *drüben* ist. Sie üben, um *dorthin* zu gelangen. Ihrer Meinung nach ist das etwas Feststehendes. Natürlich muß es etwas Feststehendes sein, denn wenn ich immer weiter übe, um dorthin zu gelangen, muß es statisch sein. Aber Wahrheit ist nicht statisch. Sie ist nichts Totes. Können wir daher all das ehrlich beiseitelegen und fragen: Was ist Meditation? Nicht, *wie* man meditiert. Wenn wir danach fragen, was Meditation ist, beginnen wir, es herauszufinden, beginnen wir selbst zu meditieren. Ich weiß nicht, ob ich mich verständlich mache.

*Ja, wir sind wieder bei der Unterscheidung zwischen einer Aktivität, deren Ziel außerhalb der Aktivität selbst liegt, im Gegensatz zu der Aktivität, deren Ziel in ihr enthalten ist.*

Ja. Können wir also damit beginnen, daß wir sagen, ich weiß nicht, was Meditation ist? Es ist wirklich wunderbar, von dort aus zu beginnen, es schafft ein Gefühl großer Demut.

*Und intuitiv spürt man sogar aus weiter Ferne eine Freiheit.*

Ja, das ist richtig. Zu sagen: »Ich weiß nicht« ist eine große Anerkennung der Freiheit von herkömmlichem Wissen, von herkömmlichen Traditionen, von herkömmlichen Methoden, von herkömmlichen Schulen und Praktiken. Ich beginne mit etwas, das ich nicht weiß. Für mich liegt darin große Schönheit. Dann kann ich mich frei bewegen. Ich bin frei, mich von der fließenden Untersuchung tragen zu lassen. Ich weiß also nicht. Von dort aus können wir beginnen. Zunächst: ist Meditation vom täglichen Leben getrennt, von dem täglichen Verhalten, den täglichen Wünschen nach Erfüllung, von Ehrgeiz, Gier, Neid, dem täglichen, wetteifernden, nachahmenden und sich anpassenden Verstand, den täglichen sinnlichen, sexuellen oder intellektuellen Gelüsten? Ist Meditation von all dem getrennt? Oder fließt Meditation durch all das hindurch, deckt all das ab, schließt all das ein? Sonst hat Meditation keine Bedeutung, verstehen Sie?

*Ja, ich verstehe. Persönlich habe ich nie eine Meditation von jenem rituellen Charakter mitgemacht, den sie in einigen Traditionen oder in ihrer klösterlichen und radikalen methodischen Form hat. Ich habe die Literatur über diese Praktiken ziemlich gründlich gelesen, und ich denke an das, was ich aus meinen Studien über die Hesychasmus-Tradition gelernt habe, bei der das sogenannte Jesus-Gebet von den Mönchen, besonders auf dem Berg Athos, hergesagt wird: »Herr Jesus, hab Erbarmen mit mir armem Sünder.« Dieses wird immer wieder wiederholt, in der Hoffnung, dies werde eines Tages so automatisch, daß es – wie ein moderner Tiefenpsychologe sagen würde – vom Unterbewußtsein Besitz ergreift, so daß alles, was ich tue, sich vollkommen auf jenes Gebet konzentriert. Der Anspruch dahinter ist: wenn ich soweit bin, daß ich das Gebet nicht länger selbst sprechen muß, dann hat es sich in mir als Gebet verselbständigt.*

Dasselbe wird in Indien auf eine andere Weise ausgedrückt, mit dem Mantra, der Wiederholung eines Satzes oder eines Wortes, das zunächst laut und dann leise wiederholt wird.

Dann ist es in Ihr Sein eingedrungen und das Wort klingt in Ihnen weiter. Nach diesem Klang handeln Sie, leben Sie. Es ist jedoch alles selbstauferlegt, um an einem bestimmten Punkt anzukommen. In dem Gebet, das Sie gerade wiedergaben, bezogen Sie sich auf Sünde. Ich akzeptiere Sünde nicht. Ich weiß nicht, was Sünde ist. Die Sünder sind darauf konditioniert zu glauben, daß es einen Jesus gibt, daß es Sünde gibt, daß ihnen vergeben werden muß. All das führt nur eine Tradition fort. Sie sehen, all das beinhaltet, daß es einen Weg zur Wahrheit gibt, den christlichen Weg, den hinduistischen Weg, den des Zen und der verschiedenen Gurus und Systeme. Es gibt einen Pfad zur Erleuchtung oder zur Wahrheit, zu jenem Unermeßlichen. Und es ist dort. Alles, was sie zu tun haben, ist weiterzugehen, zu gehen und zu gehen, ihm entgegenzusehen. Das bedeutet, daß es festgelegt, fixiert, statisch ist, sich nicht bewegt, nicht lebendig ist. Das ist also das eine. Deckt die Meditation das ganze Gebiet des Daseins ab? Oder ist sie etwas vom Leben vollkommen Getrenntes? Leben ist Geschäft, Politik, Sex, Vergnügen, Ehrgeiz, Gier, Neid, Angst, Tod, Furcht. All das ist mein Leben, heißt zu leben. Ist Meditation getrennt davon oder schließt sie all das ein? Wenn sie das alles nicht einschließt, hat sie keine Bedeutung.

*Mir ging gerade etwas durch den Kopf, was sicherlich als sehr ketzerisch angesehen würde. Wenn die Worte Jesu »Ich bin der Weg, die Wahrheit und das Leben« im Zusammenhang mit dem verstanden würden, was unsere Gespräche klärten, bekommen sie eine völlig andere Bedeutung, als die hergebrachte. Als er zum Beispiel Petrus fragte: »Wer bin ich, Jesus?«, antwortete Petrus: »Du bist Christus, der Sohn des lebendigen Gottes«. Jesus sagte sofort: »Fleisch und Blut haben Dir das nicht offenbart.« Nicht Fleisch und Blut, »sondern mein Vater, der im Himmel ist.« Von ihm sagt er anderswo: »Er ist eins mit mir.« Und er ist eins mit dem Vater. Und dann betet er, die Jünger mögen eins mit ihm sein, wie er und sein Vater eins sind, so daß sie alle eins sein mögen. Ich bin mir im klaren darüber, daß das, was ich sage, theologisch als Phantasieprodukt angesehen würde, aber wenn er sagt: »Ich bin der Weg, die Wahrheit und das Leben«, wenn das im Kontext dieses Einen als Handlung gesehen wird, dann wird die ganze Angelegenheit vollkommen umgewandelt, nicht wahr?*

Ganz richtig. Wenn Meditation also vom Leben getrennt ist, hat sie keine Bedeutung. Sie ist lediglich eine Flucht vor dem Leben, eine Flucht vor all unseren Mühen und Miseren, Kümmernissen, Verwirrungen, und ist es darum nicht wert, auch nur berührt zu werden. Wenn sie aber nicht vom Leben getrennt ist, und für mich ist sie das nicht, was ist dann Meditation? Ist sie eine Errungenschaft, das Erreichen eines Zieles? Oder ist sie ein Duft, eine Schönheit, die all meine Aktivitäten durchdringt und darum ungeheure Bedeutung hat? Meditation *hat* eine ungeheure Bedeutung. Dann lautet die nächste Frage: ist sie das Ergebnis einer Suche? Sich zu einer Zen-Gruppe gesellen, dann zu einer anderen Gruppe, zu einer nach der anderen, dieses üben, jenes üben, nichts üben, das Gelübde des Zölibats, der Armut und des Schweigens ablegen, fasten, um *dorthin* zu gelangen. Für mich ist das alles vollkommen unnötig, denn alles, was wichtig ist, ist das Sehen, das Erkennen des Falschen, wie wir gestern sagten. Ich beurteile nicht das Falsche als wahr oder falsch, sondern die Wahrnehmung selbst offenbart das Wahre oder das Falsche darin. Ich muß es anschauen, meine Augen müssen es ohne Vorurteile, ohne irgendwelche Reaktionen betrachten. Dann kann ich sagen, dieses ist falsch, ich werde es nicht berühren. Das ist es, was geschieht. Leute sind zu mir gekommen und haben gesagt: »Oh, Sie haben keine Ahnung von all diesen Dingen.« Sie sagten: »Sie müssen dieses oder jenes tun.« Ich habe geantwortet: »Es ist nichts zu tun. Für mich ist das falsch, denn es schließt Ihr Leben nicht mit ein.« Sie haben sich nicht verändert. Sie mögen sagen: »Ich bin voller Liebe, voller Wahrheit, voller Wissen, voller Weisheit.« Ich sage: »Das ist alles Unsinn. Verhalten Sie sich richtig? Sind Sie frei von Furcht? Sind Sie frei von

Ehrgeiz, Gier, Neid und dem Wunsch, auf jedem Gebiet erfolgreich zu sein? Wenn nicht, spielen Sie nur ein Spiel. Sie sind nicht ernsthaft.« Von hier aus können wir weitergehen. Meditation schließt das gesamte Gebiet der Existenz ein, ob im künstlerischen oder im geschäftlichen Sinne, denn die Aufteilung in Künstler, Geschäftsmann, Politiker, Priester, Gelehrter, Wissenschaftler, die Art und Weise, wie wir sie alle in Karrieren aufgeteilt haben, ist für mich Ausdruck der Zerstückelung der Menschen. Wenn Sie all das leugnen – Systeme, Methoden, Gurus, Autoritäten –, muß Meditation eine religiöse Frage sein, eine zutiefst religiöse. Welchen Platz hat nun ein Künstler nicht nur im sozialen Gefüge, sondern in der Erscheinung des Religiösen? Was ist ein Künstler? Ist er etwas, das getrennt ist vom täglichen Leben, von der Schönheit des Lebens, von der wirklich religiösen Qualität des Geistes? Ist er ein Teil davon oder ist er etwas Abnormes und befindet sich außerhalb dessen, weil er gewisse Talente hat? Und der Ausdruck dieser Talente wird außerordentlich wichtig für ihn und die Leute.

*Der Ausdruck dieses Talents bringt ihn, wie mir scheint, in unserer Kultur mit gewissen Konventionen in Konflikt.*

Und dieses Talent bringt auch den Konflikt in ihm selbst zum Ausdruck. Wir haben in der westlichen Zivilisation eine lange Tradition, die im Künstler einen Außenseiter sieht. Ja, er ist etwas Außenstehendes, denn er ist viel empfindsamer, er ist der Schönheit, der Natur gegenüber sehr viel aufgeschlossener, doch abgesehen davon ist er nur ein gewöhnlicher Mensch. Für mich liegt darin ein Widerspruch. Zunächst ist es wesentlich, ein ganzer Mensch zu sein, dann wird alles, was Sie schaffen, alles, was Sie tun, schön sein, ob Sie malen oder was immer Sie tun. Lassen Sie uns den Künstler nicht als etwas Außergewöhnliches betrachten, oder den Geschäftsmann als etwas Häßliches. Lassen Sie uns dies einfach als Leben in der Welt des Intellekts bezeichnen, oder bei einem Wissenschaftler als Leben in der Welt der Physik. Aber zuerst muß da der

Mensch sein, ein Mensch in dem Sinne des vollkommenen Verstehens von Leben, von Tod, Liebe, Schönheit, Beziehung, Verantwortung, einer der nicht tötet. Leben beinhaltet das alles. Das Leben geht dann eine Beziehung mit der Natur ein. Und der Ausdruck dieser Beziehung, wenn sie ganz, wenn sie gesund ist, ist schöpferisch.

*Dies unterscheidet sich vollkommen von dem, was viele Künstler sich unter ihrer Aufgabe vorstellen. Besonders in modernen Zeiten haben die Künstler die Ansicht, daß sie in gewisser Hinsicht Reflektoren der Zerstückelung ihrer Zeit sind, und so machen sie Aussagen, die uns die Zerstückelung als einen Spiegel vorhalten, was nichts anderes zur Folge hat, als die Zerstückelung zu verstärken.*

Meditation deckt das ganze Gebiet der Existenz ab. Meditation beinhaltet Freiheit von der Methode, vom System, denn ich weiß nicht, was Meditation ist. Von hier aus beginne ich. Darum beginne ich mit Freiheit, nicht mit ihrer Belastung.

*Das ist wunderbar. Mit Freiheit beginnen, nicht mit ihrer Belastung. Uns die Zerstückelung aus dieser Perspektive vor Augen zu halten, ist wirklich nur Journalismus.*

Journalismus, genau. Propaganda und darum eine Lüge. Also lege ich all das ab. Darum trage ich keine Bürde. Deshalb ist der Verstand frei zu untersuchen, was Meditation ist. Ich habe das getan. Dies ist nicht dahergesagt. Ich sage niemals etwas, das ich nicht selbst gelebt habe. Ich würde das nicht tun. Das ist Heuchelei. An so etwas bin ich nicht interessiert. Ich bin wirklich daran interessiert zu sehen, was Meditation ist. Beginnen wir also mit dieser Freiheit. Und Freiheit bedeutet, den Geist zu befreien, ihn von den Lasten anderer zu befreien, von ihren Methoden, ihren Systemen, ihrer Anerkennung von Autorität, ihrem Glauben, ihren Hoffnungen, denn all das ist auch Teil von mir. Darum lege ich all das ab. Und ich beginne, indem ich sage, ich weiß nicht, was Meditation ist. Das bedeutet, daß der Geist frei ist und dieses Gefühl großer Demut hat. Ich weiß nichts und ich frage nicht, denn sonst wird jemand anders den Geist weiter anfüllen. Irgendein Buch, ein Gelehrter, Professor, Psychologe kommt daher und sagt: »Sie wissen nicht. Aber ich weiß – ich werde Ihnen mein Wissen vermitteln.« Ich sage: »Bitte tun Sie das nicht, ich weiß nichts, Sie wissen auch nichts. Denn Sie wiederholen nur, was andere gesagt haben.« Daher schiebe ich all das beiseite.

Jetzt beginne ich zu untersuchen. Jetzt bin ich in der Lage zu untersuchen. Nicht um ein Ergebnis zu erzielen, nicht um das zu erreichen, was sie Erleuchtung nennen. Ich weiß nicht, ob es Erleuchtung gibt oder nicht. Ich beginne mit diesem Gefühl großer Demut, unwissend, deshalb ist mein Verstand fähig, richtig zu forschen. Ich forsche also. Zuallererst betrachte ich einmal mein Leben, denn am Anfang sagte ich, daß Meditation das ganze Gebiet des Lebens abdeckt, mein Leben, unser Leben, und zunächst das tägliche bewußte Leben umfaßt. Ich habe das geprüft. Ich habe es betrachtet. Wie wir schon sagten, gibt es Widersprüche. Ebenso stellt sich die Frage des Schlafes. Ich schlafe acht bis zehn Stunden lang. Was ist der Schlaf? Ich beginne damit, es nicht zu wissen und nicht damit, zu akzeptieren was andere gesagt haben. Ich untersuche ihn in seiner Beziehung zur Meditation, die der wahre Geist der Religion ist. Das bedeutet: alle Energie zu sammeln, um sich von einer Dimension in eine vollkommen andere Dimension zu bewegen, was keine Trennung von dieser Dimension bedeutet. Was ist also Schlaf?

Und was bedeutet Wachsein? Bin ich wach? Oder bin ich nur wach, wenn es eine Krise gibt, einen Schock, eine Herausforderung, ein Ereignis, Tod, Fehlschlag, Versagen. Oder bin ich immer wach, den ganzen Tag über? Was heißt es also, wach zu sein? Wachsein kann nicht gelegentlich auftreten, kann nicht ein angeregter Zustand sein. Jede Art von äußerer oder innerer Stimulierung bedeutet lediglich, daß Sie schlafen und einer Anregung bedürfen, sei es Kaffee, Sex oder ein Beruhigungsmittel, um Sie wachzuhalten. In meiner Untersuchung frage ich daher, bin ich wach? Was bedeutet es, wach zu sein? Nicht dem politischen, ökonomischen und sozialen Geschehen gegenüber wach zu sein, das ist klar. Sondern wach sein. Was bedeutet es? Ich bin nicht wach, wenn ich Belastungen mit mir herumtrage. Bei jeglicher Art von Angst fehlt das Empfinden von Wachsein. Wenn ich in einer Illusion lebe, wenn meine Handlungen neurotisch sind, gibt es keinen Zustand des Wachseins. Ich untersuche also, und ich kann das nur tun, wenn ich dem gegenüber, was in mir und außerhalb von mir geschieht, sehr empfindsam werde. Ist also der Verstand dem gegenüber, was innerlich und außerhalb von mir geschieht, während des ganzen Tages vollkommen wach?

*Zuhause haben wir einige Vögel und auch eine Katze. Die Vögel toben zwar nicht mit der Katze im Zimmer herum, aber wenn die Vögel abends zu Bett gehen, bleibt die Katze bei ihnen für ein, zwei Stunden im Zimmer und beobachtet sie. Sie scheint zu glauben, sie müsse sich um sie kümmern. Ich habe die Katze oft tagsüber beobachtet, während sie dasitzt und die Vögel mit immenser Intensität beobachtet, und die natürliche Reaktion ist: »Meine Güte, hast du sie nie zuvor gesehen? Was bedeutet diese ununterbrochene Intensität?« Aber sie beobachtet. Und in ihren Augen liegt immer diese kristallene Intensität und Klarheit. Reiner als eine Flamme. Und sie hört niemals auf. Und wenn sie schläft, schläft sie wirklich. Sie fragen mich, was Schlaf sei. Es muß eine Verbindung geben zwischen der Fähigkeit einer Katze ganz zu schlafen und ihrer Fähigkeit ganz wach zu sein.*

Das ist richtig. Wenn ich also frage und untersuche, was Schlaf ist, muß ich auch fragen, was es heißt, wach zu sein. Bin ich wach oder ist die Vergangenheit so lebendig, daß sie mir mein Leben in der Gegenwart diktiert? Denn dann schlafe ich. Ich werde es anders ausdrücken. Bin ich wach? Ist mein Verstand mit der Vergangenheit belastet? Denn wenn ich mit einer

Bürde beladen bin, bin ich für die Gegenwart nicht wach, nicht einmal wach, während ich rede, sondern ich rede aus dem Hintergrund meiner Vergangenheit, meiner Erfahrung, meiner Mißerfolge, meiner Verletzungen, meiner Depressionen. Daher dominiert die Vergangenheit und verursacht, daß ich jetzt schlafe. Was soll ich also mit der Vergangenheit machen? Die Vergangenheit ist notwendig. Wenn jedoch die Vergangenheit die Gegenwart überdeckt, dann schlafe ich. Ist es daher möglich zu wissen, was die Vergangenheit ist, und sie nicht die Gegenwart überfluten zu lassen? Diese Frage und ihre Realität tragen ihre eigene Disziplin in sich. Darum sage ich: »Ja, ich weiß, was es bedeutet. Ich kann leben, ich kann vollkommen wach bleiben und dennoch auf dem Gebiet des Wissens tätig sein.« Darin liegt kein Widerspruch. Ich weiß nicht, ob ich mich klar ausdrücke. Beide bewegen sich also in Harmonie. Das eine bleibt nicht hinter dem anderen zurück. Eines widerspricht nicht dem anderen. Es besteht Gleichgewicht. Sehen Sie, was stattfindet. Was bedeutet dann Schlaf? Ich habe nun verstanden, was es bedeutet, wach zu sein. Das bedeutet: ich beobachte, ich bin achtsam, ich bin achtsam ohne irgendeine Wahl zu treffen, ich beobachte in absichtsloser Achtsamkeit, schaue, gebe acht, horche was vor sich geht, was draußen passiert, was Leute mir erzählen, ob sie mir schmeicheln oder mich beschimpfen. Ich gebe acht. Ich bin also sehr achtsam. Was bedeutet nun Schlaf? Ich weiß, was Schlaf ist: sich ausruhen, die Augen schließen, um neun, zehn oder später zu Bett gehen. Was ist Schlaf? Und Träume im Schlaf? Was sind Träume? Ich weiß nicht, was andere dazu sagen. Ich bin nicht an dem interessiert, was andere sagen. Denn meine Untersuchung soll herausfinden, ob Meditation das ganze Feld des Lebens abdeckt, und nicht nur einen Abschnitt. Also gehe ich weiter vor. Ich träume. Warum sollte ich träumen? Träume sind die Fortsetzung meines täglichen Schlafes. Das bedeutet, daß ich – sehen Sie, was geschieht – mein tägliches Leben nicht verstanden habe. Ich beobachte mein tägliches Leben. Mein tägliches Leben ist in Unordnung, ich gehe schlafen und die

Unordnung setzt sich fort. Und das Gehirn sagt, ich muß Ordnung haben, sonst kann ich nicht funktionieren. Wenn also der Geist während des Tages keine Ordnung schafft, versucht das Gehirn während der Nacht Ordnung zu schaffen durch Träume, durch Andeutungen. Wenn ich aufwache, habe ich das bestimmte Gefühl, es müsse etwas getan werden. Sehen Sie also, was stattfindet. Wenn der Verstand während des Tages wach ist, hat er Ordnung. Er stellt Ordnung her, wie wir es schon früher diskutiert haben, eine Ordnung, die aus dem Verstehen von Unordnung entsteht. Die Verneinung der Unordnung ist Ordnung, nicht das Befolgen eines Planes, oder eines Musters; all das ist Unordnung. Daher hat der Verstand, das Gehirn, während des Tages Ordnung hergestellt. Wenn ich also schlafe, muß das Gehirn nicht mehr daran arbeiten, Ordnung in sich selbst herzustellen, um sicher zu sein. Daher kommt das Gehirn zur Ruhe. Daher wird das Gehirn ruhig und schläft ohne Träume. Es mag oberflächliche Träume haben, wenn Sie das Falsche essen, aber über derlei Dinge spreche ich nicht. Schlaf bedeutet daher Erneuerung des Gehirns.

Sie sehen also, daß das Gehirn auf diese Weise erneuert wird und jung bleibt, ohne Konflikt. Konflikt erschöpft das Gehirn. Schlaf bedeutet daher nicht nur Ordnung, Verjüngung, Unschuld, sondern im Schlaf gibt es auch Zustände, in denen absolute Freiheit zum Untersuchen herrscht, in denen Sie etwas sehen, das Sie mit Ihren physischen Augen niemals vorher gesehen haben. Lebe ich also, lebt der Geist während des Tages auf diese Weise? Sonst ist es keine Meditation. Und ich will kein heuchlerisches Spiel spielen, weil ich niemanden betrüge. Ich betrüge mich selbst und ich will mich nicht selbst betrügen. Ich sehe keinen Grund, mich selbst zu betrügen, denn ich will kein bedeutender Mann sein, keinen großen Erfolg haben. Das ist alles zu infantil. Ich frage mich also, lebe ich so? Wenn nicht, was geschieht? So zu leben, gibt mir Energie, denn ich trage nicht mit mir herum, was andere mir aufbürdeten.

*Das erinnert mich an eine Geschichte, die im alten Japan spielt und von einem Schwertkämpfer und seinen drei Söhnen handelt. Der Schwertkämpfer war alt geworden und wollte die Verantwortung für seine Kunst auf seine Söhne übertragen. Und er bat jeden seiner Söhne einzeln zu sich in sein Zimmer und sprach mit ihm. Über alles, was das Schwert betraf, besaß er großes Wissen, aber er war auch ein sehr verständiger Mann. Und ohne ihr Wissen legte er eine Kugel oben auf den Türrahmen. Der längste wurde zuerst hereingerufen, und als die Kugel herunterfiel, schlug er sie noch während des Falls mit dem Schwert in zwei Teile. Und der Vater sagte: »Bitte warte im anderen Zimmer.« Der zweite Sohn trat ein, die Kugel fiel und genau als sie seinen Kopf berührte, griff er zu und nahm sie in die Hand. »Bitte warte im anderen Zimmer«, sagte der Vater. Nun kam der älteste Sohn herein, und als er die Tür öffnete, griff er nach oben und nahm die Kugel an sich. Und der Vater rief seine Söhne herein und sagte zu dem Jüngsten: »Ganz ausgezeichnet, du hast die Technik gemeistert. Aber du verstehst nichts.« Zum Zweiten sagte er: »Nun, Du hast es fast geschafft. Mach weiter so.« Und zum Ältesten sagte er: »Du kannst jetzt beginnen.« Und es ist wie das Wort Prajna – »pra« bedeutet vorwärts, »jna« bedeutet im voraus zu wissen, nicht im Sinne einer Voraussage, die auf dem Studium von Laborratten beruht, sondern Verstehen umfaßt, was vor und hinter der totalen Bewegung einer Handlung liegt.*

Ja, ich erkenne das also, denn ich trenne Meditation nicht vom täglichen Leben. Sonst hätte sie keine Bedeutung. Daher sehe ich, wie wichtig Ordnung während der Stunden des Wachseins ist, und befreie damit den Verstand, das Gehirn von Konflikt im Schlaf, so daß das Gehirn vollkommene Ruhe hat. Das ist das eine, dann: was ist Kontrolle? Warum sollte ich kontrollieren? Alle haben sie gesagt: kontrolliere. Alle Religionen haben uns zur Kontrolle aufgefordert. Kontrolliere dich, gib das Verlangen auf, denke nicht über Dich selbst nach. Ich sage mir: Kann ich ohne Kontrolle leben? Ist es möglich, ohne Kontrolle zu leben?

Denn was ist Kontrolle? Und wer ist der Kontrollierende? Der Kontrollierende *ist* das Kontrollierte. Wenn ich sage, ich muß mein Denken kontrollieren, ist der Kontrollierende eine Schöpfung des Denkens, und Denken kontrolliert Denken. Es hat keinerlei Bedeutung. Ein Bruchstück kontrolliert ein anderes Bruchstück, und dennoch bleiben sie Bruchstücke. So frage ich: Gibt es einen Weg, ohne Kontrolle zu leben und daher ohne Konflikt, ohne Gegensätze, ohne daß ein Verlangen sich gegen ein anderes stellt, ein Gedanke gegen einen anderen, ein Erfolg gegen den anderen? Also keine Kontrolle. Ist das möglich? Denn ich muß es herausfinden. Es handelt sich nicht darum, nur eine Frage zu stellen und sie dann im Raum stehen zu lassen.

Ich habe jetzt Energie bekommen, denn ich trage ihre Bürden nicht mehr mit mir herum. Noch trage ich meine eigene Bürde. Denn ihre Bürde ist auch meine Bürde. Wenn ich jene abgelegt habe, habe ich auch diese abgelegt. Ich bekomme daher Energie, wenn ich frage: Ist es möglich, ohne Kontrolle zu leben? Es ist etwas Ungeheures. Ich muß es herausfinden. Denn die Leute, die kontrollieren, behaupten: Durch Kontrolle erreichen Sie das Nirwana, den Himmel. In meinen Augen ist das falsch, vollkommen absurd. Daher sage ich mir: Kann ich ein Leben der Meditation führen, in dem es keine Kontrolle gibt? Führe ich wirklich ein Leben ohne Kontrolle? Lebe ich es? Ich habe Wünsche: Ich sehe ein Auto, eine Frau, ein Haus, einen schönen Garten, schöne Kleider oder was es auch sei. Augenblicklich erwachen Wünsche. Und keinen Konflikt dabei zu haben und doch nicht nachzugeben. Wenn ich Geld habe, gehe ich und kaufe es. Was einleuchtend ist. Das ist keine Antwort. Wenn ich kein Geld habe, sage ich: Es tut mir leid, ich habe kein Geld. Eines Tages werde ich es haben, und dann komme ich zurück und kaufe es. Es ist dasselbe Problem, aber das Verlangen ist geweckt. Das Sehen, der Kontakt, das Gefühl und das Verlangen. Nun ist Verlangen da, und es abzustellen bedeutet, es zu unterdrücken. Es zu kontrollieren heißt, es zu unterdrücken. Ihm nachzugeben ist eine andere Form der Zerstückelung des Lebens in Bekommen und Verlieren.

Also: das Erblühen des Verlangens ohne Kontrolle erlauben. Das Blühen selbst ist also das eigentliche Ende dieses Verlangens. Wenn Sie es jedoch abhacken, wird es zurückkommen. Ich lasse das Verlangen also kommen, lasse es blühen, beobachte es, gebe nicht nach oder widersetze mich, lasse es nur blühen. Und nehme vollkommen wahr, was geschieht. Dann gibt es keine Kontrolle. In dem Moment, in dem Sie kontrollieren, gibt es Unordnung, denn Sie unterdrücken oder akzeptieren. Das also ist Unordnung. Wenn Sie dem jedoch erlauben zu blühen und es beobachten, beobachten im Sinne vollkommenen Gewahrseins – die Blütenblätter, die subtilen Formen des Wunsches, etwas zu besitzen, nicht zu besitzen. Besitzen ist ein Vergnügen, Nichtbesitzen ist ein Vergnügen – die Bewegung des Verlangens in ihrer Gesamtheit. Dafür müssen Sie sehr empfindsame Wachsamkeit aufbringen, ein sehr empfindsames absichtsloses Wachsein.

*Es hat mich überrascht, daß die der blühenden Pflanze innewohnende Ordnung dieselbe Ordnung enthüllt, über die wir gesprochen haben. Und die Beziehung der Meditation zum Verstehen einerseits und zum Wissen andererseits ist eine Unterscheidung, die sehr selten gemacht wird.*

Wir sprachen über Kontrolle und sagten, der Kontrollierende ist der Kontrollierte. Wenn es Kontrolle gibt, gibt es eine Ausrichtung. Eine Ausrichtung schließt Wille mit ein, Kontrolle enthält Wille. Im Verlangen zu kontrollieren wird ein Ziel und eine Richtung festgelegt, um die willentlich gemachte Entscheidung auszuführen. Und das Ausführen ist die zeitliche Dauer, deshalb bedeutet Ausrichtung Zeit, Kontrolle, Wille und ein Ende. Alles das beinhaltet das Wort Kontrolle. Welchen Platz hat also der Wille in der Meditation und darum im Leben? Oder hat er dort keinen Platz? Das bedeutet, daß es für Entscheidungen überhaupt keinen Platz gibt: lediglich Sehen, Handeln. Und dazu bedarf es weder eines Willens noch einer Ausrichtung. Sehen Sie die Schönheit darin, wie sich dies klärt:

wenn der Geist die Sinnlosigkeit der Kontrolle erkennt, weil er verstanden hat, daß der Kontrollierende das Kontrollierte ist, daß ein Fragment andere Fragmente zu beherrschen versucht, daß das beherrschende Fragment Teil anderer Fragmente ist und daß man sich darum im Kreis dreht, einem Teufelskreis, aus dem man nicht mehr herauskommt? Kann es daher ein Leben ohne Kontrolle, ohne Willen und ohne Richtung geben?

Auf dem Gebiet des Wissens muß es eine Richtung geben, einverstanden. Sonst könnte ich nicht nach Hause finden, dorthin, wo ich lebe. Ich würde die Fähigkeit verlieren, Auto zu fahren, Rad zu fahren, eine Sprache zu sprechen und alle technischen Arbeiten durchzuführen, die im Leben notwendig sind. Auf jenem Gebiet sind Richtung, Berechnung und Entscheidung erforderlich. Die Wahl zwischen diesem und jenem ist notwendig. Hier jedoch entsteht durch das Wählen Konfusion, weil keine Wahrnehmung stattfindet. Wo Wahrnehmung ist, gibt es keine Wahl. Gewählt wird nur, weil der Verstand unschlüssig zwischen diesem und jenem steht.

Kann also das Leben ohne Kontrolle, ohne Willen, ohne Ausrichtung – was alles Zeit bedeutet – geführt werden? Und das ist Meditation, nicht nur eine Frage, die interessiert, vielleicht auch stimuliert. Eine noch so stimulierende Frage hat für sich selbst keine Bedeutung. Sie hat eine Bedeutung im Leben. Meditation deckt also den gesamten Bereich des Lebens ab, und nicht nur einen Teil davon. Ist es daher möglich, ein Leben ohne Kontrolle zu führen, ohne vom Willen bestimmtes Handeln, ohne Entscheidung, ohne Ausrichtung, ohne Bestrebung? Ist das möglich? Wenn es nicht möglich ist, ist es keine Meditation. Daher wird das Leben oberflächlich und bedeutungslos. Und um diesem bedeutungslosen Leben zu entfliehen, jagen wir diesen Gurus nach, der religiösen Unterhaltung, dem ganzen Zirkus und all den Meditationsübungen. Das ist so sinnlos.

*In der klassischen Tradition haben wir eine Definition des Willens. Wir sagen, daß der Wille vernunftgeleitetes Verlangen ist.*

Beobachten Sie den Willen bei seiner Tätigkeit und lassen Sie ihn erblühen. Während Sie ihn beobachten, stirbt er, welkt er dahin. Schließlich ist er wie eine Blume, der Sie zu blühen und zu welken erlauben. Wenn Sie darum diese Bewegung des Verlangens, der Kontrolle, des Willens und der Ausrichtung des Willens in Tätigkeit ohne jede Absicht wahrnehmen, dann lassen Sie das geschehen, beobachten Sie es. Und während Sie die Bewegung beobachten, werden Sie erkennen, wie sie ihre Kraft verliert. Es gibt hierbei keine Kontrolle.

Dann erhebt sich die nächste Frage, nämlich: Kann es Raum geben, der eine Richtung hat? Das ist sehr interessant. Was ist Raum? Raum, den das Denken hervorgebracht hat, ist eine Sache. Raum, der im Himmel, der im Universum existiert. Es muß Raum geben, damit ein Berg bestehen, ein Baum wachsen, eine Blume blühen kann. Was ist also Raum? Und haben wir Raum? Oder sind wir alle durch das Leben in einer kleinen Wohnung, in einem kleinen Haus ohne jede dazugehörige Umgebung physisch eingeengt, und da wir keinen Raum haben, werden wir immer gewalttätiger?

Ich weiß nicht, ob Sie abends schon einmal all die Schwalben, aufgereiht auf einer Stromleitung, beobachtet haben, wie gleichmäßig der Raum ist, den sie zwischen sich lassen? Es ist wunderbar, diesen Raum zu sehen. Und Raum ist notwendig. Und wir haben physisch keinen Raum, aber immer mehr Bevölkerung und was dazu gehört. Und darum gibt es immer mehr Gewalttätigkeit und immer engeres Zusammenleben in einer kleinen Wohnung, Tausende von Leuten dicht zusammengedrängt, welche dieselbe Luft einatmen, dasselbe denken, dasselbe Fernsehprogramm anschauen, dasselbe Buch lesen, in dieselbe Kirche gehen, dasselbe glauben, denselben Kummer, dieselben Sorgen und dieselben Ängste haben. Daher hat der Verstand und ebenso das Gehirn sehr wenig Raum. Und Raum ist notwendig, sonst erstickt man. Kann der Verstand also Raum haben? Und es wird keinen Raum geben, wenn es eine Ausrichtung gibt. Es gibt keinen Raum, wenn die Ausrichtung Zeit bedeutet. Wenn der Verstand mit der Familie, mit dem Geschäft, mit Gott, mit dem Trinken, mit Sex und Erfahrung beschäftigt und angefüllt ist, dann gibt es keinen Raum. Wenn das Wissen das ganze Gebiet des Verstandes als Denken abdeckt, dann gibt es keinen Raum. Und das Denken schafft um sich selbst herum einen Raum, der »das Ich, das Du, das Wir und Sie« umgibt. Daher hat das Selbst, das »Ich«, das die wirkliche Essenz des Denkens ist, seinen eigenen kleinen Raum, und sich aus diesem Raum hinauszubewegen ist Schrecken, ist Angst, ist Sorge, denn ich bin nur an diesen kleinen Raum gewöhnt. Nichtsein und Sein ist in dem kleinen Raum, den das Denken geschaffen hat. Daher kann das Denken niemals Raum geben.

Meditation ist also das Befreien des Geistes von seinem Inhalt als Bewußtsein, welches seinen eigenen kleinen Raum schafft. Von dort aus fragen wir also: »Ist das möglich?« Denn ich bin beschäftigt mit meiner Frau, meinen Kindern, meinen Verantwortungen. Ich sorge für den Baum, für die Katze, für dieses und jenes. Und ich bin beschäftigt, beschäftigt, beschäftigt.

*Dieses erhellt auf wunderbare Weise den Ausspruch von Jesus, über den die Menschen lange nachgedacht haben und den sie sehr merkwürdig fanden: Füchse haben Höhlen, Vögel haben Nester, das Menschenkind jedoch hat nichts, worauf es seinen Kopf betten kann. Der Mensch, der versteht, erfindet keinen Raum für sich selbst. Es stimmt genau.*

Schauen Sie. Die Welt wird mehr und mehr übervölkert. Städte werden größer und größer, breiten sich aus, dehnen sich aus, Vororte entstehen. Die Menschen bekommen weniger und weniger Raum, vertreiben die Tiere, töten. Nach außen hin habe ich keinen Raum, es sei denn, ich fahre gelegentlich aufs Land und sage mir, mein Gott, ich wünschte, ich könnte hier leben. Aber ich kann nicht, denn ich habe Verantwortung für dieses und jenes. Kann es also Raum im Inneren geben? Wenn es innerlich Raum gibt, gibt es ihn auch äußerlich. Aber der äußere

Raum wird keinen inneren Raum freigeben. Der innere Raum des Geistes, der frei von Beschäftigung ist – obgleich er in dem Moment mit dem, was er zu tun hat, beschäftigt ist –, ist jedoch in dem Augenblick frei, wenn er es abgeschlossen hat. Ich trage mein Büro nicht nach Hause. Es ist vorbei. Also bedeutet Raum im Geiste das Leermachen des Bewußtseins von all seinen Inhalten und daher endet das Bewußtsein, welches das Denken als das »Ich« geschaffen hat, und darum gibt es Raum. Und dieser Raum ist nicht Ihrer oder meiner. Es ist Raum.

*Ja. Ich dachte an die Schöpfungsgeschichte in der Genesis. Die Erscheinung des Raumes tritt ein, als die Wasser von den Wassern getrennt werden, und wir haben nun den Abgrund, über den die Vögel fliegen, und dieser Raum wird Himmelsgewölbe genannt.*

Es ist der Himmel. Das ist richtig. Also Raum, Richtung, Zeit, Wille, Wahl, Kontrolle. All das hat Bedeutung in meinem Leben, in meinem täglichen Leben, im Leben eines jeden Menschen. Wenn er die Bedeutung der Meditation nicht kennt, lebt er nur auf dieser Ebene des Wissens und darum wird es ein Gefängnis. Und da er in diesem Gefängnis ist, sagt er, ich muß fliehen durch Unterhaltung, durch Götter, durch dieses und jenes, durch Amüsement. Wissen Sie, das ist es, was tatsächlich stattfindet.

*Das englische »to vacate« bedeutet, in den Raum hinausgehen. Aber dann gehen wir von einem leeren Loch zum anderen.*

Wenn das eindeutig festgelegt ist, in mir selbst wahrgenommen, wenn ich es in meinem täglichen Leben wirken sehe, was findet dann statt? Raum bedeutet Stille. Wenn es keine Stille gibt, gibt es Ausrichtung. Es ist das Wirken des Willens: ich muß etwas tun, ich muß nichts tun, ich muß dieses üben, jenes bekommen. Das Seinsollen, das Nichtseinsollen, das, was gewesen ist, das, was nicht sein sollte, und die Reue, all das wirkt. Daher bedeutet Raum innere Stille. Stille ist nicht der Raum zwischen zwei Geräuschen. Stille ist nicht das Aufhören von Geräusch. Stille ist nichts, was das Denken geschaffen hat. Sie kommt von selbst, unausweichlich, wenn Sie sich öffnen, wenn Sie beobachten, wenn Sie etwas erforschen. Also erhebt sich die Frage: Kann jene Stille, die ohne Bewegung ist, ohne Richtung ist, ohne Bewegung des Denkens oder der Zeit ist, kann diese Stille in meinem täglichen Leben wirken? Ich lebe auf der Ebene des Wissens, des Geräuschs. Das muß ich. Aber gibt es ein Leben in Stille gleichzeitig mit dem anderen? Bewegen sich diese zwei zusammen wie zwei Flüsse, die miteinander in Ausgewogenheit, in Harmonie und ungetrennt fließen? Ist es möglich, daß es keine Trennung gibt? Denn sonst, um ganz ehrlich zu sein, wenn das nicht möglich ist, kann ich nur auf der Ebene des Wissens leben. Ich weiß nicht, ob Sie das sehen.

Für mich ist es möglich. Ich sage das nicht aus Eitelkeit, ich sage es in großer Demut. Ich denke, es ist möglich. Es ist so. Was findet dann statt? Was ist dann Schöpfung? Ist Schöpfung etwas, das in einem Gemälde, in einem Gedicht, in einer Statue seinen Ausdruck findet oder beim Schreiben oder indem man ein Kind zur Welt bringt? Ist das Schöpfung? Muß Schöpfung zum Ausdruck kommen? Für uns, für die meisten Menschen muß sie ausgedrückt sein, sonst fühlt man sich frustriert, ängstlich und glaubt, nicht zu leben. Was ist also Schöpfung? Man kann das nur beantworten, wenn man all das wirklich durchlebt hat, sonst wird Schöpfung zu etwas ziemlich Billigem. Wie das Leben von Schriftstellern, von denen einige ewig mit sich kämpfen, in ständiger Spannung sind, aus der heraus sie ein Buch schreiben und berühmt werden.

*Ja, die psychologische Theorie sagt, daß künstlerische Arbeiten auf Neurosen basieren, was bedeutet, daß ich getrieben werde.*

Was ist also Schöpfung? Ist es so etwas wie ein Erblühen, bei dem die Blume nicht weiß, daß sie blüht? Sehen Sie also, was stattfindet. Schöpfung in meinem Leben, das ist kein Sich-Ausdrücken, ist nicht das Herstellen eines schönen Stuhls. Das eine oder andere mag kommen, wird kommen, jedoch im Leben. Ausgehend davon erhebt sich eine andere Frage, die wirklich sehr viel wichtiger ist: Denken ist Messen, und solange wir das Denken kultivieren, und all unser Handeln auf dem Denken basiert, so wie es jetzt der Fall ist, hat die Suche nach dem Unermeßlichen keine Bedeutung. Ich kann ihr eine Bedeutung geben, kann sagen, dort ist das Unermeßliche, dort ist das Namenlose, dort ist das Ewige. Lassen Sie uns nicht darüber sprechen, es ist da. Dies hat keine Bedeutung, ist nur eine Mutmaßung, eine Spekulation oder die Behauptung einiger weniger, die zu wissen glauben. All das muß verworfen werden. Darum fragt man, wenn der Geist außerordentlich still ist: Was ist das Unermeßliche? Was ist das Immerwährende? Was ist das Ewige? Nicht im Sinne von Gott und all der Dinge, die der Mensch erfunden hat. Es tatsächlich *sein.* Nun öffnet Stille – in diesem tiefen Sinn des Wortes – die Tür. Weil Sie all Ihre Energie haben, nichts verschwendet wird, keinerlei Energie verstreut wird, darum ist in dieser Stille die Summe aller Energie enthalten. Keine stimulierte Energie, keine selbstprojizierte Energie – das alles ist zu kindisch. Weil es dort keine Konflikte gibt, keine Kontrolle, kein Bestreben oder Nichtbestreben, kein Suchen, Bitten, Fragen, Fordern, Warten, Beten, nichts von alledem. Daher ist all jene Energie, die verschwendet wurde, jetzt in dieser Stille gesammelt. Diese Stille ist heilig geworden. Die Stille ist heilig geworden, nicht die heilige Sache, die das Denken erfunden hat.

*Nicht das Heilige im Gegensatz zum Profanen.*

Nein, all das nicht. Nur ein Geist, der heilig ist, kann dieses erkennen, dieses allerhöchste Heilige, das innerste Wesen all dessen, was heilig ist und Schönheit ist. Da ist es also. Gott ist nicht etwas, das der Mensch erfunden oder nach seinem Bild, aus seiner Sehnsucht und seinem Scheitern heraus geschaffen hat. Wenn aber der Geist selbst heilig wird, dann öffnet er die Tür zu etwas, das unermeßlich heilig ist. Das ist Religion. Und das beeinflußt das tägliche Leben, die Art, wie ich spreche, wie ich Menschen behandle, das Verhalten, das Benehmen, all das. Das ist religiöses Leben.

Wenn das nicht existiert, dann wird jeder andere Unfug, wie raffiniert auch immer, wie intelligent auch immer, existieren. Das ist die tiefgründigste religiöse Art zu leben. Sehen Sie, etwas anderes findet statt. Wenn dies geschieht, weil Ihre Energie sich angesammelt hat – nein, nicht Ihre Energie –, weil Energie zugenommen hat, haben Sie andere Kräfte, außersinnliche Kräfte, Sie können Wunder vollbringen, Exorzismus, all diese Dinge, und heilen. Mir ist es so gegangen. Aber all das ist vollkommen belanglos. Nicht, daß Sie keine Menschen lieben. Im Gegenteil, Religion ist die Essenz davon. Aber das sind alles zweitrangige Fragen, und Menschen werden von zweitrangigen Dingen gefangen genommen. Ich meine, sehen Sie, was geschehen ist: ein Mann, der wirklich heilen kann, wird von Menschen wegen einer kleinen Heilung angebetet.

*Das erinnert mich an eine Geschichte, die Sie mir einmal erzählt haben. Es ging um einen alten Mann, der am Ufer eines Flusses saß. Ein junger Mann, den der Ältere einst weggeschickt hatte, um das Notwendige zu lernen, kam zu ihm mit der wundervollen Ankündigung zurück, daß er nun auf dem Wasser wandeln könne. Der alte Mann sah ihn an und sagte: »Du kannst also auf dem Wasser gehen. Du hast all die Jahre gebraucht, um zu lernen, wie man auf dem Wasser geht. Hast Du nicht gesehen, daß dort drüben ein Boot liegt?«*

Sie sehen, das ist sehr wichtig. Religion ist das Sammeln aller Energie, was Aufmerksamsein ist. In diesem Aufmerksamsein geschehen viele Dinge. Mancher hat die Gabe des Heilens, der Wunder. Ich habe diese Gaben gehabt, ich weiß, wovon ich spreche. Und der religiöse Mann berührt dieses Thema nicht. Er mag gelegentlich sagen: »Tun Sie am besten dieses oder jenes.« Aber es ist etwas zum Weglegen, wie ein Geschenk, wie ein Talent. Es muß weggelegt werden, denn es ist eine Gefahr. Je talentierter Sie sind, desto mehr »Ich« existiert: Ich bin wichtig; ich habe dieses Talent; betet mich an; mit diesem Talent werde ich Geld, Position und Macht bekommen. Auch das ist also etwas höchst Gefährliches. Ein religiöser Geist ist sich also all dieser Dinge bewußt und lebt sein Leben. Energie, das ist Liebe. Und wenn es diese Empfindung von religiöser Energieansammlung gibt, ist das Liebe, ist es Mitgefühl und Fürsorge. Das wirkt sich auf das tägliche Leben aus. Sie sehen also, daß Sie mit dieser Liebe machen können, was Sie wollen, es wird immer Liebe bleiben. Aber dort, wo Liebe zum Sinneseindruck wird, dort gibt es keine Liebe.

Kann der Geist – ich benutze das Wort Geist im Sinne von Verstand, Gehirn, Körper, des Ganzen – wirklich still sein? Keine herbeigeführte Stille, keine künstlich erzeugte Stille, keine Stille, von der das Denken glaubt, es sei Stille. Nicht die Stille einer Kirche oder eines Tempels. Die haben ihre eigene Stille. Wenn man einen Tempel oder eine alte Kathedrale betritt, haben sie eine außergewöhnliche Stille, nachdem Tausende von Menschen dort gesungen, gesprochen und gebetet haben. Aber es geht darüber hinaus, es ist nicht das. Diese Stille ist nicht erdacht und darum ist sie wirklich. Es ist keine Stille, die ich durch Übungen hervorgebracht habe. Hier ergibt sich etwas sehr Interessantes: Kommt diese Stille durch Fragen? Ist Stille, ist die Empfindung des Unermeßlichen durch mein Fragen entstanden? Nein. Wahrnehmung erkennt das Falsche und verwirft das Falsche. Es gibt keine Frage, sie erkennt und schließt ab. Wenn ich jedoch weiterfrage, zweifle ich weiter. Zweifel hat seinen Platz, aber er muß an der Leine gehalten werden.

*Darf ich Ihnen hier eine Frage stellen? Der Akt der Wahrnehmung ist, wie Sie sagten, das Handeln, dazwischen gibt es ab-*

*solut kein Intervall. In dieser Wahrnehmung ist das Handeln vollkommen frei, und dann ist jedes Energiemuster frei, um geändert zu werden.*

Ja, richtig.

*Kein Anhäufen mehr. Das hat das ganze Leben hindurch funktioniert. Und obwohl es erstaunlich ist, scheint mir darin eine logische Folge zu liegen. Nicht nur das Muster ist frei, um verändert zu werden, sondern die Energie ist frei, sich selbst zu stukturieren.*

Oder sich nicht zu strukturieren. Als Wissen muß sie sich strukturieren. Aber hier kann sie sich nicht strukturieren. Wozu strukturieren? Wenn sie sich strukturiert, ist sie wieder Denken geworden. Und darum ist Denken, wenn es teilt, oberflächlich. Jemand erzählte mir, daß Denken in der Eskimo-Sprache das Äußere bedeutet. Sehr interessant. Wenn sie sagen, geh nach draußen, ist es dasselbe Wort wie Denken. So hat also Denken das Äußere und das Innere geschaffen. Ohne Denken gibt es weder das Äußere noch das Innere: also Raum. Das bedeutet nicht, daß ich inneren Raum habe.

*Nein. Wir haben über die Beziehung der Meditation zur Religion gesprochen, und ich fühle ganz einfach, daß ich Sie bitten muß, über die Beziehung zwischen Gebet und Meditation zu sprechen, denn wir beziehen uns schließlich immer auf Gebet und Meditation.*

Die Wiederholung eines Gebets hat keinen Platz in der Meditation. Zu wem bete ich? Wen bettele ich an, wen flehe ich an? Wenn es kein Bittgesuch gibt, was findet dann statt? Ich bitte nur, wenn ich nicht verstehe, wenn ich im Konflikt bin, wenn ich Kummer habe, wenn ich mir sage: Oh Gott, ich habe alles verloren; ich bin fertig; ich kann es nicht schaffen; ich kann es nicht zustandebringen. Vor einiger Zeit kam einmal eine Frau zu mir. Sie sagte: »Ich habe gebetet, inständig, viele Jahre lang. Ich habe um einen Eisschrank gebetet. Und ich habe ihn bekommen.« Ich bete für Frieden und ich lebe dabei ein gewaltsames Leben. Ich habe mein Land von einem anderen Land getrennt, und ich bete für mein Land. Es ist kindisch.

*In konventionellen Gebeten gibt es gewöhnlich beides: Bitte und Lob.*

Natürlich: Loben und bekommen. Wie Sie wissen, beginnt es in einem Sanskrit-Lied immer so. In einigen Teilen wird gelobt und dann folgt eine Bitte. Es gibt ein wunderbares Lied, das um den Schutz der Götter bittet. Es lautet: »Mögest Du meine Schritte beschützen.« Gott loben und dann sagen, bitte beschütze meine Schritte. Wenn es also keine Bitte gibt, weil der Bittende die Bitte ist, der Bettler das Erbettelte, also der Empfänger ist, was findet dann im Geiste statt? Kein Bitten.

Eine immense Ruhe, immense Ruhe. Der eigentliche Sinn des Wortes Friede.

Das ist richtig. Das ist wirklicher Friede, nicht der unechte Friede, über den alle sprechen – Politiker wie religiöse Leute. Dort gibt es kein Bitten um etwas.

*Es gibt einen sehr schönen Satz in der Bibel: »Der Friede, der das Verstehen übertrifft.«*

Ich habe den Satz gehört, als ich ein kleiner Junge war. Wie Sie wissen, sind Bücher ungeheuer wichtig geworden, was andere geschrieben haben, was andere gesagt haben. Und so ist der menschliche Verstand second-hand geworden, oder der Verstand hat sich über das, was andere Leute über die Wirklichkeit erfahren haben, soviel Wissen angeeignet. Wie kann ein solcher Verstand das erfahren oder finden, was das Ursprüngliche ist? Kann der Verstand sich seines Inhalts entledigen? Wenn er es nicht kann, kann er nicht erst Erwerbungen machen, diese dann zurückweisen und sich dann öffnen. Verstehen Sie? Warum sollte ich durch all das hindurchgehen? Warum kann ich nicht sagen. »Ich werde schauen. Es gibt kein Buch auf der Welt, das mich belehren kann. Es gibt keinen Lehrer, der mich belehren kann.« Denn der Lehrer ist das, was gelehrt wird, der Schüler ist der Lehrer.

*Wenn man an der Aussage festhält: »Ich bin die Welt und die Welt ist ich«, dann ist das eine Gelegenheit zur Heilung. Aber der Satz klingt so absurd, daß man dagegen aufbegehrt.*

Ich weiß. Das heißt, man muß sehr, sehr ernsthaft sein. Dies ist nichts, womit sich spielen läßt.

Meditation bedeutet Aufmerksamkeit, Fürsorge. Ein Teil davon ist Fürsorge für meine Kinder, für meinen Nachbarn, für mein Land, für die Erde, für die Bäume, für die Tiere. Töten Sie keine Tiere! Töten Sie sie nicht, um zu essen, es ist so unnötig. Es ist ein Teil jener Tradition, die besagt, man müsse Fleisch essen. Darum führt all dies zu einem Empfinden tiefer, innerlicher Ernsthaftigkeit, und diese Ernsthaftigkeit selbst schafft Aufmerksamkeit, Fürsorge und Verantwortung und all das, was wir diskutiert haben. Das heißt nicht, daß man das alles durchlebt hat. Man sieht es. Und eben dieses Wahrnehmen ist Handeln, was Weisheit bedeutet, denn Weisheit ist das Ende des Leidens. Es ist keine Herzlosigkeit, nur das Ende des Leidens. Und das Ende des Leidens kommt mit der Beobachtung, dem Sehen des Leidens, nicht indem wir darüber hinausgehen, es zurückweisen, es wegrationalisieren oder davonrennen. Es nur einfach erkennen. Es blühen lassen. Und wenn Sie ganz ohne Absicht dieses Blühens gewahr sind, welkt es auf natürliche Weise dahin. Ich muß nichts dazu tun.

*Es ist wunderbar, wie Energie frei sein kann, sich selbst zu stukturieren oder nicht zu strukturieren.*

Ja, es deckt alle Bestrebungen des Menschen, seine Gedanken, seine Ängste, alles wird damit abgedeckt. Die Zeit kommt zu einem Ende, die Zeit steht still. In der Stille steht die Zeit still.

*In der Stille steht die Zeit still. Unbeschreiblich schön. Ich muß Ihnen von ganzem Herzen meine Dankbarkeit ausdrücken. Ich hoffe, Sie lassen das zu, denn ich habe im Laufe unserer Gespräche eine Wandlung durchgemacht.*

Weil Sie wirklich bereit sind zuzuhören, weil Sie zuhören können. Die meisten Leute können das nicht, sie hören nicht zu. Sie haben sich die Zeit genommen, die Mühe gemacht, sorgfältig zuzuhören.

*28. Februar 1974*